SONHOS NA PSICOLOGIA JUNGUIANA

Coleção AMOR E PSIQUE

Coordenação: Dra. Maria Elci Spaccaquerche e Dr. Léon Bonaventure

O autoconhecimento e a dimensão social
- *Meditações sobre os 22 arcanos maiores do tarô*, Anônimo
- *Encontros de psicologia analítica*, Maria Elci Spaccaquerche (org.)
- *A família em foco: sob as lentes do cinema*, Marfiza Terezinha Ramalho Reis; Maria Elci Spaccaquerche (orgs.)
- *Jung, o médico da alma*, Viviane Thibaudier
- *Entrevistas com Marie-Louise von Franz*, VV.AA. (org.)

Contos de fadas e histórias mitológicas
- *A individuação nos contos de fada*, Marie-Louise von Franz
- *A interpretação dos contos de fada*, Marie-Louise von Franz
- *O que conta o conto?*, Jette Bonaventure
- *O gato: um conto da redenção feminina*, Marie-Louise von Franz
- *Mitologemas: encarnações do mundo invisível*, James Hollis
- *A ansiedade e formas de lidar com ela nos contos de fadas*, Verena Kast (ebook)

Corpo e a dimensão fisiopsíquica
- *Corpo poético: O movimento expressivo em C. G. Jung e R. Laban*, Vera Lucia Paes de Almeida (ebook)
- *Dioniso no exílio: sobre a repressão da emoção e do corpo*, Rafael López-Pedraza
- *Medicina arquetípica*, A. J. Ziegler
- *Presença no corpo: eutonia e psicologia analítica*, Marcel Gaumond

O feminino
- *Os mistérios da mulher*, Mary E. Harding
- *A prostituta sagrada*, Nancy Qualls-Corbett
- *As deusas e a mulher*, Jean Shinoda Bolen
- *O medo do feminino*, Erich Neumann
- *O que conta o conto? (II): Variações sobre o tema mulher*, Jette Bonaventure
- *Liderança feminina: gestão, psicologia junguiana, espiritualidade e a jornada global através do purgatório*, Karin Jironet

O masculino
- *Sob a sombra de Saturno*, James Hollis
- *O pai e a psique*, Alberto Pereira Lima Filho
- *Os deuses e o homem*, Jean Shinoda Bolen

Maturidade e envelhecimento
- *A passagem do meio: da miséria ao significado da meia-idade*, James Hollis
- *Incesto e amor humano: a traição da alma na psicoterapia*, Robert Stein
- *No meio da vida: uma perspectiva junguiana*, Murray Stein
- *Assombrações: dissipando os fantasmas que dirigem nossas vidas*, James Hollis

Psicologia e religião
- *Uma busca interior em psicologia e religião*, James Hillman

Psicoterapia, imagens e técnicas psicoterápicas
- *Psiquiatria junguiana*, Heinrich Karl Fierz
- *Psicoterapia*, Marie-Louise von Franz
- *O abuso do poder na psicoterapia e na medicina, serviço social, sacerdócio e magistério*, Adolf Guggenbühl-Craig
- *O mundo secreto dos desenhos: uma abordagem junguiana da cura pela arte*, Gregg M. Furth
- *Saudades do paraíso: perspectivas psicológicas de um arquétipo*, Mario Jacoby
- *O Mistério da coniunctio: imagem alquímica da individuação*, Edward F. Edinger
- *Psicoterapia junguiana e a pesquisa contemporânea com crianças: padrões básicos de intercâmbio emocional*, Mario Jacoby
- *Letras imaginativas: breves ensaios de psicologia arquetípica*, Marcus Quintaes
- *O mundo interior do trauma: defesas arquetípicas do espírito pessoal*, Donald Kalsched
- *Compreensão e cura do trauma emocional*, Daniela F. Sieff

O puer
- *Puer Aeternus: a luta do adulto contra o paraíso da infância*, Marie-Louise von Franz
- *O livro do puer: ensaios sobre o arquétipo do Puer Aeternus*, James Hilman

Relacionamentos e parcerias
- *Os parceiros invisíveis: o masculino e o feminino*, John A. Sanford
- *Eros e pathos: amor e sofrimento*, Aldo Carotenuto

Sombra
- *A sombra e o mal nos contos de fada*, Marie-Louise von Franz
- *Mal, o lado sombrio da realidade*, John A. Sanford
- *Os pantanais da alma: nova vida em lugares sombrios*, James Hollis

Sonhos
- *Os sonhos e a cura da alma*, John A. Sanford
- *Aprendendo com os sonhos*, Marion Rausch Gallbach
- *Como entender os sonhos*, Mary Ann Mattoon
- *Sonhos na psicologia junguiana: novas perspectivas no contexto brasileiro*, VV.AA.
- *Pã e o pesadelo*, James Hillman
- *A busca de sentido*, Marie-Louise von Franz
- *Breve curso sobre os sonhos*, Robert Bosnak

DURVAL L. FARIA
LAURA VILLARES DE FREITAS
MARION RAUSCHER GALLBACH (orgs.)

SONHOS NA PSICOLOGIA JUNGUIANA

Novas perspectivas
no contexto brasileiro

PAULUS

Direção editorial: *Claudiano Avelino dos Santos*
Coordenação da coleção: *Dra. Maria Elci Spaccaquerche*
  Dr. Léon Bonaventure
Assistente editorial: *Jacqueline Mendes Fontes*
Revisão: *Caio Pereira*
  Mario Roberto de M. Martins
  Manoel Gomes da Silva Filho
Diagramação: *Dirlene França Nobre da Silva*
Capa: *Marcelo Campanhã*
Impressão e acabamento: PAULUS

Dados Internacionais de Catalogação na Publicação (CIP)
(Câmara Brasileira do Livro, SP, Brasil)

Sonhos na psicologia junguiana: novas perspectivas no contexto brasileiro / Durval L. Faria, Laura Villares de Freitas, Marion Rauscher Gallbach (orgs.) — São Paulo: Paulus, 2014. — (Coleção Amor e psique)

Bibliografia
ISBN 978-85-349-3975-1

1. Psicologia junguiana 2. Sonhos 3. Sonhos - Interpretação I. Faria, Durval L. II. Freitas, Laura Villares de. III. Gallbach, Marion Rauscher. IV. Série.

14-06065 CDD-154.63

Índice para catálogo sistemático:
1. Sonhos: Interpretação: Psicologia junguiana 154.63

Seja um leitor preferencial **PAULUS**.
Cadastre-se e receba informações sobre nossos lançamentos
e nossas promoções: **paulus.com.br/cadastro**
Televendas: **(11) 3789-4000 / 0800 016 40 11**

1ª edição, 2014
1ª reimpressão, 2021

© PAULUS – 2014

Rua Francisco Cruz, 229 • 04117-091 – São Paulo (Brasil)
Tel. (11) 5087-3700
paulus.com.br • editorial@paulus.com.br

ISBN 978-85-349-3975-1

INTRODUÇÃO À COLEÇÃO AMOR E PSIQUE

Na busca de sua alma e do sentido de sua vida, o homem descobriu novos caminhos que o levam para a sua interioridade: o seu próprio espaço interior torna-se um lugar novo de experiência. Os viajantes desses caminhos nos revelam que somente o amor é capaz de gerar a alma, mas também o amor precisa de alma. Assim, em lugar de buscar causas, explicações psicopatológicas para as nossas feridas e os nossos sofrimentos, precisamos, em primeiro lugar, amar a nossa alma assim como ela é. Desse modo é que poderemos reconhecer que essas feridas e esses sofrimentos nasceram de uma falta de amor. Por outro lado, revelam-nos que a alma se orienta para um centro pessoal e transpessoal, para a nossa unidade e a realização de nossa totalidade. Assim a nossa própria vida carrega em si um sentido, o de restaurar a nossa unidade primeira.

Finalmente, não é o espiritual que aparece primeiro, mas o psíquico e depois o espiritual. É a partir do olhar do imo espiritual interior que a alma toma seu sentido, o que significa que a psicologia pode de novo estender a mão para a teologia.

Essa perspectiva psicológica nova é fruto do esforço para libertar a alma da dominação da psicopatologia, do espírito analítico e do psicologismo, para que volte a si mesma, à sua própria originalidade. Ela nasceu de reflexões durante a prática psicoterápica, e está começando a renovar o modelo e a finalidade da psicoterapia. É uma nova visão do homem na sua existência cotidiana, do seu tempo, e dentro de seu contexto cultural, abrindo dimensões diferentes de nossa existência para podermos reencontrar a nossa alma. Ela poderá alimentar todos aqueles que são sensíveis à necessidade de inserir mais alma em todas as atividades humanas.

A finalidade da presente coleção é precisamente restituir a alma a si mesma e "ver aparecer uma geração de sacerdotes capazes de entender novamente a linguagem da alma", como C. G. Jung o desejava.

Léon Bonaventure

INTRODUÇÃO

**Sonhos na psicologia junguiana:
novas perspectivas no contexto brasileiro**

Esta coletânea nasceu da constatação do grande número de pesquisas e estudos sobre sonhos segundo a perspectiva junguiana que vem sendo realizados no Brasil nas últimas décadas. Saltou-nos à vista sua grande originalidade e, por outro lado, a necessidade de sua divulgação para um público mais amplo.

Quando do planejamento do "Seminário sobre sonhos", no Núcleo Junguiano do Programa de Estudos Pós-graduados da Pontifícia Universidade Católica de São Paulo (PUC-SP), coordenado por Durval Luiz de Faria, no primeiro semestre de 2013, constatamos que inúmeros trabalhos sobre sonhos segundo a abordagem junguiana haviam sido produzidos. E não apenas na PUC-SP, mas também no Instituto de Psicologia da USP (IPUSP) e em outros institutos ligados à formação de analistas. Por que não, então, publicá-los?

O estudo dos sonhos representa uma área extensa e multifacetada, abrangendo a neurociência, a psicologia e a psicoterapia, em suas variadas vertentes e abordagens, e a antropologia, a mitologia, as artes e as ciências da religião, entre outras. Apresentamos aqui o resultado de nosso esforço – professores da PUC-SP, do IPUSP e outros convidados – e nossa contribuição para elucidar o fenômeno e o trabalho com os sonhos como instrumento terapêutico, profilático, comunitário e de formação profissional.No final da década de 1970 e início dos anos 80, especialistas em estudos da psicologia analítica e sonhos se agregaram na Faculdade de Psicologia da PUC-SP, no antigo Curso de Especialização em Psicoterapia de Crianças, Adolescentes e Adultos, coordenado por Mathilde Neder, e que contou com vários professores, entre os quais, Pethö Sandor, Isabella de Sanctis, Jair Mourão, Marion Gallbach, Denise Ramos e Liliana Wahba.

Já no Programa de Pós-Graduação em Psicologia Clínica do IPUSP, a abordagem junguiana foi se inserindo gradualmente, desde a década de 80, graças à orientação da professora Therezinha Moreira Leite, que, devido a sua especialização em estudos sobre o sono e o sonho, bem como a seu espírito científico aberto, acolheu os primeiros mestrados e doutorados, que ali trabalharam sob a perspectiva junguiana, qualificando assim um número significativo de pioneiros que plantaram sementes dessa perspectiva no meio acadêmico brasileiro.

Hoje, relevantes estudos acadêmicos e investigações sobre sonhos são realizados na PUC-SP, principalmente no Núcleo de Estudos Junguianos do Programa de Estudos Pós-graduados em Psicologia Clínica, coordenado por Denise Gimenez Ramos, e no Programa de Pós-graduação em Psicologia Escolar e do Desenvolvimento Humano do IPUSP, sob a orientação de Laura Villares de Freitas. Além disso, há os estudos e pesquisas do Núcleo de Sonhos na Sociedade Brasileira de Psicologia Analítica, coordenado por Marion Gallbach, além do trabalho de outros grupos sobre sonhos.

Na psicologia profunda, a consideração dos sonhos teve um grande incremento na psicanálise, desde Freud, e na psicologia analítica, desde Jung, abrangendo os junguianos e os pós-junguianos.

Jung foi um dos pioneiros no estudo dos sonhos, e sua obra reflete a importância que ele dá ao trabalho com eles na psicoterapia, tendo desenvolvido uma maneira própria de concebê-los e utilizá-los na prática. Com sua noção de inconsciente e de vida psíquica, construiu ou desvelou um trabalho com os sonhos bastante original, que leva em conta tanto o inconsciente individual quanto o coletivo, propondo inclusive o método de amplificação simbólica.

Esse modo de Jung trabalhar, que aparece espelhado em diversos capítulos deste livro, foi posteriormente ampliado e aplicado a diferentes contextos, como também aqui é ilustrado.

Inicialmente, colocando-os como instrumento de trabalho na psicoterapia individual, a psicologia analítica atual procura construir, a partir de fins do século XX, novas formas de trabalho com os sonhos. Consoante essa tendência, os analistas e terapeutas que aqui se apresentam ampliam criativamente a circunscrição do método e respondem a uma grande diversidade de demandas da contemporaneidade, com peculiar ênfase ao trabalho grupal, à consideração do corpo e à utilização de recursos expressivos. Além disso, destaca-se o trabalho com sonhos na criação de redes de ajuda que possam operar sobre as questões e o sofrimento psíquico onde ele ocorra, ampliando o atendimento a uma população mais ampla que exige novas inserções do trabalho psicológico: nos centros de atendimento da rede pública, na saúde mental, nos hospitais, nas casas-abrigo, e na formação profissional, entre outros.

Esta obra conta com capítulos que trazem uma amostra de estudos e pesquisas atuais sobre sonhos, realizados com uma motivação e um olhar junguianos. A preocupação com o sonho é o denominador comum, mas, consoante o que talvez possamos considerar o "jeito brasileiro", há grande diversidade na escolha do foco adotado, do método de abordagem e do contexto de aplicação.

Esperamos que ela sirva de estímulo para que continuem sendo publicados e divulgados os estudos e as pesquisas, pois é assim que se constrói conhecimento e que a psicologia junguiana pode ampliar seu alcance, ao transcender os livros, congressos e consultórios e interagir com uma realidade mais ampla.

O livro está organizado em catorze capítulos que, por um lado, constituem-se, cada um, um texto independente que aborda sua temática de forma própria e original, podendo ser lido por si só; por outro lado, articulam-se de maneira a tentar percorrer um campo que é multifacetado e amplo. Algumas repetições de conceitos junguianos básicos são inevitáveis ao longo da obra, mas optamos por mantê-las, para resguardar a identidade de cada capítulo e porque averiguamos que, a cada vez que é apresentado, o conceito esboça uma relação com o aspecto considerado naquela pesquisa específica, trazendo o recorte e as tônicas particulares do autor do capítulo.

Inicia-se a obra com a contribuição de Therezinha Moreira Leite, pioneira e fomentadora de muitos dos trabalhos posteriores, discorrendo sobre a instigante lógica do pensamento onírico, abordando-a tanto na dinâmica pessoal quanto na social, e tanto como evento subjetivo e pessoal quanto como evento cultural e passível de ser tomado em grupo. Traz elementos de pesquisas atuais sobre sonhos, abrangendo um leque de diferentes abordagens para além da junguiana, incluindo também algumas contribuições de pesquisas neurobiológicas, e chega à formulação de que se trata de um "caos invertido", enfatizando quanto o sonho subverte as noções de tempo, espaço e o pensamento de vigília, assim como quanto se articula com a elaboração psicológica de certos conteúdos, o amadurecimento do ego, o preparo para o futuro e a criatividade.

Em seguida, Durval Luiz de Faria aborda sonhos marcantes nas memórias de Jung. Traz, a partir de trechos do livro *Memórias, sonhos, reflexões*, considerações sobre a vida de Jung, seus sonhos e o surgimento da psicologia analítica, ressaltando a íntima ligação entre a vida psíquica do psiquiatra suíço, relatada em seus sonhos, e sua obra. Através de fantasias, sonhos, visões e vivências do fundador da psicologia analítica, vão-se descortinando os momentos fundamentais de sua vida e o significado dos sonhos que acompanharam sua trajetória.

Marion Rauscher Gallbach, no terceiro capítulo, narra seu percurso no trabalho com os sonhos, desde o início de seu caminho junguiano no Instituto C. G. Jung de Zurique. Elucida o potencial de cura dos sonhos e apresenta os Grupos de Vivência de Sonhos como metodologia eficaz para mobilizar esse potencial terapêutico. Também destaca a utilização dessa metodologia como análise didática na formação de analistas e terapeutas, bem como metodologia de pesquisa na abordagem junguiana. Resume muitos anos de experiência de trabalho e de pesquisa com sonhos nesse enquadre grupal. Descreve o procedimento de Imaginação Corpo-ativa, que constitui um instrumento para acessar questões psicossomáticas nos sonhos. Ilustra a eficácia dessa técnica com o depoimento da experiência de uma participante em seu *workshop*, realizado no Congresso Internacional de Psicologia Analítica em Copenhagen, em 2013.

Laura Villares de Freitas apresenta e comenta o papel do estudo e trabalho com os sonhos em sua trajetória profissional, entremeando considerações que articulam teoria junguiana e prática. O sonho é tomado em três vertentes: como agente iniciador ao campo simbólico e ao trabalho com a imaginação, como uma linguagem facilitadora do desenvolvimento e individuação, e, finalmente, como agente de desenvolvimento da persona profissional criativa, especialmente se trabalhado em grupo. São abordados os sonhos iniciais e a psicoterapia como um rito de iniciação contemporâneo, e o desenvolvimento de uma maneira de conduzir grupos vivenciais valendo-se de linguagens artísticas e expressivas, as quais se revelam condizentes com a linguagem do sonho e imaginação. E é comentado um trabalho que articulou três dimensões distintas: os sonhos, os grupos vivenciais e a formação do psicólogo. O sonho é, assim, considerado como potencializador e multiplicador das diferentes facetas do desenvolvimento humano.

Eloísa M. D. Penna aborda a tradução e a compreensão das mensagens dos sonhos e descreve o processamento simbólico arquetípico. Nesse capítulo, a autora apresenta a ideia do sonho como companheiro da jornada do ser humano desde seus primórdios, desde as sociedades antigas, onde eles eram compreendidos na dimensão pessoal e oracular, até as sociedades contemporâneas, onde se ressalta seu importante papel neurofisiológico e psíquico na equilibração do ser humano. Ressalta depois o papel importante na psicologia analítica da elaboração do sonho, da sua compreensão teórica e clínica, dentro do processo analítico. A partir das ideias de Jung, a autora ressalta um método de compreensão dos sonhos, através do que ela denomina processamento simbólico arquetípico.

Denise Gimenez Ramos traz exemplos que levam à relação entre os sonhos e questões de adoecimento e cura corporais, propondo a seguir a consideração dos símbolos oníricos como fatores de equilíbrio psicossomático. Relata situações nas quais os sonhos trouxeram elementos para o diagnóstico e tratamento de processos psicossomáticos, indagando se os sonhos seriam reveladores de acontecimentos psicofisiológicos. Resume o uso dos sonhos como diagnóstico e cura na história da humanidade e comenta pesquisas atuais que investigam as imagens oníricas associadas a determinadas doenças, por exemplo, o caso de sonhos violentos, os quais poderiam também estar associados a doenças neurológicas. Esses casos clínicos e pesquisas têm demonstrado que os sonhos são um barômetro para o estado mental e físico de nosso organismo. A observação das imagens oníricas e da etiologia das mesmas é um valioso instrumento para um trabalho clínico mais eficaz e preventivo.

O capítulo de Alberto Pereira Lima Filho traz, de uma maneira clara e que simultaneamente apresenta e convida ao raciocínio psicodinâmico, um exemplo de trabalho com sonhos de uma mulher. Nesse estudo de caso, baseado no sonho de uma paciente, Alberto privilegia o olhar clínico, transcrevendo o fluxo de ideias desenvolvido no contexto terapêutico. Seu exercício de raciocínio clínico é permeado por breves processamentos didáticos. Caracteriza a sonhadora e o seu contexto de vida na ocasião, relata o sonho e passa ao exercício interpretativo. Nas suas considerações sobre as facetas do desenvolvimento psicológico dessa mulher, comenta sobre a linguagem do inconsciente, sobre o papel do animus no desenvolvimento psicológico da mulher, bem como apresenta reflexões sobre a tipologia e sobre o manejo transferencial.

Também no âmbito da clínica, Maria Silvia Costa Pessoa aborda uma maneira pela qual o tema da traição pode ser elaborado a partir do trabalho com os sonhos compartilhados em terapia de casal. Entretecendo considerações teóricas e relatos de fragmentos de um atendimento em que o casal pôde viver um processo de elaboração de uma traição conjugal, os sonhos são apresentados como tendo papel fundamental, ao sinalizar conflitos, passos gradativos para sua elucidação, sofrimentos psíquicos e possibilidades de elaboração. Todos os envolvidos – o traído, o traidor, a complexa relação transferencial e a relação entre marido e mulher – ao final, puderam, cada um, melhor assumir seu próprio desenvolvimento, assim como melhor cuidar da cicatrização da ferida que fora aberta com a traição e da relação conjugal como um todo.

A seguir, Marisa Catta-Preta parte da consideração junguiana da importância e do alcance da utilização de sonhos na prática clínica e propõe a constituição de grupos de terapeutas em formação, com o objetivo de encorajá--los e prepará-los para assumir o trabalho com sonhos em sua prática profissional. Vários aspectos destacados por Jung e alguns dos primeiros junguianos, assim como por junguianos mais atuais, são retomados e apresentados ao longo do texto. Dez sonhos de participantes são relatados e comentados. Todos tratam de maneira mais ou menos direta do consultório enquanto espaço construído e de outros temas relativos à prática profissional. Os grupos de sonhos para terapeutas em formação acabam se constituindo como um valioso instrumento para a constante atenção que esse profissional necessita dar a si próprio para comparecer integralmente em seu trabalho.

Heloisa Capasso apresenta sua pesquisa de mestrado, na qual encontrou a posssibilidade de intervir significativamente com cuidadores de uma casa abrigo. Sua pesquisa qualitativa avalia o Grupo de Vivência de Sonhos, como promotor de transformação da percepção do trabalhador social acerca de sua atividade profissional. Utilizar sonhos dos trabalhadores resultou em tocar aspectos que dificilmente seriam atingidos em outros treinamentos. As experiências e sentimentos que apareceram nos sonhos puderam ser compartilhados e discutidos no grupo. A ampliação da consciência gerada pelo processamento do sonho proposto pelo Grupo de Vivência de Sonhos, refletiu em uma postura mais segura e criativa do trabalhador, bem como em benefícios no vínculo com os jovens atendidos. Sua avaliação conclui que esse instrumento pode conter, além da perspectiva terapêutica e de pesquisa, a perspectiva transformadora da experiência no âmbito do trabalho social, gerando autoconhecimento, ampliação de horizontes e humanização do indivíduo, contribuindo, assim, para a qualificação dos recursos humanos e serviços oferecidos pela Política Nacional de Estado.

O capítulo de Denis Canal Mendes apresenta um trabalho com sonhos no contexto de um hospital dia de saúde mental. Os pacientes eram convidados a participar de um grupo no qual seus sonhos eram relatados e acolhidos. Há no texto considerações sobre o papel dos sonhos e sobre os critérios para a formação do grupo. Recursos expressivos artísticos foram usados para facilitar o processo de elaboração simbólica a partir do trabalho com os sonhos. O enquadre era aberto e havia também a preocupação em construir uma ponte criativa entre o olhar atento aos seus sonhos e a um novo projeto pessoal de vida, no pós-crise. Houve ganhos tanto em âmbito pessoal quanto grupal. Como resultados, entre outros, observou-se o início ou o acréscimo da lembrança de sonhos, uma melhora nas relações interpessoais com saída do isolamento pessoal, uma melhora na percepção e participação no grupo, na possibilidade de se assumir projetos pós-crise, além da diminuição da ocorrência de pesadelos, do reconhecimento da empatia e da dimensão grupal, assim como a constatação de que existem sonhos coletivos e compartilhados além dos sonhos individuais.

Felícia Rodrigues Rebelo da Silva Araujo apresenta aspectos centrais da pesquisa que realizou por ocasião de seu mestrado, o qual abordou os sonhos de jovens que se envolveram com o tráfico de drogas e passaram a viver nas ruas, em São Paulo. Escutando-os em entrevistas e relatos de sonhos, buscou identificar como vivem, como é sua dinâmica psíquica e o que dizem seus sonhos enquanto expressões simbólicas. Ao comentar exemplos de situações e sonhos relatados pelos participantes da pesquisa, evidenciam-se diferentes graus de consciência e de possibilidades de escolha, episódios de inflação egoica, temas de medo e violência. Há elementos que remetem diretamente à vida na rua, mas surgem também muitos aspectos que parecem ser típicos da adolescência em geral. Há também sonhos que remetem a possibilidades de proteção, amparo, alerta, reflexão e tomada de consciência, com potencial de exercer uma função compensatória à situação predominante do ego. A consideração dos sonhos permitiu um aprofundamento na compreensão desses jovens.

Luciano Diniz de Oliveira, psicólogo interessado na articulação da psicologia analítica com a cultura brasileira, em especial os povos indígenas, nos apresenta um capítulo sobre a vivência onírica dos pajés, em que ressalta que a compreensão dos sonhos vem de eras longevas, para além da civilização ocidental. Nesses povos, o xamã (entre nós, o pajé) reconhece o sonho como um elemento de contato com o mundo espiritual, que serve também à compreensão da sobrevivência da tribo e de seus habitantes: o sonho apresenta um diagnóstico e um prognóstico da cura, sendo um elemento do mundo prático e não racional.

Por fim, o texto de Rosa Maria Farah aborda uma temática bastante atual e ainda pouco explorada, ao relatar uma pesquisa que buscou identificar a ocorrência, ou não, de equipamentos derivados das novas tecnologias da comunicação em sonhos relatados na atualidade. Considerando que o atributo simbólico pode se configurar em qualquer imagem que se apresente, é de se esperar que os aparatos tecnológicos que surgiram no século XX e que crescentemente ocupam o cotidiano das pessoas passem a aparecer de maneira significativa também nos sonhos relatados. O próprio método de pesquisa valeu-se de um desses instrumentos, na medida em que foi solicitado o relato por *e-mail* de sonhos atuais num grupo de discussão via internet. Os sonhos assim obtidos foram agrupados em duas categorias: aqueles em que apareceram computadores, seus componentes e comandos, e aqueles em que apareceram outros artefatos. Foram também consideradas uma cena criada em uma sessão de sandplay e uma imagem hipnagógica espontânea. A principal conclusão é que nos sonhos atuais tais imagens aparecem em qualquer faixa etária. São levantadas hipóteses sobre suas funções em relação à consciência e são destacadas também imagens híbridas, frutos da fusão de um humano com uma máquina.

Esse último capítulo e o livro como um todo terminam com a esperança de que novas pesquisas sejam levadas a cabo, inclusive com o objetivo de investigar o alcance e as implicações subjetivas do impacto das novas tecnologias.

Desejamos uma leitura proveitosa e esperamos que venham outros volumes, pois sabemos que a psicologia junguiana tem ocupado espaço crescente no território brasileiro, com consistência e originalidade.

1.

"CAOS" INVERTIDO – A PERSPECTIVA DE TEMPO NO SONHO. SOBRE A LÓGICA DO PENSAMENTO ONÍRICO NA DINÂMICA PESSOAL E SOCIAL

Therezinha Moreira Leite[1]

Introdução

Uma visão do sonho como um fato de ordem especialmente subjetiva como tem sido o olhar da clínica poderá retratar como paradoxal propor a necessidade de atentar ao papel do sonho na história pessoal, mas também social. O sonho ocorre com o sujeito adormecido, como que

---

[1] Professora Livre-docente e aposentada do Departamento de Psicologia Clínica, Instituto de Psicologia, Universidade de São Paulo.
De 1966 a 1996, ensino na graduação e pós-graduação em cursos de Psicologia (USP de Ribeirão Preto e, em período mais longo, USP de São Paulo).
Atendimento clínico em consultório particular por 15 anos.
Participação de grupo multidisciplinar de estudo sobre tempo, e de reuniões nacionais e internacionais de entidades: Sociedade de Psicologia de São Paulo, Associação Nacional de Pesquisa e Pós-graduação em Psicologia (ANPEPP), Congressos Brasileiros sobre Sono, Association for the Study of Dream (ASD), International Society for the Study of Time (ISST), com apresentação sobre temas de pesquisa em realização.
Estudos e pesquisas sobre sonho, seu sentido e função na vida psíquica, estado de consciência onírica, distúrbio de sono na criança, grupos de sonhos, análise qualitativa, tempo e relação música-sonho, em continuidade à tese de doutorado "Conteúdo psíquico emergente em sonhos. Análise de verbalizações intrassono e subsequentes relatos matutinos" (1973) e tese de livre-docência "Em busca do tempo perdido: o espaço do sonho no *continuum* psíquico. Relato de uma experiência com grupos de sonhos" (1994), ambas no Instituto de Psicologia da USP.

apartado do meio-ambiente em que se insere, tanto física como emocionalmente. Pesquisas indicam o fato em vários momentos do período de sono do sujeito adormecido. As observações a respeito e especialmente a análise clínica desse fenômeno o atestam como elaboração de conteúdos em processo psíquico contínuo no ciclo vigília-sono. Trata-se de pensamento em que a ordenação na sequência temporal e cronológica escapa à marcação convencional, como é a do relógio ou de uma agenda em vigília.

O sonho, representação especialmente visual e vivenciada por vezes vivamente durante o sono, vem acompanhado por conhecimento mais ou menos claro, por parte do sonhador, de sua condição por intermédio de percepções e articulação de sentido já no momento de sua ocorrência. Devido à perplexidade gerada por seu estatuto de realidade estranha e "desconhecida", é aproximado por vezes à alucinação e frequentemente colocado à margem da realização humana de ordem consciente e racional habitual.

A atenção a seu conteúdo e à associação de ideias com fatos e história de vida pessoal, no entanto, indicam sua relevância para o deslindamento de questões fundamentais à evolução subjetiva. Nesse sentido, se a representação onírica remete ao passado, num exercício da memória, seus ligamentos com dados do presente em prospecção para a ação futura indicam o papel dessa articulação na existência e na história humana.

Em *A note on the social referents of dreams*, Montague Ullman (2001), firmado na evidência de continuidade entre o sonho e a vida de vigília (o que atestam o trabalho mental e a consciência atuando nesses períodos), afirma ser necessário pesquisar qual "o papel que os sonhos desempenham para a manutenção e a sobrevivência da espécie". Citando Ullman (em texto de 2002), Anjali Hazarica (2003) adianta que a capacidade de sonhar constitui um sistema natural de cura que nos serve, como qualquer outro sistema, para garantir uma função de sobrevivência enquanto exerce uma ação de elaboração das áreas que apresentam problemas emocionais.

O pesadelo distingue-se do sonho pelas peculiaridades de sua representação, seja pela interrupção diante de conteúdo assustador e emoção intensa, seja pelo não cumprimento da função de realização fantasmática que o sonho reporta. Fala-se, aqui, de sonho como fenômeno com princípios de formação semelhante, os chamados sonhos repetitivos, os sonhos típicos, os sonhos clarividentes e outras modalidades; considera-se que estes se diversificam, mas a eles se aplicam as explicações do sonho em geral, caracterizando-se por modalidades diversas de resolução. Os chamados sonhos "ruins", assim como os temidos pesadelos, que com frequência levam as pessoas a não pensar no processo onírico como positivo e criativo, favorecem igualmente a elaboração de conteúdos pessoais, se, em vez de nos reprimirmos, nos confrontarmos com a verdade que revelam.

Consideramos igualmente que processos oníricos e emergência de elaboração contínua subconsciente em momentos diversos do período de sono e do período de vigília podem ser ilustrados por imagens hipnagógicas e hipnopômpicas, por exemplo, em semivigília: na passagem ao adormecimento, as primeiras, na passagem para o despertar, as segundas. Essas manifestações, ou melhor, os processos de tipo onírico, estariam igualmente na base de atividades como as modalidades da arte, o jogo e o brinquedo, a fantasia, o humor, condutas e comportamentos humanos em vigília ou em estados de liberação de conteúdos no limiar da consciência.

Importa indicar qualidades potenciais do sonho na elaboração de conteúdos subjetivos, o que tem sido motivo de tratamento por vários autores em diferentes abordagens teóricas. A representação onírica, a par da dinâmica específica em cada um, caracteriza o sonho como fato essencialmente psicológico e altamente diferenciado. Fragmentos de sonhos, sonhos curtos ou partes de sonhos relatados frequentemente se colocam como o sonho vivido; dada a caracterização de sua dinâmica e estrutura, tais fragmentos constituem igualmente representação indicativa da temática onírica elaborada e em comunicação com o sonhador durante o sono.

Devido às qualidades inerentes ao processo e à representação, generalizações se tornam possíveis. A universalidade do fenômeno, a possibilidade de detectá-lo em momentos da curva do sono, a constância de caracterização, da gênese e da formação, do papel e da função dos sonhos na estrutura psíquica permitem aventar a possibilidade de uma ciência dos sonhos, com aportes relativos à filosofia, à teoria do conhecimento, à poesia...

A abordagem do sonho – espaço e tempo

Manifestações próprias ao organismo têm sido consubstanciadas como ocorrendo durante o sono e o sonho, levando a considerações que possivelmente permitam o tratamento do tema de uma perspectiva igualmente psíquica. Fases REM e NREM de sono (detectadas por registros eletroencefalográficos) têm sido associadas a sonhos, as primeiras com duração de cerca de 15 minutos a cada período de aproximadamente 90 minutos (4 a 5 fases REM por noite, portanto); as segundas com menos probabilidade: nelas o conteúdo corresponde mais ao pensamento concatenado próprio a períodos de consciência vígil. Relatos de sonhos (4 a 5 mais ou menos longos) são relatados quando do pedido do entrevistador, sendo as pessoas acordadas durante ou logo após essas fases (Dement e Aserinsky, 1957). A experiência de duração extensa da representação onírica durante o sono e nos relatos diurnos parece não corresponder, então, ao tempo de duração medido convencionalmente pelo relógio nesses períodos. Podemos pensar que é necessário introduzir uma noção diversa de tempo própria à estrutura onírica.

Essas observações podem acrescentar aspectos aos dados convincentes citados anteriormente. Se se pode relevar a frequência de ocorrência de fases REM, ressalta-se especialmente a modalidade da elaboração onírica: esta corresponde a alto índice de elaboração psíquica durante o sono. Acresce-se o fato de a ocorrência da fase REM corresponder ao ponto da curva do sono em que quase ocorre o despertar para a vigília. Corresponderia, portanto, à emergência de elaboração onírica no nível da consciência, transfigurando-se, no entanto, de forma a não despertar o sonhador, hipótese aventada por Freud, a respeito do movimento de pulsões determinando a dinâmica onírica, em sua obra *Interpretação dos sonhos* (Freud, 1900).

Se essas são marcações importantes de tempo e ritmo psicobiológico, é importante considerar o sentido implícito no material dos sonhos. A tela do sonho é representativa da dimensão de espaço e tempo em que se move o sonhador na perspectiva de sua organização psíquica. O espaço releva o sistema de percepção e linguagem construído pelo sujeito no grupo social e cultural, desde as primeiras inscrições verbais e imaginárias originadas nas relações precoces do infante. Nesse espaço, as imagens se sobrepõem, como se fossem se transformando em outras. Dessa forma, conferem relevo e profundidade umas às outras, seja no mesmo sonho, seja na relação que mantêm com sonhos vividos anteriormente ou que venham a seguir, sempre representativas da relação que o sonhador mantém com os elementos de sua existência.

Fatos, objetos, pessoas marcados pela história pessoal constituem restos diurnos, eles próprios mantendo múltiplas relações de sentido na cadeia significativa de linguagem no sonhador, revelando a valoração afetiva que lhes atribui em sua existência. A condensação de elementos descritivos de objetos e pessoas representados, a par do deslocamento de atributos de um para outro personagem ou objeto, promovendo a transformação simbólica de conteúdos, concorre para o processamento da elaboração onírica em eventos aparentemente desconexos e sem sentido, se confrontados com a lógica racional característica ao pensamento ordenado em vigília. Assim se perfaz a narrativa onírica em que a imagética constitui linguagem singular.

A fluidez do pensamento lembra a articulação não concatenada (segundo parâmetros de ordem racional), característicos em estados diversos em vigília nos quais relevam abrandamento da atenção e relaxamento da elaboração de ordem consciente: na arte, por exemplo, ou no brinquedo, e no humor... processamentos citados acima, situações em que a ação criativa como que percorre um espectro significativo de conteúdos orientado ao engendramento próprio à obra final. Testemunhos de tal atuação de consciência se patenteiam igualmente no que se convenciona chamar de estados alterados, por exemplo em condições tóxicas, por intervenção de fatores externos, e também em condições psicopatológicas.

Retornando ao tema específico, importa apontar a conveniência de se avaliar o pensamento característico do sonho a partir da articulação que lhe é própria. Desvalorizar o sentido dos sonhos devido às características de sua "lógica" e ao desconexo apontados comumente, indica especialmente um julgamento fundamentado na validade única da lógica de vigília, tomada como racional e, portanto, "certa e adequada", correlata ao pensamento estruturado especialmente vigente nesse estado.

Condensações, deslocamentos, transformações simbólicas, representação dramática constituem a linguagem do sonho, correspondente ao pensamento em evolução na trama da ordem subconsciente. Utilizando-se em estado de vigília de associações de ideias aos elementos constituintes do sonho, revela-se a trama de sentidos e significados nem sempre bastante claros à luz da consciência desperta. As relações nessa rede se justificam pela lógica implícita nas associações então reveladas; trata-se de uma lógica que se estabelece especialmente em sentidos e significados de ordem afetiva, essenciais à existência pessoal. Significantes e metáforas estariam indicando a falta e o desejo, a ausência e o não tempo, em uma rede em que relevam pontos nodais indicativos da estrutura psíquica. Em *Interpretação dos Sonhos*, Freud (1900) aponta justamente a textura do processo onírico, de tal forma que podemos entender que o título indica a necessidade de desvendar o sentido dos sonhos na relatividade de sentidos que os elementos tomam desde que inseridos nessa rede, e não necessariamente sentido exato, preciso e termo a termo.

Dessa forma, constituindo substancialmente material daquele que sonha, a representação se colocaria ao sonhador como que retratando aspectos de sua condição, questões relativas a sua realização... em relação com o meio, com o grupo próprio e/ou amplificado, com seu trabalho, sua vida, afinal. Na medida em que capta o olhar daquele que sonha, a cena o "submete", como se para ele também olhasse, espelhando-o. Não admira que os relatos apresentem, por mais díspares que sejam em sua representação, substratos indicando a continuidade de sua temática, seja em série colhida na mesma noite, seja em série de relatos de vários momentos da vida... Isso fala de continuidade da elaboração, e especialmente de continuidade temporal em sonhos, não obstante rupturas na passagem de uma para outra representação, de um para outro estado de consciência. Foulkes reúne dados de sua pesquisa tornando patente já em 1961, em *Psicologia do sono* (1970), relações de continuidade de tema, conteúdo e sentidos em material de sono REM e de sono NREM; também relações de continuidade na determinação de conteúdo onírico e do sonhar por eventos pré-sono, por estímulos inseridos durante o sono e por características de personalidade.

Por outro lado, conteúdo onírico está presente na duração de uma mesma noite, e também em noites seguidas, o que permite apreender as conhecidas séries de sonhos, de importância para a compreensão da temática do sujeito; como elaboração que se continua em sono e em vigília – pode-se assinalar: a análise de seus elementos revela sua transformação em simbolizações aparentemente díspares, mas se exercendo igualmente em sentido: temas, conflitos, questões... que se continuam e desenvolvem na direção de soluções ou, ao contrário, em aparentes repetições do mesmo material. Aos olhos do sonhador em vigília, no entanto, o conjunto de imagens parece "subverter" a garantia do espaço e do tempo substanciados materialmente no mundo vígil. Com muita frequência, ele percebe a cena ou as cenas transferindo-se de lugar e de tempo de forma imediata, ausente a lógica das relações de anterioridade e posterioridade, cenas configurando narrativa trazendo estranheza enquanto o transportam de um cenário a outro com foros de realidade. Ele, sempre presente, nem sempre em figuração, mas especialmente acompanhando pelos sentidos; o inconsciente, em linguagem infinitiva, ignorando a separação dos tempos, para além de uma realidade concreta, independente das constrições da ordem e da lei do pensamento vígil.

A construção em análise se orienta, então, não tanto por tornar consciente o inconsciente, mas por favorecer o ressurgimento do sujeito como senhor de si, para além do sujeito enunciado na interpretação de outro. Constitui-se em sua realidade física e corpórea, retomando pontos de sua história/estória (passada, presente e futura), transfigurada em história pessoal e intransferível, para articulação em busca de realização integrada. Nesse processo, ruptura–continuidade convém à avaliação da corrente própria ao processo psíquico; aí se distingue um sistema próprio de desvendamento das defesas e aberturas ao movimento e à mudança perante a perspectiva de ampliação de seu espectro de possibilidades. Diríamos que, confrontado pela "verdade", o ego daria margem à abertura a novos sentidos e à realização liberada gradativamente da censura. Parafraseando Safouan (1982), de objeto de suas pulsões, teria condição de "reconhecer as metáforas ocultas nos símbolos de seus sonhos e de seus sintomas" (p. 109), dessa forma dando azo ao desejo.

Trata-se, portanto, de um pensamento em representação imagética de tonalidade fantasmática, que expressa a continuidade da dinâmica psíquica; pensamento esse cujos fragmentos trazidos à consciência "desperta" durante o sono permitem conhecer e reconhecer conteúdos próprios ao sonhador, bem como aspectos da relação que com eles mantêm. Seu lugar e papel, bem como a importância de seu processo na vida e na dinâmica psicológica pessoal, poderão ser assim mais bem explicitados na medida em que se considera o sonho a partir do sentido de sua lógica intrínseca.

O sonho, fenômeno de ordem psicológica e representação com foros de ilogicidade perante a lógica característica da consciência em vigília, demonstra ser necessário à realização orgânica e integrada no ser humano. Seu espaço justamente se refere à abertura a conteúdos de tipo onírico igualmente verificados em vigília, em momentos de maior fluidez em estruturas do pensamento, em momentos em que conteúdos tipo-oníricos têm lugar. Importa relevar o papel de tais "elaborações" na continuidade do desenvolvimento pessoal e grupal; reconhecimentos de conteúdos e dinâmica próprios: decisões, conclusões são patentes e fartamente documentadas em processos de terapia e análise.

Desse ponto de vista, um princípio básico de trabalho no desvendamento de conteúdos e sentidos de sonhos aponta a necessidade de se levar em conta o tempo do sonho, isto é, a necessidade de respeitar a continuidade do relato e a continuidade de associações próprias ao sonhador, considerando especialmente o sentido que se revele nele próprio. Interpretações apressadas de significado podem constituir impropriedade em relação ao conteúdo e especialmente ao sonhador e sua existência, ao tempo do sonho e do sonhador. No relato, único referencial com que contamos no caso de sonhos, as indicações de tempo e espaço, assim como de tema, são mediadas pela lógica da vigília. As relações expressas pela linguagem falada já não serão reprodução exata do material de sonhos e estarão impregnadas pela tentativa de articulação adequada à comunicação inteligível, para o outro e para si mesmo, de conteúdo real, mas ilógico e comumente desestruturado segundo a linguagem corrente.

O movimento para articulação nova e para a mudança indica a transposição do tempo do sonho a um plano de relações em que se conta com graus de liberdade inerentes a processos criativos. Dados determinantes da história pessoal, da simbologia e linguagem próprias à cultura, mas também à estrutura e dinâmica próprias ao sonhador condicionam ainda essa articulação e mudança. Como restos diurnos se prestam à formação de sonhos, os sonhos proveem "restos noturnos" para continuidade da elaboração psíquica e da realização do dia a dia.

Somos então confrontados com o tempo em extensão ampla: passado, presente e futuro se encontram nos vários pontos de intersecção em que as imagens apontam para o sentido no sujeito. Numa rede de significantes explicados no tempo e espaço pessoais, a relação se faz numa rede de sentidos não cronológica pautada por anterioridade-posterioridade. Nesse contexto, o caos, como possivelmente conceituaríamos o não tempo e a modalidade de sequência em sonhos, permanece como importante vetor para a construção humana, relevante justamente no sentido de ordenação de experiências vitais de caráter afetivo e cognitivo.

Regras e ordenações específicas em sonhos podem ser extraídas de aspectos formais na sua apresentação, como a conclusão apresentar-se em cena inicial, sucedendo-se então os elementos que constituem sua trama explicativa. Esse tempo requer igualmente explicitação na ordem temporal do sonhador em questão. Insiste-se aqui no aspecto da elaboração temporal como elemento inerente ao sonhador e a seu sonho, o que poderá possivelmente contribuir para o entendimento da estrutura subjetiva e do processo de caráter mental.

Em relação ao tempo no sujeito, vale ressaltar igualmente sua inserção no grupo circunstante, e na cultura. Por um lado, essa observação refere temas típicos, de caráter "universal". Embora se verifique identidade de conteúdos em diferentes pessoas (é o caso dos sonhos típicos, por exemplo), isso não exclui considerar associações específicas de cada uma quando se tenta compreender seu sentido. Consideremos o tempo no sujeito...

Sem dúvida, observações anteriores falam de levar em conta o sujeito no grupo e na cultura. E aí novas pesquisas devem contribuir para o tema. Naturalmente conteúdos do grupo e da cultura oferecem termos referentes à simbologia onírica, à ocorrência e à frequência de sonhos em torno de uma temática específica, o que leva a considerar questões a respeito da possível caracterização dos sonhos em culturas diferentes, em grupos diversos, ou diante de eventos, traumas, catástrofes... Dessa forma se seguiria a uma análise antropológica, como a de Dauvignaud (1979). Por outro lado, relatam-se sonhos no decorrer da história desde a antiguidade, sonhos que alavancaram realizações e feitos de povos; a Bíblia, por exemplo, ilustra bem essa perspectiva.

O sonho no grupo e na cultura

Ullman (2001) afirma que tanto referentes pessoais como sociais, quando reconhecidos como tais, promovem *insight* sobre questões e conflitos sociais de caráter inconsciente. A realidade expressa na consciência onírica expõe elementos desconexos com origem em nosso passado, constituintes de nossa história evolutiva pessoal e única, mas também revela o fato de que se encontram realçados por vieses e preconceitos correntes.

Em *Dreaming of cultures and inner culture of dreaming* (2003), Hazarica diz que todas as raças mantêm sonhos de uma comunidade ideal, que demonstram o desejo e a busca de harmonia e homogeneidade, pela humanidade amadurecida. O sonho reflete, no âmbito da cultura específica, como cada um é produto de sua cultura, mas a transcende, refletindo questões que não são apenas suas, mas da coletividade e do grupo. O sonho se colocaria, então, como guardião dessa tendência desde que em seu cerne se encontre essa busca de coesão. Em culturas "primitivas", os mitos e os contos de fadas manifestam essa mesma busca, como se tudo fosse possível num mundo mágico e transcendente.

"Em situações de grupo em que se compartilham sonhos e se utilizam interpretações corretas, na medida em que aumenta a capacidade de lidar com as questões do *Self* e sua integração, aumentam a tolerância e a compreensão em relação aos outros em vigília." Nesses grupos, os relatos de um "sensibilizam o outro, apesar de serem suas situações de vida totalmente diversas, sonhos individuais podem ter significado para todos... os sonhos retratam a tendência humana a reagir de maneira semelhante em situações semelhantes, ligando as pessoas por uma ponte comum de compreensão [...] [sonhar] não exige que as pessoas sejam da mesma cor, educação, classe, estilo de vida e que falem a mesma língua... sonhar cria um elo de ligação e realça o sentido de comunidade entre as pessoas". Ainda, "O trabalho do sonho pode ajudar-nos a desenvolver resiliência ao lidar com as complexidades e ambiguidades dos tempos contemporâneos, e nesse processo levar-nos a um sentimento de pertencimento" (p. 42).

Abrir o espaço e o tempo a participantes de grupo, com a certeza do movimento equilibrador do sonho (por experiências anteriores com "grupos de sonhos"), com o propósito de favorecer o movimento consciente--inconsciente desencadeado pelo sonho e pela ressonância que promove nos participantes do grupo como um todo, trouxe resultados como apontados pelo autor. Na troca de questões concernentes ao sonho, seu sentido, experiências a respeito e vivência de sonhos, assim como relatos, foram a ocorrência comum por parte da maioria. As relações percebidas no material indicam dramatização atual, mas que remete possivelmente à cena primitiva – relativa ao que chamaríamos de "novela familiar"; no sentido dos autores acima, provavelmente remetem a experiências anteriores comuns na história/ estória pessoal e grupal.

Os sonhos de passado recente relatados se mantêm atuais à consciência, e revelam ou incitam a permanência de material antigo em busca de solução para a vida em vigília. As marcas de espaço e tempo na história/estória pessoal, o tempo do encontro no grupo, os eventos de ordem latente e manifesta nos sonhos... se recobrem, servindo às elaborações pessoais e grupais. Sentimentos de alegria e harmonia, consideração e respeito aos conteúdos do(s) outro(s), reflexões sobre dependência e autonomia nas relações, tendências e movimentos para mudança, manifestação de busca de relações de amor são referentes comuns na construção pessoal e conjunta.

Alguns dados podem ser tomados no intuito de caracterizar vertentes num e noutro grupo, que provavelmente contribuirão a uma visão da perspectiva encetada pelo processo grupal em reflexão e pesquisa sobre as questões propostas pelo sonho. Para além do engendramento dos grupos pela temática do sonho e pelo próprio processo onírico, vale citar aspectos básicos na construção realizada pelo grupo, participantes e "facilitadora" igualmente. Mais claramente verbalizados num ou noutro grupo, sonhos e símbolos dão conta disso. O encontro-de-si mesmo percorre o material desde a primeira reunião: meios de transporte e viagem estariam a serviço de deslocamentos necessários e locomoção para lugares em vista de integração com a própria história.

Familiaridade no grupo se expressa por material semelhante, acompanhado pela indicação de possibilidades de integração do sonho na vida de vigília – integração no grupo e integração pessoal. Harmonia, concomitância, articulação de atitudes, propostas, relatos são índices de movimento no grupo; a expressão pessoal de cada um permanece bastante característica e vem a se tornar subsídio às formulações finais de cada um ou do grupo. Cuidadosas, mas firmes propostas de que podem entender os sonhos como referidos a sentimentos, características pessoais, história/estória própria se evidenciam a par de um movimento mais integrado, provendo a construção de uma história do grupo.

Constitui-se o social no grupo, a par do tratamento do tema e do movimento onírico, agora tomado para além da experiência isolada. Em outras palavras, experiência socializada e socializadora. Símbolos comuns nos sonhos indicariam sobreposições de conteúdos, significações e confluências interpessoais favorecidas pelo tema e pelos participantes, tendendo a centralizar o movimento e a expressão no grupo. Definem-se, no entanto, diferenciações e a preservação pessoal, antepondo-se a disposições totalizadoras em certos momentos. A solução para a relação com o outro e com os valores grupais deve ser procurada em cada um. E o sentido da vida e da pessoa não se encontra no objeto concreto.

Flagrante o seguimento das verbalizações da primeira à terceira e última reunião num dos grupos, quarta e última reunião no outro. Seguindo aquele que mais integralmente nos possibilita a leitura da temática suscitada pela elaboração nos grupos (que supomos estar de maneira não tão patente no outro grupo), é flagrante a proposta inicial em que se pode calcar a saída, a viagem por meios diversos de condução nos inícios do trabalho no grupo até a chegada à cidade, ou melhor, ao símbolo cidade. Aquela em que se morou em criança e "a qual se vai rever", aquela "na qual se vai voltar a morar"... Em companhia de familiares, ou já na falta deles... estando presente figuras de família por certo.

A cidade sem dúvida pode ser tomada, nesse momento, como símbolo do desejo de reunião e construção para uma vida em comum, em torno de propósitos e realizações em comunidade... ou, mais simplesmente, o lugar em que se vive e se viveu, do qual se tem amarras e recordações... questões e conflitos a resolver... de toda forma se levanta um significado especial: a busca da integração do ego e da personalidade.

Referências bibliográficas:

ULLMAN, M. "A Note on the Social Referents of Dreams". In: *Dreaming*, vol. 11, 1, 2001.

HAZARIKA, A. "Dreaming of cultures and the inner culture of dreaming". In: *Dream Time*. A Publication of the Association for the Study of Dreams, vol. 20, 1, 2001.

DEMENT, W.; KLEITMAN, N. "The relation of eye movements during sleep to dream activity: an objective method for the study of dreaming". In: *Journal of Experimental Psychology*, 53, 1957, p. 339-346.

FREUD, S. *La interpretacion de los sueños*. Madri: Biblioteca Nueva, 1948, p. 231-581.

FOULKES, D. *A psicologia do sono* (tradução do original inglês). São Paulo: Editora Cultrix, 1970.

SAFOUAN, M. *El inconsciente y su scriba* (tradução do original francês). Buenos Ayres: Paidós, 1985.

DAUVIGNAUD, J.; DAUVIGNAUD, F. F.; CORBEAU, J.-P. *La banque des rêves*. Paris: Payot, 1979.

Excertos e questões apresentadas neste texto são extraídos de trabalhos em resumo, apresentados em disquetes:

LEITE, T. M. "Espaço e Tempo em 'Grupos de Sonhos'. Uma perspectiva social e cultural". REIMÃO, R. (org.). *Sono: avanços em sono e seus distúrbios*. São Paulo: Associação Paulista de Medicina, 2005, p. 175-177.

_____. "Os tempos e o sonho". REIMÃO, R. (org.). *Sono: atualidades*. São Paulo: Associação Paulista de Medicina, 2006, p. 177-179.

2.

SONHOS MARCANTES NAS MEMÓRIAS DE JUNG

Durval Luiz de Faria[1]

Através de sonhos de Jung, fantasias, visões e vivências, relatados em seu livro *Memórias, sonhos e reflexões* (Jung, 1987), queremos neste capítulo ressaltar a importância dos sonhos no surgimento da psicologia analítica, em seus primórdios, entrelaçada à vida do autor e, especificamente, à vida de sua alma e à reflexão que ele faz sobre si mesmo.

Nesse livro, o que Jung pretende relatar é o desenvolvimento de sua vida interior, ou, em suas palavras, "A minha vida é a história de um inconsciente que se realizou" (Jung, 1987, p. 19). A pergunta inicial que ele parece se fazer – o que foi a minha vida, o que me direcionou? – já evidencia um dos significados da psicologia analítica, em que é valorizada a questão do significado da existência e a visão prospectiva e criativa da vida e menos a visão causal e redutiva, que trabalha com determinações específicas na configuração da psique.

Elencamos então alguns sonhos, desde sua infância até sua maturidade, que pudessem marcar essa trajetória

---

[1] Doutor em psicologia clínica pela PUC-SP; coordenador, professor e orientador do Programa de Estudos Pós-graduados em Psicologia Clínica da PUC-SP, do Curso de Psicologia; membro analista didata do Instituto Junguiano de São Paulo, AJB, e ligado à IAAP- Zurich.

e como Jung via seus significados. Claro que não pretendemos com isso esgotar os sonhos relatados no livro, nem detalhes, mas apontar um caminho, que vai se delineando através de alguns sonhos do autor. É apenas um recorte que pretendemos apresentar.

Jung nasceu em 1875, em Kesswill, Suíça. Seu pai era um pastor luterano e sua mãe, como toda mulher de sua época, se incumbia dos trabalhos domésticos. Até os onze anos de idade, quando nasceu sua irmã, Jung era filho único, vivendo isolado no meio de adultos até o início da escola primária, o que provavelmente estimulou sua grande atividade imaginativa.

Jung conta suas primeiras imagens e impressões, aparentemente com um ano e meio, nos jardins de sua casa, onde experimentou, em suas lembranças, uma grande satisfação com a natureza.

Aos três anos, sua mãe adoece e fica internada durante um bom tempo, provavelmente tocada por uma depressão. Nessa época, Jung sofre um eczema generalizado, provavelmente em função da separação. Ele também relembra nesta fase alguns acidentes terríveis, um tombo em sua casa e outro em uma ponte sobre o rio, entendendo esses acidentes como uma tendência inconsciente para o suicídio ou uma forma de resistência à vida neste mundo.

Em sua primeira infância, Jung relata angústias de morte que se encontravam associadas à figura dos padres jesuítas, pois estes oravam pelos cadáveres afogados no rio Reno. Esses padres contrapunham-se à figura do bom Jesus, salvador de todos e das almas.

Entre os três e quatro anos, Jung tem um sonho que ele recorda ser seu primeiro sonho. Ele diz que esse sonho o ocupou durante toda a vida (Jung, 1987, p. 25).

No sonho, o menino Jung estava numa ampla campina, atrás da quinta do sacristão do presbitério. Descobriu uma cova sombria, retangular. Aproximou-se e olhou seu interior. Uma escada conduzia ao fundo. Desceu, amedrontado, e se deparou com uma porta, fechada por uma cortina. Abriu e se deparou com uma sala retangular que estava sob uma luz tênue. Andando sobre um tapete vermelho, foi dar numa poltrona, um trono real, e neste trono um tronco de pele e carne, com uma cabeça ctônica, sem rosto nem cabelos. No topo, um olho único, que fitava o alto. O menino ficou paralisado de angústia e ouviu a voz da mãe: veja bem, é o devorador de homens! Ele ficou paralisado de angústia e acordou (Jung, 1987, p. 25-26).

Comentando esse sonho, Jung relaciona a imagem do falo gigante a um falo ritual, um falo entronizado de modo ictifálico (ereto), colocado num trono e num recinto sagrado. A cova se constituía num templo subterrâneo, cuja cortina verde lembra a campina e representa o mistério da terra coberta de vegetação.

"O falo deste sonho parece, em todo caso, um deus subterrâneo que é melhor não mencionar" (p. 26). Estaria aqui Jung aludindo a Dioniso e seus mistérios? Jung não faz associações à sua vida pessoal, mas podemos imaginar que nesta fase a criança está às voltas com a questão do pai e seus mistérios para o menino, a questão edípica etc. Jung via ou pressentia, desde muito cedo, a estagnação espiritual na qual seu pai havia se colocado, aceitando os dogmas religiosos sem contestação.

O que é importante ressaltar é que Jung, na compreensão de seu sonho, não evidencia e não quer evidenciar todo o conflito pessoal que poderia ter mobilizado ou criado esse sonho, mas apontar como uma divindade não acessível à consciência coletiva e pessoal aparece num sonho de uma criança, pois trata-se de uma figura mitológica e divina do paganismo. É como se o sonho estivesse compensando, de certa forma, uma falha na visão cristã dominante e também compensando a atitude unilateral de seu pai perante a religiosidade.

Nessa mesma direção, Jung relata a visão da catedral, quando tinha aproximadamente doze anos e estava indo à escola. Na vida escolar, apesar dos conflitos com os meninos e com o ensino, Jung descobre os prazeres da convivência.

Na visão, que Jung mais velho ou púbere custou a admitir, Deus defecava sobre a catedral de Basileia, destruindo-a. Essa visão provocou grande angústia em Carl Gustav, e foi custoso admiti-la. A visão da catedral, que causou grande impacto em Jung, aponta na direção do primeiro sonho, de que se iniciava naquela criança e também em toda a cultura, naquele tempo (fins do século XIX), uma transformação na visão religiosa tradicional e unilateral, a nosso ver incompatível com o desenvolvimento da consciência que adentraria pelo século XX.

Esse primeiro sonho e a visão sugerem que a atividade da fantasia, além de manifestar conflitos de natureza pessoal, possui um conteúdo coletivo emergente e que diz respeito à transformação da consciência humana. É como se Jung fosse um catalisador dos grandes dilemas psíquicos e espirituais de seu tempo, assim como outros seres excepcionais entre intelectuais, cientistas e artistas que surgiram na época.

Aos onze, doze anos, Jung conta que experimenta pela primeira vez a sensação de ser um eu, um ser com características muito próprias. Traz a imagem de que era como se estivesse imerso numa grande névoa e de repente essa névoa se dissipasse. Coincidindo com sua puberdade – e talvez por esta razão –, inicia-se o sentimento de identidade, o sistema ego-consciência separando-se de forma mais forte do inconsciente (a névoa). Ao mesmo tempo, começa a perceber que a psique é múltipla, que existe a consciência e o inconsciente: vê-se como uma criança de doze anos, mas vê-se também, em sua fantasia, como um senhor do século XVIII, com características que apareciam em muitas "verdades" que às vezes proferia. Podemos hipotetizar nesse senhor mais velho uma das imagens do *Self* – a do Velho Sábio – e a percepção da presença e do diálogo entre o ego e a alma.

Aproximando-se da escolha profissional, Jung nos relata que sempre teve dois interesses em seus estudos – a Filosofia e as ciências naturais. Mas Jung não queria ser filósofo ou professor. A escolha pelas ciências naturais surge nesse processo, quando ele teve dois sonhos (Jung, 1987, p. 83). No primeiro, Jung caminhava numa floresta sombria ao longo do Reno. Numa pequena colina, que era um túmulo, começou a cavar. Encontrou ossos de animais pré-históricos. Compreendeu então que deveria estudar a natureza e os seres vivos.

No segundo sonho, encontrava-se de novo numa floresta. Havia córregos e um açude em forma de círculo. Na água, um animal redondo, de várias cores e cintilante, com células pequenas e tentáculos: um radiolário gigante. Jung estranhou por aquela criatura estar escondida naquela floresta e emergiu nele um forte desejo de saber. E um saber ligado às ciências naturais. Daí a escolha da medicina foi um passo, quando relembrou que seu avô havia sido médico.

Jung optou pelo curso de medicina; no último ano, tudo fazia crer que sua escolha se focaria na clínica médica, mas lendo um tratado de psiquiatria de Kraft-Ebing, percebeu que nessa especialidade poderia integrar seus interesses por filosofia, ciências naturais e médicas.

Jung forma-se médico em 1900, aos vinte e cinco anos, e é logo contratado pelo Hospital Burghözli, em Zurique, como segundo assistente de Eugen Bleuler, famoso psiquiatra da época. Esse hospital vivia um período de intensa atividade científica, que correspondia a uma mudança na concepção de tratamento das doenças mentais, desde Charcot, em Paris, até Freud, em Viena (lembremos que Freud publica em 1900 *A interpretação dos sonhos*).

No Hospital de Burghölzli, Jung inicia, com pacientes, experimentos com seu teste de associação de palavras, que lhes forneceu elementos para elaborar a teoria dos complexos. Em 1902, Jung apresenta o trabalho de conclusão do curso de medicina: "Psicologia e patologia dos fenômenos ditos ocultos", estudo de caso do psiquismo de uma jovem espírita, no qual ele compreende os espíritos que aparecem nas sessões como personificações de aspectos diferentes e opostos de sua personalidade: o tipo grave e religioso, e o tipo alegre libertino. Junto a estes aparece um terceiro espírito, Ivenes, que para Jung representa sua nova personalidade como potencial. O trabalho parece apontar, em seu germe, para aquilo que posteriormente ele formula como a questão das polaridades em conflito e a sua resolução pela função transcendente.

Em 1907, Jung encontra Freud e aí se inicia a colaboração entre os dois, que se prolonga até o ano de 1912. Freud via em Jung um filho mais velho e o seu mais provável sucessor. Estabelece-se, segundo alguns biógrafos, uma transferência de pai para filho, Jung vendo nele, no final da amizade, um "pai" autoritário incapaz de qualquer mudança. Já Freud vê em Jung o filho amado e preferido que envereda pelo caminho da traição: o velho conflito de gerações e a problemática edipiana se reeditando.

Jung e Freud estabeleceram uma longa correspondência e se viam ocasionalmente em Viena ou em viagens. Viajando juntos para os Estados Unidos da América para uma série de conferências na Universidade de Clark, tiveram oportunidade de conversar muito e de contar seus sonhos e se analisar mutuamente. Nessa viagem, a partir de um sonho que Jung contou a Freud, para que este o analisasse, foi ficando evidente a divergência de seus pontos de vista, que os levou à separação e à criação da psicologia analítica.

No sonho, Jung estava numa casa de dois andares, que era sua casa. Estava no segundo andar, na sala de estar, de estilo rococó e belos quadros. Desceu a escada e chegou ao andar térreo, que datava do século XV ou XVI. Passeava pelo andar medieval, entrando nos quartos; surgiu o desejo de descer mais. Desceu uma escada de pedra e, examinando as paredes desse andar, percebeu que datavam da época romana. O piso era recoberto de lajes; abrindo uma argola numa das lajes, viu outra escada, a qual desceu e chegou a uma gruta baixa e rochosa. No solo havia ossadas, restos de vasos e vestígios de uma civilização primitiva. Ali havia dois crânios humanos, parcialmente desintegrados.

Na análise do sonho, Freud ressaltou a presença dos dois crânios, aludindo a um possível desejo de morte. Quem Jung desejaria matar? Jung sentiu resistência a esse caminho de interpretação, mas perante a autoridade do colega, aludiu ao desejo de morte de sua mulher e cunhada. Mas no fundo ele não concordava com essa interpretação, apenas não se sentia qualificado para confrontar o criador da psicanálise (Jung, 1987, p. 143-144)!

Jung sabia, mas não tinha maturidade para esse confronto e para mostrar que seu ponto divergia do de seu mestre: que a casa representava sua psique, que o primeiro andar era a sua consciência atual e que os outros andares simbolizavam aspectos do inconsciente, da Idade Média à alma do homem primitivo, que confina com a vida da alma animal. O sonho, então, não era uma fachada, ele representava os estratos da psique no sonhador, a partir da consciência até os recônditos do inconsciente coletivo.

Em 1912 ocorre a separação entre Jung e Freud, quando Jung publica *Metamorfoses e símbolos da libido* (hoje *Símbolos da transformação*). Nessa obra, Jung refuta a primazia da teoria sexual e do significado psicanalítico do incesto, e coloca a importância da compreensão dos conteúdos mitológicos para a compreensão da vida psíquica.

Em 1913, Jung inicia seu confronto com o inconsciente, atividade que durou até o fim da Primeira Guerra Mundial (1918). Ele assinala que tudo o que refletiu sobre a vida psíquica tratou-se de uma elaboração das experiências dessa fase, inclusive a escrita de seus livros, em parte revelados na publicação do *Livro vermelho* (Jung, 2010). Jung considera que esse foi um período de grande incerteza interior – em muitos momentos, ele duvidava da própria sanidade. Nesse período, começou a trabalhar com seus pacientes de modo diferente – simplesmente passou a ter mais confiança naquilo que eles relatavam, tentando compreender a imagem de seus sonhos e fantasias a partir de suas próprias impressões, sem nenhum foco teórico particular, observando que a compreensão das imagens decorreu naturalmente após esse trabalho.

Jung percebe também que é através dos motivos mitológicos e do enfoque simbólico que sua nova psicologia, a psicologia analítica, irá se delinear. Já havia compreendido os primórdios de uma esquizofrenia, no caso de Miss Miller, através do mito do herói, analisado em *Símbolos da transformação* (Jung, 1986). E não seria através da mitologia cristã somente, mas de todas as mitologias, inclusive as do paganismo, que pudessem iluminar e lançar luz à compreensão dos conflitos psicológicos.

As sombras de um passado mitológico passaram a povoar os sonhos de Jung e suas fantasias, como se o levando a explorar um estrato mais profundo do que o inconsciente pessoal, estrato este que ele denominaria, mais tarde, inconsciente coletivo. Esse passado surgia através de fantasias de algo morto que teimava em viver, cadáveres que eram colocados em fornos crematórios e que mostravam sinais de vida. Essas fantasias culminaram num sonho (Jung, 1987, p. 153).

Jung estava num local perto de Arles, onde existe uma alameda de sarcófagos da época dos merovíngios. No sonho, ele vinha da cidade e via uma alameda semelhante, com túmulos. Havia pedestais encimados por lajes nas quais os mortos repousavam, com roupagens antigas, as mãos postas sobre o peito, como os cavaleiros antigos. Estavam mumificados. Jung começou a olhá-los, inicialmente para um personagem de 1830, outro do século XVIII e outro do século XII, um cruzado. À medida que Jung os olhava, eles abriam as mãos e adquiriam vida. Era o olhar que fazia com que revivessem.

Jung ficou perplexo. Durante muito tempo, pensou sobre esse sonho e outros dessa natureza. Chegou à conclusão de que tais imagens não eram vestígios mortos nem formas gastas de vida, mas conteúdos que pertenciam à psique viva. Essas percepções e a análise de seu inconsciente e de seus pacientes levaram-no a formular posteriormente a teoria dos arquétipos, estruturas virtuais possibilitadoras de transformação psíquica.

Jung concluiu que a psique guarda conteúdos arcaicos e vivos. Começou a entrar em contato com esses conteúdos, dada a pressão interna que sentia. Tentava colocar em imagens essa pressão, para perceber o que estava por trás disso. Começaram a aparecer lembranças da infância, quando ele trabalhava com pequenas construções, casinhas e castelos. Jung começa a trabalhar com materiais como argila e pedra, tentando construir edificações sempre que tinha tempo (vejam a semelhança com o futuro Sandplay). Esse trabalho era como se fosse um rito de entrada em suas fantasias.

Por volta de 1913, intensificou-se a pressão que Jung sentia, uma sensação interna que se manifestou através de visões de destruição, a Europa sendo devastada por ondas gigantes que se transformaram num mar de sangue. Na primavera de 1914, um sonho se repetiu três vezes; seu motivo principal era o resfriamento da terra e seu enregelamento. Toda a vegetação viva fora destruída. Jung temeu por sua sanidade, imaginando estar tendo imagens que prenunciassem uma grave doença mental.

Em agosto de 1914, estoura a Primeira Guerra Mundial; Jung percebe a captação que tivera de processos presentes no inconsciente. Começa a refletir que suas fantasias estavam ligadas a um processo coletivo mais amplo. Mesmo assim sua inquietação não diminuía. Começou a praticar exercícios de ioga que levassem a um estado de relaxamento e interiorização.

Mas após o relaxamento, Jung continuava o processo de contato com o inconsciente, transformando em imagens as emoções que sentia. "Minha experiência ensinou-me quanto é salutar, do ponto de vista terapêutico, tornar conscientes as imagens que residem por detrás das emoções" (Jung, 1987, p. 158).

Jung, para se aproximar do inconsciente, muitas vezes se imaginava numa descida, quando permitia que as imagens fossem contatadas. Através destas, personificações de aspectos do inconsciente, foi percebendo o funcionamento de determinados dinamismos arquetípicos, como Elias e Filemon (os Velhos Sábios) e Salomé (prefiguração do aspecto erótico da *anima*). Foi se revelando para ele que a alma tinha uma realidade própria, independente do eu, que havia uma psique subjetiva, ligada ao ego e à consciência, mas também uma psique objetiva, ligada ao inconsciente mais profundo e universal.

Nessas "viagens" ao inconsciente, Jung tinha contato com as imagens e ia estabelecendo um diálogo com elas, de um modo que pudesse captar seus possíveis significados. Em seguida, escrevia ou modelava aquilo que ia emergindo. Essa foi a origem do método da imaginação ativa, que junto com o teste de associação de palavras e o trabalho com os sonhos constituíram os métodos junguianos clássicos de investigação do inconsciente (Jung, 1983).

Somente perto do final da guerra é que Jung foi saindo da obscuridade, quando começou a compreender as mandalas que desenhava (entre 1918 e 1919). Todas as manhãs, Jung esboçava, num caderno de notas, um desenho circular que parecia corresponder à sua situação interior. Foi observando que esses desenhos mudavam em função do seu estado psíquico. Descobriu que a mandala exprimia o si-mesmo, o centro da totalidade psíquica – ele podia, assim, acompanhar, dia a dia, como ele se manifestava e se transformava, compreendendo-o ainda de forma intuitiva.

Tornou-se claro para ele que a meta do desenvolvimento psíquico era o si-mesmo, cuja aproximação não é linear, mas circular, por isso circum-ambulatória. Em 1927, Jung tem um sonho que corrobora essa impressão (1987, p. 175): estava na cidade de Liverpool, numa noite de inverno. Com seis companheiros, vinha do mar em direção à cidade, que ficava no alto. Quando chegaram ao alto, encontraram uma praça fracamente iluminada, tendo um lago no centro, com uma pequena ilha. A ilha resplandecia ao sol, com uma magnólia coberta de flores vermelhas. A árvore parecia ligada à luz do sol; era como se fosse a própria luz. A cidade era construída toda em torno desse centro.

Ao redor, havia obscuridade, fuligem e chuva. Mas aquele centro deu a Jung a certeza da beleza terrestre; era ele quem possibilitava a coragem de viver. A experiência viva desse sonho deu a Jung o sentimento de algo definitivo, e nele a meta se expressara: a meta é o centro e não é possível ultrapassá-lo. "Através desse sonho, compreendi que o Si-mesmo é um princípio, um arquétipo da orientação e do sentido: nisso reside sua função salutar. Essa compreensão veiculou pela primeira vez o pressentimento do que devia ser o meu mito" (Jung, 1987, p. 176).

Após essa fase tumultuada (1913-1926, aproximadamente) Jung dedicou-se a elaborar e a fundamentar toda a experiência desses anos, coisa que realizou até o fim da vida. Estudando o gnosticismo e a alquimia, sempre guiado por seus sonhos, Jung pôde estabelecer os conceitos fundamentais do seu pensamento, mas que tiveram suas raízes nestes primórdios da psicologia analítica.

Reflexões e considerações

O primeiro aspecto que gostaria de considerar, que fica evidente sempre que leio as memórias de Jung e também suas primeiras obras, assim como as de Freud e dos pioneiros da psicologia profunda, é a coragem de desbravar um campo inóspito e desconhecido: o da psique. Eles não contavam com analistas e supervisores – estava tudo começando! E tinham contra si todo o e*stablishment* científico e médico do século XIX...

Jung, a duras penas, percebe sua diferença com Freud e os pressupostos da psicanálise, inicialmente de forma intuitiva e depois, paulatinamente, mais refletida. Conta para isso com seu conhecimento filosófico e científico, mas sobretudo com o contato com seus pacientes e com sua experiência interior. Separado do mentor, mergulha em sua experiência interior, através do contato com os sonhos e com modos que ele próprio intuía como sendo profícuos na exploração do inconsciente.

Na realidade, Jung sempre teve presente um modo particular de ver e compreender a psique, o que já aparece mesmo antes dele se formar médico (Penna, 2003). Sua experiência como psiquiatra também não coincide com a de Freud, visto que se inicia no tratamento de esquizofrênicos, enquanto Freud se dedicava mais à investigação e tratamento das neuroses, especialmente da histeria.

O segundo aspecto que sobressai é a forma como Jung, nesses anos, trata o material psíquico, as imagens dos sonhos, entrando em contato com elas de uma forma aberta e não preconcebida. Ele não reduz a imagem a significados fixos, mas entra em contato com elas, procurando associá-las à sua vida e ao universal, sem pressupostos teóricos. Sua leitura das imagens está mais baseada numa compreensão calcada na revelação que elas possibilitam e não em sua interpretação redutiva.

Nesse sentido, ele entende os sonhos como uma revelação do inconsciente proporcionada pelo diálogo ego-*Self* e apropriada pelo ego, não racionalizada e reduzida. O psicoterapeuta, então, vive no seu recinto com o paciente à procura do mistério que se revela, recebendo, como Jung fazia, as imagens na descida ao outro mundo.

Outro aspecto que ressalta é o respeito às imagens e sua não redutibilidade a um fator. As imagens não são um disfarce, elas são a linguagem da psique que se apresenta. Saberemos lê-las? E de que modo? O sonho não é um disfarce, as imagens são aquilo que são... Cabe a nós refletir e conectar a imagem à nossa experiência, utilizando para isso as associações pessoais do sonhador e as amplificações no âmbito universal.

E muito embora Jung tente categorizar essas experiências como aspectos da sombra, *anima*, persona, ele sempre utiliza o "como se", isto é, esses conceitos não são exatamente conceitos, são símbolos redutíveis a um único significado, pois tem sua origem na fonte inconsciente.

E, finalizando, podemos considerar que o relato de Jung nesse período inicial da psicologia analítica aponta para a necessidade da busca de sentido, que é necessária à existência, a procura de cada um de seu mito pessoal. E isso muitas vezes se faz às escuras, confundindo material psíquico universal com o pessoal, enfrentando os demônios e os complexos interiores, vasculhando as obscuridades. Sem garantias...

Porém, sobretudo depois de alguns anos, nos faz compreender, retrospectivamente, uma fina linha que une tudo, desde o primeiro sonho e as primeiras fantasias até a descoberta de algumas chaves que possibilitam o desvendar do mito próprio. Esse caminho, Jung chamou posteriormente de processo de individuação.

Ele trilhou, a nosso ver, nos primeiros anos, guiado por seus sonhos e fantasias, a busca pelo significado de sua vida – a busca de seu si-mesmo, servindo como exemplo, não como cópia, mas como referência, do caminho que todos percorremos em busca de nosso sentido pessoal, dentro do mistério da vida.

E finalmente, a busca de Jung serve como paradigma para os que se denominam junguianos – embora ele detestasse esse termo –, pois estes seguem, de certa forma, princípios semelhantes e valores veiculados pelo mestre, muito embora isso não substitua os muitos modos de sermos junguianos e os muitos modos de sermos cada um: nossos mitos pessoais. Pois sendo, cada um, o que somos, poderemos construir uma rede coletiva criativa na qual cada pessoa, a seu modo, contribui para a construção do universal.

Referências

JUNG, C. G. *Fundamentos de psicologia analítica*. Petrópolis: Vozes, 1973.
_____. *Memórias, sonhos, reflexões*. Rio de Janeiro: Nova Fronteira, 1987.
_____. *Símbolos da transformação*. Petrópolis: Vozes, 1986.
PENNA, E. M. D. "Um estudo sobre o método de investigação da psique na obra de C. G. Jung". Dissertação de Mestrado. PUC-SP, São Paulo, 2003.

3.

O POTENCIAL DE CURA DOS SONHOS E A EFICÁCIA TERAPÊUTICA DOS GRUPOS DE VIVÊNCIA DE SONHOS

Marion Rauscher Gallbach[1]

Introdução

Trinta anos de experiência nos *Grupos de Vivência de Sonhos* ensinaram que não desviar prematuramente o centro dramático para fora do próprio sonho ajuda a acessar o potencial de cura inerente a ele. Nunca se sabe de antemão o que surgirá.

O sonho é preciso. Deve ser levado a sério, pois a experiência mostra que nele nada é à toa. Ele é importante por indicar inter-relações não sabidas, ainda que existentes. Mesmo que pareça fugaz, já que escapa à captação e retenção na memória, ele mobiliza impressões profundas que não podem ser transmitidas verbalmen-

---

[1] Analista junguiana – Instituto C. G. Jung Zurique e Sociedade Brasileira de Psicologia Analítica, SBPA. Membro da International Association for Analytical Psychology. Coordenadora do Núcleo de Sonhos da SBPA. Psicóloga e professora doutora em psicologia clínica. Trabalha com análise individual, Grupos de Vivência de Sonhos e grupos de estudo e de supervisão. Professora convidada e cofundadora do Núcleo de Estudos Junguianos do Programa de Pós-graduação em Psicologia Clínica da PUC-SP. Autora de *Learning from dreams* (Einsiedels: Daimon, 2006); *Aprendendo com os sonhos* (São Paulo: Paulus, 2000); *Sonhos e gravidez: iniciação à criatividade feminina* (São Paulo: Paulus, 1995). Contato: mariongallbach@uol.com.br; <www.grupodevivenciadesonhos.com.br>.

te, mas que o permeiam e deixam sua marca em nós. Quando se vivencia a síntese lá presente, percebe-se sua unidade e a ordenação mais profunda do sonho. Isso se reverte numa harmonização com nossa própria unidade e com o *Self.*

Os princípios norteadores dos *Grupos de Vivência de Sonhos* têm suas raízes no contexto junguiano, e sua prática está também enraizada na atitude e nas ideias junguianas. O objetivo para a criação desses grupos foi desenvolver uma metodologia de trabalho e pesquisa com sonhos que instrumenta o contato direto do sonhador com seu sonho.

Ao utilizar procedimentos analíticos objetivos, aliados a procedimentos interativos integrativos, no contexto de continência de um *Grupo de Vivência de Sonhos*, busca-se sintonizar e acolher o potencial curativo da dimensão onírica, que é relacionado aos sonhos desde os rituais de incubação na Grécia antiga.

Questões corporais estão presentes e se manifestam nos sonhos. Muitas vezes passam despercebidas, permanecendo então intocadas, apesar dos sonhos oferecerem mapas para sua resolução. Essas questões podem ser mais bem acessadas e transformadas quando o trabalho também inclui a dimensão corporal.

Todos esses anos de meu trabalho com os sonhos, seja no enquadre de análise individual, seja nos grupos de estudo e de vivência, bem como as pesquisas realizadas convidam a rever as experiências que me levaram a atentar para os aspectos somáticos dos sonhos e sua elaboração em grupo.

Ao abordar esse percurso, inserindo relatos de experiências próprias, mais comuns nas aulas do que nos livros, é possível avaliar e colocar num contexto histórico essas experiências, e, ao revisitá-las, discutir através de um novo prisma as várias questões implicadas e seus diferenciais.

Assim, no presente capítulo, busco traçar um histórico. Começo com minha formação em Zurique, passando pela pesquisa com sonhos de grávidas; em seguida, relato o trabalho com os *Grupos de Vivência de Sonhos* e com a *Imaginação-Corpo-Ativa*, uma das abordagens desenvolvidas nos grupos. Um recente *workshop*, realizado no Congresso Internacional de Psicologia Analítica em Copenhagen (2013), constituiu uma oportunidade de perceber como a prática de *Imaginação-Corpo-Ativa* é recebida por analistas estrangeiros. Encerro com o depoimento de uma analista, que gentilmente compartilhou sua experiência decorrente deste *workshop*.

Corpo e grupo no Instituto C. G. Jung de Zurique

O meio cultural e geográfico também exerce influência na prática da psicologia analítica. Uma das contribuições brasileiras para essa abordagem, em minha opinião, reside na inserção e integração da dimensão corporal na sua prática psicoterapêutica, bem como em sua teoria. Dos poucos livros de autores brasileiros traduzidos e publicados no exterior, dois deles, Ramos (2006) e Gallbach (2006), tratam desse tema.

Durante minha formação de analista no Instituto C. G. Jung de Zurique, onde fiquei por três anos, de 1978 a 1981, senti falta dessa integração. A terapia junguiana pela qual passara anteriormente no Brasil era baseada na prática desenvolvida por Sandor (1974), com a inclusão de trabalho corporal, calatonia e a busca contínua da integração com o corpo. Já o espaço destinado ao corpo no Instituto em Zurique, naquela época, ocorria fora da grade curricular, na hora do almoço e coordenado por uma professora de expressão corporal que não era do Instituto.

Apesar dos processos analíticos naquela época serem somente individuais, os seminários de sonhos no Instituto constituíam um espaço em grupo aberto a muitas trocas vivas e fertilizadoras sobre os sonhos de pacientes, que, por sua vez, treinavam a atitude analítica.

Clínica e Centro de Pesquisa em Psicologia Junguiana – Klinik am Zürichberg

Outros espaços em grupo, no qual se juntavam os esforços de todos os terapeutas – analistas individuais, terapeutas grupais, psicodramatistas, arte-terapeutas – acrescidos da enfermagem e funcionários, para ajudar os pacientes, eram as reuniões clínicas na Clínica Psiquiátrica Junguiana am Zürichberg, na qual tive o privilégio de trabalhar.

C. A. Meier (1965, 1985, 1986), também fundador do Instituto C. G. Jung de Zurique, inspirou-se nos rituais de incubação de sonhos da Grécia antiga, quando da concepção e fundação da Clínica e Centro de Pesquisa em Psicologia Junguiana – Klinik am Zürichberg – em Zurique, onde buscou recriar o *temenos* terapêutico aliado ao laboratório de pesquisas do sono e de sonhos.

Epidaurus era um dos lugares na Grécia antiga onde os cultos de cura de Asclépio eram praticados. Meier investigou o papel dos rituais de incubação de sonhos na cura; ele tinha o desejo de estabelecer um santuário para tanto, um *"Asklepion"*, em Zurique. Ao estudar os padrões arquetípicos de cura, reconheceu a necessidade de um espaço especial e protegido, um *temenos* no qual o doente poderia chegar a termos com sua doença e ao reconhecimento e integração de seus complexos; ou seja, um espaço em que a patologia não fosse somente vista de modo diagnóstico, mas também simbólico.

A experiência de *Epidaurus* – curar suas feridas através do contato com a cura divina interna – era a mesma que Meier (1965) tentava promover ao estabelecer a

Clínica em Zürichberg. Utilizando os métodos experimentais no Laboratório de Pesquisa de Sonhos, Meier e seus colegas provaram estatisticamente a inter-relação entre sonhos, emoções e imagens arquetípicas. Seu interesse nas relações de corpo e psique resultou em experimentos que apontaram a importância da sincronicidade ou coincidências significativas no processo de cura.

Essa clínica seguia o modelo das antigas clínicas gregas também no que diz respeito à beleza e qualidade do ambiente, valorizando uma natureza exuberante. Imperava o acolhimento, de todas as maneiras possíveis, seja na disposição dos pacientes nos quartos, nos cuidados com alimentação, como também nas várias formas de terapia propostas; no respeito pelo material do paciente, na empatia com seu sofrimento e na compreensão deste relacionado à sua individuação, sempre ancorado nas observações do material onírico.

O *feedback* positivo nos seminários de sonhos do Instituto C. G. Jung, a experiência na Clínica Psiquiátrica em Zurichberg e a participação nas suas reuniões clínicas sem dúvida me imprimiram a importância das trocas fertilizadoras em grupo para o processo de cura e aprendizagem.

Aspectos somáticos nos sonhos – sonhos na gravidez

De volta ao Brasil, fui convidada a assumir o trabalho iniciado pelo professor Sandor: ministrar as aulas sobre sonhos no Curso de Especialização em Psicologia Analítica e Psicanálise na PUC-SP. Como havia a intenção desse curso tornar-se uma pós-graduação, o que na prática levou vinte anos para acontecer, fui realizar meu mestrado e doutorado no IPUSP, sob a orientação da Dra. Therezinha Moreira Leite.

A pesquisa do mestrado, sobre os sonhos durante a primeira gravidez, me trouxe a certeza sobre a relação entre os sonhos e os processos corporais. Muitos temas comuns apareceram nos sonhos de todas as grávidas pesquisadas. Esses temas eram relativos a cuidados maternos – como amamentar bebês, segurar animais no colo e dar alimento a bebês e animais – e me levaram a intitular a pesquisa "O arquétipo materno na gravidez: um estudo de temas oníricos durante a primeira gravidez" (Gallbach, 1990). As diferentes imagens de outros temas comuns às grávidas sugeriam uma relação – tanto emocional quanto física – com a fase na qual se encontrava a gestação. Os sonhos com água, por exemplo, manifestavam-se pela inundação, alagamento e mar revolto, no primeiro trimestre; por águas calmas e contidas, como represas, piscinas e lagos, no segundo trimestre; e, por fim, por águas em movimento, como rios, riachos e cachoeiras, no período próximo ao parto.

Uma primeira gravidez configura uma situação naturalmente experimental durante seus nove meses, com começo, meio e fim. Esse processo, uma vez iniciado – com a formação do líquido amniótico, da placenta, do feto e, no final, a deflagração da saída deste no parto e a prontidão para a amamentação –, encaminha a mulher para se tornar mãe, conferindo-lhe o necessário para tal.

Os temas oníricos e as séries de sonhos que acompanham a gravidez indicam um processo de iniciação à maternidade (Gallbach, 1995), bem como suas peripécias e entraves, relacionados à passagem simbólica de filha para mãe na personalidade da grávida. Este processo acompanha o processo biológico pelo qual a mulher passa e do qual sai pronta para exercer a maternidade fisicamente.

Uma vez que os aspectos corporais também se manifestam nos sonhos, pareceu-me essencial desenvolver um procedimento que facilitasse o acesso a esses conteúdos.

Esse acesso poderia ser encorajado terapeuticamente dentro dos grupos de sonhos que eu já realizava desde 1984 em meu consultório.

Grupos de Vivência de Sonhos – uma abordagem junguiana da cura pelos sonhos

A metodologia dos *Grupos de Vivência de Sonhos* assegura um vaso alquímico grupal e continente analítico protegido que funciona como *temenos* para experiências de aprofundamento nos sonhos. Os integrantes aprendem e experimentam várias formas de trabalhar com seus próprios sonhos e de processar suas experiências.

Seguem-se todos os procedimentos indicados por Jung para a interpretação analítica dos sonhos, detendo-se detalhadamente e aprofundando-se no seu primeiro passo – o de estabelecer o texto acurado do sonho – antes de se passar para o estabelecimento do contexto subjetivo associativo e para amplificações com paralelos na mitologia e demais expressões culturais.

Associações e amplificações são instrumentos valiosos para estabelecer a relação do sonho com o contexto de vida do sonhador e com paralelos coletivos. No entanto, ao associarmos rapidamente, desviamos o centro dramático do sonho para elementos exteriores a ele, descuidando de seu contexto intrínseco particular.

Todos os elementos do sonho – personagens, cenário, situações, ações, emoções, sensações – estão conectados significativamente. São todos parte da imagem onírica, e cada parte é igualmente fundamental para a composição do todo. Esses elementos constituem relações significativas inerentes ao próprio sonho, seu *contexto intrínseco*, assim chamado para diferenciá-lo do *contexto subjetivo associativo*, expresso nas lembranças e experiências de vida associadas a eles.

Os procedimentos desenvolvidos nos *Grupos de Vivência de Sonhos* convidam o sonhador, inicialmente, a permanecer no contexto intrínseco ao próprio sonho, interagindo com sua narrativa dramática, suas imagens, sua linguagem simbólica e sua presença somática, para aprofundar sua experiência e experimentar os aspectos inerentes à sua unidade. Esse aprofundamento permite uma elaboração mais completa dos sonhos. Tal metodologia de experiência direta e interação sistemática promove uma oportunidade para que o significado do sonho seja revelado no próprio sonhador, junto com a mobilização de aspectos novos, criativos e curativos, além de ampliar os subsídios para sua interpretação. Também favorece a formação de um vaso alquímico para a elaboração e transformação dos conteúdos oníricos emergentes no grupo.

Grupos de Vivência de Sonhos como análise didática

Os *Grupos de Vivência de Sonhos* têm um aspecto didático – aprendizagem das diferentes formas de trabalho – e um aspecto terapêutico. Grupos constituídos por psicólogos, médicos e analistas realizam uma análise didática, pela qual lhes é dada a oportunidade de experimentar o alcance dos sonhos.

Os integrantes de cada grupo reúnem-se periodicamente e trabalham com seus sonhos simultaneamente, experimentando as abordagens instruídas pelo coordenador e compartilhando sua experiência com os demais. O grupo acompanha os vários processos oníricos dos integrantes, evitando a interferência sugestiva num primeiro momento. A participação ativa de todos ocorre na conclusão do trabalho de cada sonho, quando também é aberto o espaço para associações e amplificações.

Dessa maneira, os participantes experimentam-se como sujeitos e observadores de diversos processos oníricos, sendo acompanhados e também acompanhando o trabalho dos colegas. Podem comparar sua percepção com a dos outros membros do grupo em relação aos vários sonhos e às várias abordagens, e podem se beneficiar dos colegas em seu próprio processo. Essa multiplicidade de referências ajuda a diferenciar qual abordagem responde melhor a cada tipo de sonho, pessoa ou tipologia, trazendo enriquecimento a uma análise didática.

Quando se compara as associações dos integrantes em relação aos sonhos – sejam eles próprios ou não – com aquilo que é acessado através da interação direta com o próprio sonho, mediante as práticas propostas, constata-se que estas promovem experiências significativas, mais enriquecedoras e profundas que quaisquer associações e interpretações. Isso deixa patente quanto a profundidade e a sabedoria do sonho residem no próprio sonhador. Sempre surge uma surpresa, uma novidade. É um exercício pelo qual aprendemos muito sobre o alcance dos sonhos, além de constituir um treino de humildade perante eles.

A observação da experiência dos outros traz força e coragem para o indivíduo se abrir plenamente para seu próprio processo, e aumenta a confiança na orientação do *Self*. Isso favorece a atitude simbólica que abre para uma cooperação entre este e o ego. Acompanhar os vários processos num *Grupo de Vivência de Sonhos* aumenta a confiança na precisão da orientação do sonho. Também propicia a prática de uma série de recursos e abordagens em relação ao mesmo, que ajudam – mesmo num enquadre individual – a mudar a postura perante os sonhos trazidos pelos pacientes, ao se flexibilizar a atitude interpretativa e ampliá-la para uma atitude de facilitador – para que, dessa maneira, o significado se revele no próprio sonhador.

Processamento do sonho

Se a mensagem do sonho se encontra no interior de cada um, enquanto "mensagem única para um sujeito único", como diz Von Franz (1988), então é preciso criar condições para encontrá-la e compreendê-la. A premissa de Jung (1934) de que "a imagem manifesta do sonho é o próprio sonho e engloba o seu significado" convida a experimentar formas de abordar e trabalhar sonhos sem relacioná-los a algo externo a eles, num primeiro momento. Isso implica suportar a tensão da não compreensão imediata. Implica ficar no próprio sonho e explorar suas qualidades e seus diversos aspectos, tomando-os como realidade, como seu próprio contexto e sua melhor expressão.

Essas ideias estão na base do *Processamento do sonho*, que é um procedimento para um exame acurado e cuidadoso da vida onírica. Ele fornece um roteiro de objetivação dos seus elementos e de observação sistemática e completa do contexto intrínseco do sonho, para conhecê-lo em sua totalidade e na maior parte de suas formas de manifestação: a saber, sua narrativa, sua imagem, sua vivência e seu símbolo. Busca utilizar todas as funções psíquicas descritas por Jung (1921) – pensamento, sentimento, sensação e intuição – para sua elaboração, que ocorre de maneira integrada à dimensão corporal. O *Processamento* é constituído por duas etapas: observação da estrutura dramática e elaboração dos complexos.

Um sonho é mais profundo que seu relato. A narrativa é um de seus aspectos, privilegia seu encadeamento temporal ou lógico, com começo, meio e fim, e relações de causalidade. Outro aspecto do sonho é o de ser imagem, na qual todos os elementos são interdependentes e concomitantes, igualmente importantes para a composição do todo. Ao levar em conta essa interligação sincrônica no sonho, posterga-se a tradução do mesmo para a linguagem verbal, aproximando-o da linguagem das imagens e dos símbolos. O sonho também é vivência, experiência vivida em tempo e espaço, que parece tão real quanto aquela despertada pela realidade da vigília. Todos esses aspectos são parte integrante, compõem e conduzem ao símbolo do sonho, que se refere ao potencial transformador de seu centro dramático mais o seu significado ainda a ser revelado.

No *Processamento do sonho*, realizado nos *Grupos de Vivência de Sonhos*, é o próprio sonhador quem examina a estrutura dramática de seu sonho, reconhecendo suas quatro fases, como descritas por Jung (1945): (i) exposição: a situação inicial, indicação de local, de tempo, personagens e tema; (ii) intriga: o desenrolar da problemática; (iii) culminação: o ápice do desenvolvimento dramático, em sua dinâmica oposta, e sua mudança; e (iv) lise: a solução ou desenlace esboçados pelo sonho.

Encontrando-se mais próximo da vivência emocional do sonho, o sonhador é quem melhor percebe o movimento de mudança de uma fase para a outra, se há lise ou não, e no que esta consiste. A lise refere-se a um desfecho em termos de narrativa, não necessariamente uma resolução, no sentido de solução de problemática e alívio de tensão.

O *Processamento* ainda inclui um detalhamento das várias fases da estrutura dramática do sonho em todos os seus elementos, que é então seguido por um trabalho analítico imaginativo da elaboração dos complexos presentes no sonho. Estudam-se, assim, entre muitos outros, os detalhes do local, dos personagens, das ações e das polaridades opostas da estrutura dramática; e também os complexos constelados, através das ações e emoções do eu e dos outros presentes espelhados pelo sonho, dos padrões de ação e das atitudes subjacentes a esses padrões. Após avaliar as atitudes subjacentes às ações do eu espelhadas pelo sonho, e eventualmente transformá-las, o sonhador é convidado a reviver imaginativamente seu sonho, levando em conta o que foi elaborado. O *Processamento do sonho* culmina, assim, na recriação imaginativa do sonho, podendo-se transformar seu desfecho.

São muitos os sonhos nos quais não há lise. Os sonhos que apresentam uma resolução oferecem uma saída esboçada pelo inconsciente para a problemática lá refletida. A possibilidade de acompanhar em profundidade a resolução trazida pelo *Self*, assim como a oportunidade de imaginativamente poder dar lise ao que não tem, ou modificar o desfecho por algum mais favorável, podem ser terapêuticas.

Esse recurso de mudar o final de um sonho também é usado por outras escolas de psicologia para trabalhar com pesadelos recorrentes devido a traumas. No entanto, a experiência nos *Grupos de Vivência de Sonhos* mostra que nessa recriação imaginativa do sonho só se transformam realmente aqueles aspectos que foram elaborados ao longo do *Processamento do sonho*. Caso contrário, esse recurso se limita a um exercício de pensamento positivo ou *wishful thinking*, sem repercussões mais profundas para a personalidade.

A elaboração dos complexos presentes no sonho com oportunidade da recriação deste constitui um trabalho profundo e detalhado, que elabora, na estrutura dos complexos, o que então se manifestará em mudanças em diversas situações da vida do sonhador. Utilizando uma analogia atual da informática, é como se ele realizasse um *upgrade de software*.

A pesquisa de mestrado (Capasso, 2011) com a utilização da metodologia dos *Grupos de Vivência de Sonhos* com cuidadores em casas abrigo, utilizando o *Processamento do sonho*, também evidenciou a eficácia terapêutica dessa metodologia.

O *Processamento do sonho* é a primeira abordagem experimentada num grupo e constitui um requisito ou treino para técnicas mais mobilizadoras. Os *Grupos de Vivência de Sonhos* fornecem o *temenos*, ou continente protegido, para esse aprofundamento terapêutico. Os procedimentos desenvolvidos no grupo também podem ser utilizados em um enquadre psicoterapêutico individual.

Imaginação-Corpo-Ativa

O que é representado no palco (das imagens) ainda é processo de pano de fundo, que não tem a ver com o observador, e quanto menos ele for tocado, menor também é a ação catártica deste teatro particular. A peça que é representada não quer ser só observada, mas convencer à participação (Jung, 1955, par. 365).

O procedimento de *Imaginação-Corpo-Ativa* alia a tradição junguiana de Imaginação-Ativa a uma imaginação incorporada, implicando um corpo consciente e ativo. Formas imaginativas de abordar os sonhos facilitam o contato com o teor emocional das imagens e experiências. Ao trabalhar mais próximas ao inconsciente, permitem um aprofundamento neste, facilitam a mobilização de símbolos e rapidamente estabelecem conexões com a consciência. Jung dizia que a Imaginação Ativa muitas vezes antecipa os sonhos.

A aproximação do sonho via *Imaginação Corpo-Ativa* busca estabelecer a relação deste com processos corporais, de tal modo que seu significado manifeste-se também no plano dos sentidos, trazendo luz a questões psicossomáticas e permitindo uma integração mais global. A *Vivência Contemplativa dos Sonhos* permite experimentar a intenção dramática da informação do sonho. Ambas caracterizam-se como abordagens de trabalho que engajam os afetos e sensações inerentes ao sonho de maneira direta, preservando sua qualidade imagética e vivencial, antes de sua tradução semântica para a linguagem narrativa. O convite a viver e experimentar os afetos, emoções e sensações corporais inerentes às imagens, às quais só o sonhador tem acesso, ajuda a encontrar e integrar mais aspectos de si mesmo. O que aparece manifestado em imagens, quando aproximado à experiência dos sentidos, revela uma multiplicidade de outros sentidos ou significados.

A *Imaginação Corpo-Ativa* surgiu da necessidade de se incluir e integrar o corpo como fonte de conhecimento sobre a psique. É importante se ater à integração psique-corpo, pois, frequentemente, afecções corporais parecem constituir a dramatização de conflitos psíquicos. Corpo e psique estão interligados, ou, como diz Jung (1947): "[...] a psique e a matéria são aspectos diferentes de uma única e mesma coisa" (par. 418). Enquanto expressão simbólica do processo vital, o sonho tem implicações profundas e elevadas, para o físico e para o espiritual, para o corpo e para a psique.

Jung (1928, 1943) contrapõe a interpretação no plano do objeto – analítica e na qual as expressões oníricas são identificadas com objetos reais – à interpretação no plano do sujeito. Esta é considerada como sintética ou construtiva, pois, ao desligar os complexos de reminiscências de circunstâncias externas e interpretá-los como tendências ou partes do sujeito, incorpora-os novamente. Trazendo os componentes do sonho ao interior da psique, tende-se a enriquecer seu domínio e a construir sua organização e complexidade interna.

No procedimento interpretativo tradicional da psicologia analítica, pede-se que o sonhador faça associações com os vários elementos de seu sonho para, como diz Von Franz (1985), realimentá-lo com essas informações – o que constitui a interpretação no plano do sujeito. A aproximação via *Imaginação Corpo-Ativa,* por sua vez, é uma forma de instrumentalizar e ao mesmo tempo investigar o pressuposto que está na base do método sintético-construtivo. Portanto, busca-se uma forma não interpretativa ao se propor uma aproximação direta com o sonho, em vez de seu entendimento conceitual, ou seja, pede-se para que o próprio sonhador entre em contato direto, ou mesmo se identifique, com cada aspecto. Diminui-se, assim, o risco do terapeuta projetar suas próprias ideias sobre o sonho, ou mesmo do próprio sonhador projetar no sonho aquilo que já pensa de si. Assim, esse procedimento instrumentaliza o método sintético-construtivo, de tal maneira que possa ser experimentado pelo próprio sonhador.

A aproximação do sonho via *Imaginação Corpo-Ativa* é precedida por um exercício para aumentar o contato da pessoa com sua dimensão corporal. Ela convida o sonhador a permanecer no contexto da experiência do sonho e a interagir com seus personagens (conhecidos, desconhecidos, vivos, inanimados, o Eu), seus espaços (o lugar e os elementos arranjados nele) e suas dinâmicas (os movimentos, ações e sua sequência). Essa interação pode variar de observação, diálogo, até identificação e incorporação imaginativas. Quando realizadas de maneira consciente e voluntária, a identificação e a incorporação constituem formas de empatia profunda. Elas trazem o conteúdo do sonho mais próximo à experiência viva, favorecendo um contato sensível e emocional com as imagens. Fundamentar os elementos do sonho na experiência sensorial facilita *insights* sobre a ligação entre complexos psicológicos e tensões corporais.

A *Imaginação Corpo-Ativa* enriquece significativamente o trabalho com sonhos. Constitui um instrumento eficaz para acessar questões somáticas nos sonhos e para trabalhar com estes de uma maneira que integra corpo e psique. Sua prática favorece um profundo encontro consigo mesmo, junto com transformações significativas. Esse procedimento integrativo é terapêutico, ele promove autoconhecimento e bem-estar, já que envolve mais completamente o potencial de cura inerente aos sonhos.

Aprendendo com os sonhos

A pesquisa das diversas formas de abordar os sonhos e os diferenciais entre elas – o que elas alcançam, para quais tipos de sonhos se adequam mais, ou para qual tipo de personalidade ou tipologia –, junto com a avaliação da eficácia terapêutica dessas abordagens constituiu meu trabalho de doutorado na USP: "*Grupos de Vivência de Sonhos* – uma investigação sobre formas de trabalho com sonhos" (Gallbach, 1997), mais tarde revisada e publicada como o livro *Aprendendo com os sonhos* (Gallbach, 2000).

Nesse livro há vários casos surpreendentes de trabalhos com sonhos que resultaram em mapas de resolução de problemáticas, como o de uma sonhadora que se curou de uma enxaqueca que a acompanhava havia anos, e outra que se curou de depressão. Há ainda o relato de uma mulher que, após o trabalho de *Imaginação Corpo-Ativa* com o sonho, viu desaparecer um mioma presente havia anos. Em todos esses casos, o grupo não sabia anteriormente dessas problemáticas dos sonhadores; elas se revelaram, se transformaram e se resolveram ao longo do trabalho com os sonhos.

Esses exemplos ilustram como o material onírico tem implicações para a saúde da psique e do corpo. Exercendo sua função simbólica de harmonizar e unir essa unidade psique-corpo, os sonhos iluminam a etiologia de desordens, suas dinâmicas e orientam a terapia.

Jung também se refere aos aspectos diagnósticos e prognósticos do sonho, principalmente em relação aos sonhos iniciais de análise.

A experiência mostra que todos os sonhos, trabalhados em profundidade segundo a metodologia dos *Grupos de Vivência de Sonhos*, se revelam como processo de cura em ação: trazem exatamente o que tem de ser vivenciado e elaborado pelo sonhador, como radiografia profunda da situação de seu ser psicofísico e o remédio certo para a continuidade de seu processo de individuação, visando sua unidade e a realização de sua totalidade.

"Mensagem a ser decifrada" ou processo de cura em ação

Resultados diferentes decorrem da abordagem de um sonho como "mensagem a ser decifrada" ou como processo de cura em ação. Ao se abordar um sonho como "mensagem a ser decifrada", mobiliza-se mais associações e cadeias mentais associativas, e tende-se a "atribuir" e conferir um significado. Já na metodologia dos *Grupos de Vivência de Sonhos* trata-se de deixar que o significado se revele no próprio sonhador, na medida em que este interage com seu sonho. O papel do terapeuta é o de facilitador nesse processo.

O sonho sempre tange o desconhecido. Há que se tolerar a angústia do não saber, para não mobilizar um pensamento defensivo que busque conferir um significado, cujo objetivo, em última análise, seria o de aplacar essa angústia.

No enquadre terapêutico individual existe a expectativa do paciente perante a interrogação do sonho, de que o terapeuta lhe traga o significado, e isso pode dificultar a postura de facilitador. Pode-se dar uma resposta e interpretar o sonho, mas se preocupando em não interferir na resposta da própria pessoa. O sonho gera dúvidas, e isto torna o sonhador bastante sugestionável. Melhor do que trazer uma resposta pronta seria o terapeuta formular perguntas que testem suas hipóteses. Cumpre ressaltar que aquilo que não é explicitado pelo sonhador a respeito de seu sonho é preenchido com as imagens de quem o ouve.

Não é necessário apressar-se em atribuir significado a um sonho, mas sim atentar-se na interação com todos os seus aspectos, em sua totalidade e com todas as funções, dando maior importância a seu contexto intrínseco, à apreciação de todos seus detalhes, à inter-relação de seus elementos e à interação completa com eles.

Aproximar o sonho como processo de cura em ação implica honrar sua totalidade, e isso só é possível quando se confia em sua sabedoria, para suportar o desconhecido, até que a profundidade das inter-relações lá estabelecidas possa se revelar. A experiência mostra que o sonho não dá ponto sem nó: o que o sonho une está interligado.

A postura do terapeuta como facilitador para que o próprio sonhador encontre o significado em si, treinada num grupo com enquadre específico para trabalhar os sonhos como os *Grupos de Vivência de Sonhos*, ajuda a flexibilizar a atitude interpretativa também no contexto de análise individual.

No papel do facilitador, o analista conduz as perguntas e ajuda o sonhador a aprofundar a vivência das emoções e sensações lá presentes, a interagir com a localização, com a configuração do espaço e com o posicionamento dos elementos, também em relação ao *eu*. Ainda, ajuda o sonhador a retornar para posicionar-se na experiência, o que permite acompanhar o *eu* e os *outros* do sonho em suas ações e sentimentos, trazendo *insights* sobre inter-relações intrínsecas ali presentes. A vivência do cenário, tão importante quanto a cena, revela o pano de fundo para as ações, resgatando elementos arqueológicos e históricos relacionados com a ação e a problemática presente, datando processos e seus inícios. Revela as relações com o meio, com o ambiente, com o projetado sobre a matéria: é justamente no espaço que muitas vezes encontramos questões corporais coaguladas.

Uma interpretação que confere e atribui significado pode errar na dosagem. Já pautar-se no contexto intrínseco do sonho, nas suas imagens e experiências vividas pelo sonhador ajuda a aferir as interpretações, as quais, então, se constroem coerentes com a estória, com o cenário, e com as ações e emoções de todos os personagens, levando em conta tudo o mais lá apresentado, como descrito no *Processamento do sonho*. Quando o significado de todos os elementos se revelarem, e o sonhador compreender as inter-relações lá presentes, ele também não será mais o mesmo, algo terá se transformado. E o sonho, aparentemente ilógico, se torna sabedoria profunda, isto é, processo de cura em ação.

O potencial curativo do estado onírico

Como já mencionado, associações prematuras com o contexto de vida e amplificações tendem a desviar o centro dramático do sonho e sua unidade para seu exterior.

Quando o significado é revelado nos próprios sonhadores, visto a experiência direta e a interação com seus próprios sonhos, surpreendemo-nos com os aspectos novos, criativos e curativos transformando suas vidas. Além de despertar a curiosidade para abrir-se ao novo, até então desconhecido, essa abordagem parece mobilizar mais completamente o potencial de cura inerente aos sonhos. Isso promove confiança em sua riqueza e sabedoria.

As interfaces de cura e espiritualidade nos sonhos podem ser observadas desde os tempos e templos de Esculápio até hoje pelo efeito da sincronicidade.

Enquanto expressão simbólica do processo vital, o sonho tem implicações profundas e elevadas, para o reino físico e espiritual, para o corpo e para a psique. Ele pode constituir um aliado precioso para a compreensão dessas inter-relações, oferecendo também mapas para a compreensão simbólica dos sintomas psicossomáticos e, por vezes, de sua transformação e resolução.

As pesquisas realizadas nos *Grupos de Vivência de Sonhos* têm evidenciado a precisão dos sonhos como o remédio certo na formulação e dosagem mais adequada para o indivíduo que o sonha, bem como seu potencial integrador e curativo para o grupo.

Os sonhos constituem um material que desperta as pessoas para a orientação do *Self*, já que não é possível se escolher o que se sonha. Nesse sentido, o sonho favorece mais um acolhimento do que um julgamento, que é o mais comum de ser observado num grupo. Nos *Grupos de Vivência de Sonhos* percebemos que frequentemente o elemento esquecido, ou aquele no qual reside a maior resistência de um sonhador em relação a seu sonho, é também onde se encontra o maior potencial de transformação. Esse elemento não está necessariamente na cena principal, encontrando-se possivelmente em uma experiência de espaço. É importante iluminar a totalidade do sonho, também seus lados escuros e sombrios que só estão implicados, mas não explícitos. É justamente aí que o grupo pode ajudar, reconhecendo o que está faltando, o que não foi visto (o ponto cego), trazendo o colo para experimentá-lo (contendo as emoções), e providenciando a continência do vaso alquímico, o suporte para encará-lo acompanhado. A vivência de suporte, possibilitada num enquadre individual na relação dual com o terapeuta, é ampliada num grupo. O que é trabalhado no coletivo torna-se mais fácil de ser levado para a vida afora. Nesse sentido, o grupo funciona como relação com o mundo.

Individuação em comunidade

Uma experiência comum ao se trabalhar sonhos em grupo é a ocorrência de imagens e temas similares nos sonhos de seus integrantes, às vezes até por ocasião do primeiro encontro do grupo. Esses eventos de sincronicidade são relevantes, trazem um sentimento de grande significado em estarem juntos. Agem como um fator de coesão grupal, propiciando a experiência de um centro ordenador que transcende as psiques individuais. Assim, num grupo, pode-se aprender sobre a regulação tanto da psique individual quanto da psique coletiva.

É num enquadre grupal que é possível observar quando os mesmos símbolos se manifestam sincronicamente em vários indivíduos, evidenciando-os como símbolos grupais, os quais favorecem diferenciar e elaborar aspectos coletivos subjacentes às questões individuais. Esse enquadre ajuda no reconhecimento de quais temas coletivos estão consteladas nos sonhos dos indivíduos. Temas arquetípicos se tornam, assim, uma experiência, e isso permite sua amplificação dentro do material do grupo, antes de se buscar paralelos externos.

A emergência dos símbolos grupais traz *insights* sobre a ordenação de um *Self* grupal. A interface dos símbolos grupais com os símbolos que amadurecem nos indivíduos favorece diferenciar o que é individual do que é coletivo e do que são reações pessoais para certas questões coletivas. A regulação do *Self* grupal conduz, assim, a novos padrões de relacionamento entre o individual e a comunidade, como integrantes de uma *comum-unidade* e os símbolos grupais que emergem indicam impulsos curativos para uma *individuação em comunidade*, assim ajudando a orientação pessoal e grupal dos participantes.

Ao se coordenar vários grupos, é possível observar coincidências significativas entre eles. Em diferentes grupos que não se encontram, manifestam-se e desenvolvem-se temas e conteúdos similares nos sonhos de um mesmo período. As sincronicidades dos temas oníricos em grupos diferentes parecem apontar, então, para uma ampliação da consciência e emergência de nova consciência coletiva.

Poder diferenciar o que é próprio do que é coletivo é libertador, e isso só se consegue em grupo, num enquadre maior. Os *Grupos de Vivência de Sonhos* promovem a oportunidade de que o processo de individuação, do encontro de si mesmo, não signifique afastamento, mas seja vivido como *individuação em comum-unidade*, ao possibilitar experimentar-se como indivíduo separado e, ao mesmo tempo, conectado com o grupo e com a humanidade que integra.

Nos *Grupos de Vivência de Sonhos* é cultivada a mobilização de um colo expandido, o qual permite o aprofundamento seguro em questões traumáticas –, é o *temenos* mobilizado. A sincronicidade, a vivência da regulação do *Self* grupal, a vivência de não se estar junto por acaso e a cura constelada para este grupo traz os vínculos e laços de confiança mútua no grupo e no processo profundo do *Self*, do qual os sonhos nos dão testemunho.

Grupos constituídos por pessoas portadoras de condições semelhantes, sejam estas a mesma profissão, mesma doença ou outras, têm no compartilhamento e trabalho com seus sonhos a oportunidade de uma radiografia mais profunda de sua condição, podendo diferenciar aspectos individuais de coletivos, junto com a possibilidade da emergência de aspectos curativos mobilizados nos sonhos pelo *Self* grupal. Estes podem ser reconhecidos nas coincidências significativas que se manifestam nos sonhos, ou ao longo do trabalho com eles. Isso evidencia os *Grupos de Vivência de Sonhos* como metodologia de pesquisa eficaz, por aprofundar o acesso, e por mobilizar a compensação do *Self* grupal, para as questões comuns aos integrantes do grupo.

Workshop de *Imaginação-Corpo-Ativa*

No XIX Congresso Internacional de Psicologia Analítica, ocorrido em agosto de 2013 em Copenhagen, realizou-se o *workshop "Imaginação Corpo-Ativa e Dança*

Meditativa como recursos terapêuticos inovadores na psicologia analítica". Essa atividade, em trabalho conjunto com Elizabeth Zimmermann, iniciou com um exercício de *Dança Meditativa*, orientado por ela, seguido pela *Imaginação Corpo-Ativa* com sonhos ou outros conteúdos mobilizados, orientada por mim, passando-se depois ao desenho livre e compartilhamento das experiências que emergiram durante o trabalho.

Bela, assim chamada aqui, é uma analista estrangeira que gentilmente compartilhou e autorizou a publicação de sua experiência com o *workshop*, bem como de seus comentários sobre o impacto do trabalho proposto e as diferenças sentidas em relação ao que está acostumada. Segue seu depoimento e, em seguida, o relato de nosso diálogo para conferir e sintonizar sua vivência com minhas observações, durante a elaboração deste capítulo.

Depoimento de Bela via *e-mail*:

Escrevi este relato sobre o que aconteceu comigo no *workshop*. Já havia me deparado com essa questão muitas vezes, e por diferentes ângulos; mas, como pode se ver no meu texto, houve um grande avanço no teu *workshop*, no qual o corpo foi convidado e incluído. Algo muito transformador aconteceu comigo lá!
Escolhi um sonho antigo, muito importante, no qual trabalhei muitas vezes. Naquela época, reformava uma casa com um grupo de pessoas. Foi um sucesso, mas o grupo foi um desafio grande para mim. Minha cama ficava debaixo do telhado no primeiro andar. Na parede tinha um buraco de 20 cm, no qual decidi não instalar uma janela, mas deixá-lo aberto para ventilação. Uma noite, naquela época, sonhei: "Minha cabeça está fora da parede, mas meu corpo está dentro. Eu vejo uma paisagem linda à frente e é mais verde que verde e mais luminosa que luminosa. Mas eu estou fixada naquele buraco. Não consigo sair e não consigo voltar para dentro da casa. Acordo, o sonho é excitante e assustador ao mesmo tempo".

No exercício de Imaginação-Corpo-Ativa eu tive uma experiência profunda. Na verdade, tive sucesso com imaginação ativa pela primeira vez na minha vida naquele dia:
"Estou no buraco na parede. Como me sinto fixada aqui? Por que estou fixada aqui? Posso me mover, se tentar? Posso me virar um pouco. O que preciso fazer para sair do buraco? Pergunte para sua mãe. Pergunto para minha mãe por que estou presa aqui. Sua resposta: eu não consigo te dar o nascimento. Eu: por que você não consegue me dar à luz? Minha mãe: porque não sou capaz de cuidar das minhas crianças.
Sinto uma tristeza avassaladora, mas dissolvendo, sendo substituída por uma grande liberação de saber a verdade terrível. Ela não conseguia me dar à luz, porque, eu penso, ela própria teve uma infância terrível. Estou deitada, quieta por um tempo e a instrução está me guiando: você é tudo no seu sonho. Eu sou a parede, eu penso, e daí tento empurrar como se fosse a parede. A parede quebra um pouco. Agora posso sair e posso entrar. Estou livre. Uma voz desconhecida diz: dê descanso para essa mulher, ela está exausta. Eu sento na minha velha cama naquele sótão e medito. A música 'Isis' está tocando suavemente ao fundo (como tocava naquela época)".
Quando desenho depois do exercício de *Imaginação Corpo-Ativa*, eu uso ambas as mãos, não sabendo por quê. Nunca fiz isso antes. É como se o desenho fosse universal. É um desenho meio ingênuo, mas vejo galáxias e algo nasce lá e eu chamo o desenho: "dê nascimento ao seu potencial". Depois fiquei feliz quando fui convidada a compartilhar minha experiência.
Após todos esses anos de muito pouco e sempre trêmulo compartilhar, é um presente ser convidada a compartilhar num grupo de mente aberta. Eu me abri!
No grupo do qual participava, muitos limites eram mantidos e as pessoas se fechavam, não compartilhavam. Essa experiência de fechar-se está em contraste profundo ao que experimentei em teu *workshop*, onde um dos elementos chaves era abrir-se.
Agora que me diferenciei do meu grupo, no qual havia mais controle, me sinto como um pássaro livre. E realmente foi bom estar corporalmente nesse grande grupo, mas também o compartilhar no fim – especialmente quando

Maria disse que tinha desenhado algo similar a mim. Eu adoraria continuar.

Gostei muito do *workshop,* me senti livre para ser eu mesma e ganhei muitos novos insights. Escolhi esse sonho pois senti que ele ainda tinha algo para mim. E daí muitas coisas aconteceram lá; acho que foi a experiência mais profunda que eu já tive com um sonho.

Logo após o *workshop*, senti um alívio corporal no meu plexo solar. Nunca percebi a tensão até que ela se dissipou: a experiência e sensação estranha de que uma tensão inconsciente, que me acompanhava por toda a vida, desapareceu. E ela SUMIU. Foi também depois do *workshop* que as pessoas começaram a se interessar pelo meu trabalho e eu me senti livre para convidá-las a conhecê-lo. Ao quebrar aquela parede, eu me dei aquilo que minha mãe não pôde. Eu me dei meu direito de nascer e assim foi um momento de fim e novo começo. Muito obrigada!

Bela

O sonho de Bela é um bom exemplo, pois houve uma resolução e transformação com o trabalho. A seguir, relato nossa conversa por *e-mail*.

Seguindo a instrução de ser e incorporar os personagens, Bela entra na experiência de si própria estando fixada e presa. A entrada nessa experiência de aprisionamento, sentindo-a vivamente em seu corpo, mobiliza enantiodromicamente a soltura dela, em pensamentos e movimentos. É comum que, ao vivenciar profundamente uma emoção, a situação coloque-se em movimento. Aqui mobiliza o diálogo com a mãe, o qual libera o aprisionamento.

O buraco na parede se abre quando Bela se vivencia sendo a parede. Quando a parede empurra, quebra-se um pouco, e daí ela está livre. Bela comenta:

> A instrução me faz pensar que eu, simultaneamente, sou a parede. E isso cria uma imaginação corporal, que me faz sentir um tipo de fricção de ambas as maneiras, como sendo a estrutura de uma parede inflexível, ao mesmo tempo que

o corpo sensível. É como um par de opostos que tem de trabalhar conjuntamente. Eu aceito ser a parede inflexível que segura o corpo numa posição ainda não nascida. É meio estranho, como estar num tipo de limbo, aceitando o que poderia ser difícil de engolir com tua consciência do ego. Assim, é um diálogo entre corpo e mente. A parede literalmente quebra, como uma mulher frequentemente está quebrando no parto e tem que levar pontos. A parede não quebra mais que isso.
Quando a voz desconhecida diz: "dê descanso para esta mulher, ela está exausta", esta mulher sou eu mesma. Ela aparece arquetípica e, ainda, ela é eu, ou me inclui. E sinto como se tivesse dado nascimento a mim mesma. Não era nada estranho no *workshop*, mas um pouco difícil de explicar. Como ela senta/eu sento lá, tendo minha idade agora. A mulher (eu) está exausta, mas centrada. Ela é como uma figura sagrada (acho que todas as mães que acabaram de dar à luz um filho são sagradas).
A mulher meditando no fim é uma transformação da mulher fixada no buraco. No *workshop*, a música que aparece é "Isis", e este nome tem um apelo para mim. Preenche meu corpo como um senso profundo de algo que hoje chamo sabedoria, mas que antes não sabia o que era.

O diálogo com a mãe libera o aprisionamento. A verdade dói, mas é libertadora: *a tristeza avassaladora se dissolve, sendo substituída por uma grande liberação de saber a verdade terrível. A mãe não conseguia dar à luz, porque ela teve uma infância terrível.* A liberação está em perceber que o problema da incapacidade de deixar nascer, dar à luz, vem da mãe, encontra-se no outro, é exterior a si.

É um alívio quando algo sentido como interno se revela como a introjeção de um elemento externo; por exemplo, aqui, a origem da tristeza avassaladora é externa a si: a mãe. Enquanto é sentido como interno, está-se inconscientemente identificado com este sentimento, aprisionado e fixado nele. Há que reconhecê-lo como externo a si para ser capaz de empurrá-lo. Como uma radiografia profunda da situação e o remédio para esta, o sonho de Bela traz o que precisa ser reconhecido e elaborado para curar a situação e colocar a vida em movimento de novo. Em seu sonho, é na parede que está localizada e fixada a sensação de aprisionamento. A parede é e não é o eu, um emaranhado de sentimentos e sensações que se petrificaram e materializaram como algo que fixa e prende. Uma característica essencial dos traumas relacionais (Knox, 2013) é o bebê se experimentar como incapaz de evocar uma resposta empática por parte do cuidador e os sentimentos ruins a que isso dá lugar. Mãe, *mater*, matéria. Seguindo a instrução de "ser" os espaços do sonho, Bela foi a parede. Ao interagir com ela, esta pôde quebrar e liberar. Tem que se ir ao nível do complexo, para poder resolvê-lo. Se algo se encontra mineralizado como parede, tem de ser aproximado no seu próprio elemento.

Bela comenta:

Pergunto-me se a parede é uma imagem do meu próprio tecido congelado, que segura memórias traumatizantes de uma mãe que não é capaz de dar nascimento psicológico à sua criança. Na superfície ela está bem e ela se comporta como uma mãe deve se comportar. Mas algo está ocorrendo na sua psique mais profunda e eu pego isto, mantenho no meu corpo por anos e copio sua capacidade faltante de dar nascimento à minha psique. Sinto como verdade dizer que isso é "O" cerne de um dos meus complexos mais profundos, e ele definitivamente esteve fixado numa parede, que define a distinção de ter e não ter nascido psicologicamente. E o que está por nascer é teu potencial. Até se chegar a esse ponto, a vida é tentativa e erro!
Pergunto-me se houve uma memória no meu corpo do meu próprio nascimento – uma memória de resistência a dar à luz – transferida da minha mãe, porque no fundo, dentro dela, ela não queria a criança, porque ela própria era uma mulher tão traumatizada. Pergunto-me se isso tem operado dentro de mim, causando problemas sobre dar

nascimento aos meus próprios potenciais. Sinto como certo e me ocorre que eu sempre – até recentemente – desistia quando encontrava resistências perante meus projetos (potenciais).

No *workshop* me senti livre para me soltar, como uma dança acontecendo entre as experiências de vida, corpo e alma. Ele possibilitou imaginar e ter acesso a esta dança, e a compartilhar esta experiência. Num momento que se seguiu a ele, eu me dei conta como a dança parou de novo e de novo, ao longo da minha vida. Escrever sobre isso me dá a oportunidade de colocar em palavras e de tornar a experiência mais consciente, mais fácil de lembrar e possível de comunicar. Suas perguntas são tão boas para eu responder: OBRIGADA!

O sonho de Bela é emblemático, pois todos conhecem, em algum momento durante a vida, o sentimento de aprisionamento, e sua experiência ajuda a encontrar uma via de libertação. Seu trabalho ilustra bem os benefícios de o sonhador interagir imaginativamente com todos os elementos de seu sonho de uma maneira incorporada. Geralmente, o ego se encontra identificado com um lado da polaridade, e a resolução pode ocorrer quando todos os aspectos são igualmente considerados e vivenciados. Algumas identificações inconscientes somente são dissolvidas por uma identificação consciente. Temos que identificar para reconhecer e separar.

Característico da *Imaginação-Corpo-Ativa* é que o trabalho e a transformação ocorrem no plano das imagens, sensações e emoções, nomeando-se posteriormente.

Bela ainda menciona a qualidade do compartilhar, de poder se abrir, especialmente quando Maria disse que tinha desenhado algo similar a ela. Ela adoraria continuar.

Essa coincidência significativa, em razão do desenho e da vivência de Maria terem sido muito semelhantes ao de Bela, é uma experiência comum: sincronicidades ocorrem sempre nos *Grupos de Vivência de Sonhos*, trazendo a vivência de um fator ordenador que transcende a psique individual e aquela experiência curativa de sermos únicos e também conectados e pertencentes, como parte de uma *comum-unidade*, própria ao processo de *individuação em comunidade*.

Agradeço a Bela por compartilhar sua experiência. Ela pode ilustrar como a prática da *Imaginação-Corpo--Ativa* com seu sonho favoreceu um profundo encontro consigo mesma, junto com transformações significativas, promovendo autoconhecimento e bem-estar, e evidenciando, assim, sua eficácia em mobilizar o potencial de cura inerente a seu sonho.

Referências Bibliográficas

GALLBACH, M. R. O *Arquétipo Materno na Gravidez: Um Estudo de Temas Oníricos na Abordagem Junguiana*. Dissertação de mestrado – Programa de Pós-graduação em Psicologia, Instituto de Psicologia, Universidade de São Paulo, São Paulo, 1990.

_____. *Sonhos e Gravidez: iniciação à criatividade feminina*. São Paulo: Paulus, 1995.

_____. *Grupo de Vivência de Sonhos: uma investigação sobre formas de trabalho com sonhos*. Tese (doutorado) – Programa de Pós-graduação em Psicologia, Instituto de Psicologia, Universidade de São Paulo, São Paulo, 1997. 212 p.

_____. *Aprendendo com os sonhos*. 2ª ed. São Paulo: Paulus, 2003.

_____. *Learning from dreams*. Einsiedeln: Daimon, 2006.

JUNG, C. G. *Obras Completas*. Petrópolis: Vozes, v/d.

_____. *Tipos psicológicos*, vol. 6, 1991 (1921).

_____. *Aspectos gerais da psicologia do sonho*, vol. 8, 1991 (1928,1948).

_____. *A aplicação prática da análise dos sonhos*, vol. 16-2, 1999 (1934, 1947).

_____. *A dinâmica do inconsciente*, vol. 8, 1991 (1943).

_____. *Da essência dos sonhos*, vol. 8, 1991 (1945).

_____. *Considerações teóricas sobre a natureza do psíquico*, vol. 8, 1991 (1947).

KNOX, J. *Journal of Analytical Psychology*, vol. 58, n. 4, 2013, p. 491-509.

MEIER, C. A. (1965). "Clinic and Research Centre for Jungian Psychology, Zurich Opening address". *The Journal of Analytical Psychology*, vol. 10, n. 1, p. 109-112.

_____. *Der Traum als Medizin*. Einsiedeln: Daimon, 1985.

_____. "The Dream in Ancient Greece and its Use in Temple Cures". In: *Soul and body*. San Francisco: The Lapis Press, 1986.

RAMOS, D. G. *A psique do corpo*. São Paulo: Summus, 2006.

SÁNDOR, P. *Técnicas de relaxamento*. São Paulo: Vetor, 1974.

SILVA, H. H. A. C. "Grupo de Vivência de Sonhos: Psicologia analítica aplicada ao desenvolvimento de cuidadores-educadores de casa-abrigo". Dissertação de mestrado, Programa de Pós-graduação em Psicologia Clínica, Núcleo de Estudos Junguianos, PUC-SP, São Paulo, 2011.

VON FRANZ, M.-L. *O caminho dos sonhos*. São Paulo: Cultrix, 1988.

4.

O SONHO NA PSICOTERAPIA, NOS GRUPOS VIVENCIAIS E NA FORMAÇÃO DO PSICÓLOGO: INICIAÇÃO E LINGUAGEM FACILITADORA

Laura Villares de Freitas[1]

Apresentam-se aqui considerações sobre os sonhos em três distintos momentos: o sonho como facilitador no processo psicoterápico, o clima onírico que se constela quando se realizam trabalhos expressivos em grupos vivenciais e, por fim, um trabalho com sonhos que pode contribuir para a formação do psicólogo. Cada uma dessas instâncias acaba por refletir aspectos de um percurso profissional e salta à vista como o tema do sonho permanece presente nele, de maneira mais, ou menos, explícita.

O texto segue um fluxo que é embasado em minha trajetória enquanto psicóloga, pois foi assim que ele se constituiu, configurando talvez um quarto momento, que acaba por alinhavar os anteriores. Por isso, não se detém em muitos conceitos, argumentações teóricas ou citações. Resolvi respeitar esse movimento, em que há algo de relato, mas tecido por uma elaboração que se atém ao

---

[1] Psicóloga, doutora em psicologia clínica pela Universidade de São Paulo, onde trabalha como professora e orientadora na graduação e pós-graduação. É analista junguiana, membro da Sociedade Brasileira de Psicologia Analítica e da International Association for Analytical Psychology, trabalhando também com análise individual e coordenação de grupos vivenciais, grupos de estudos e supervisão, e *workshops* em formação profissional.

sonho como eixo norteador, trazendo elementos de uma prática de mais de trinta anos e que se dá nos âmbitos clínico e pedagógico, individual e grupal, de graduação e pós-graduação.

Basta invocar um sonho para que se crie um clima com toques de poesia, de enredos talvez pouco prováveis, de associações soltas, agrupamentos e reagrupamentos de imagens visuais, ideias e emoções, sensações corporais. O sonho nos permite sair de algo linear, racional, previsível, cotidiano, promovendo uma ampliação de consciência.

Mais do que isso. Basta lembrar que somos sonhadores para alçarmos uma dimensão que transcende tempo, espaço, contexto e relações dadas, que remete à imaginação, a um alargamento das percepções e a uma mobilização emocional.

Quando Jung, em *Símbolos da transformação*, escreveu sobre dois tipos de pensamento, presentes em todos nós, referiu-se por um lado à nossa capacidade de manter uma atenção concentrada e focada, num pensar sobretudo linear e dedutivo, e, por outro, à possibilidade de associar livremente entre ideias e emoções e, numa consciência mais contemplativa do que ativa, mais indutiva do que dedutiva, de acolher imagens que surgem espontaneamente.

Muitas vezes, o início de um processo psicoterápico é marcado pela liberação de tal estado que privilegia a imaginação. Sim, trata-se de uma liberação, pois esse é um tipo de funcionamento da consciência que se dá com muita frequência na infância e corre, paulatinamente, o risco de ser aprisionado, cedendo o lugar a uma consciência mais dirigida e linear, conduzida quase exclusivamente por intenções.

A criança, ao brincar, costuma permanecer mergulhada num estado em que, ao interagir com o que estiver ao seu redor, dá-se um fluxo espontâneo de imagens, enredos e emoções, comumente alheia do passar cronológico do tempo. As frustrações e limites, impostos sobretudo pelos adultos que dela cuidam, vão pouco a pouco, e em paralelo a seu desenvolvimento físico, introduzindo e estruturando a outra maneira de funcionamento da consciência, delimitando o âmbito em que a primeira maneira pode ainda se dar e, em algum grau, aprisionando-a.

O ideal é que as duas maneiras possam compor uma alternância na vida adulta, mantendo-se a "chave da prisão" acessível e disponível, para os momentos de criatividade, sobretudo. Quando as condições de vida – familiares, escolares, relacionais – impõem um sequestro da chave, buscar psicoterapia parece adequado. Podemos imaginar, nessas situações, dificuldade de ser flexível, criativo e aberto a novas situações; talvez um comportamento estereotipado, um estado de ânimo com toques de depressão ou obsessividade, uma persona rígida, reprodutora de padrões sociais massificados e pouco elaborada no âmbito individual. Em tais condições, recuperar a possibilidade de imaginar, de elaboração simbólica e de fruição pelos dois tipos de pensamento pode ser um objetivo inicial da psicoterapia. E, para tal meta, o sonho costuma ser um grande aliado.

O psicólogo precisa, ele próprio, ser capaz de tal alternância entre os dois tipos de pensamento, de maneira a usufruir de sua criatividade, dispondo de mais recursos profissionais para estimular a mesma dinâmica nas pessoas com quem trabalha. Por isso, este texto aborda também a sua formação.

Momento 1: os sonhos e a psicoterapia individual

O trabalho com sonhos pode ser considerado tradicional na psicologia analítica e oferece muitos benefícios. Contudo, a abordagem mais habitual a eles tem sido a consideração de seu conteúdo, buscando nele o exercício das funções compensatória e transcendente dos símbolos, tomando-o como um foco privilegiado de atenção e partindo para uma associação a seus aspectos, uma amplificação e, em muitos casos, uma interpretação. Sem dúvida, são recursos que apresentam resultados significativos e referendam o referencial teórico, além de permitir aprofundamentos em processos psicoterápicos nele embasados. Mas muito mais pode ser feito.

Em pesquisa de mestrado em psicologia clínica, orientada por Therezinha Moreira Leite e defendida em 1987, pude averiguar a importância de se trabalhar com os sonhos na clinica psicológica e sistematizar uma maneira de considerar, sobretudo, os primeiros sonhos relatados. Na primeira fase da pesquisa, anotei todos os sonhos trazidos por 14 pacientes em processos psicoterápicos, e sua consideração levou à discussão do que seria, afinal, um sonho inicial. Acabei criando três categorias: os sonhos iniciais, que defini como aqueles relatados até o estabelecimento do contrato terapêutico, os sonhos iniciáticos, e o sonho excial, isto é, o último sonho relatado no fechamento do processo. Na dissertação, apresento e comento uma seleção entre os 175 sonhos relatados por uma paciente.

O estabelecimento do contrato marca um momento importante, na medida em que se fecha um compromisso de trabalho e se constroem as condições, em diferentes níveis: quanto a local, horário, frequência e honorários; quanto ao estabelecimento de uma relação protegida por sigilo; quanto à possibilidade de canalização da energia psíquica para que se dê uma relação transferencial criativa. Os sonhos iniciais trazem contribuições para que se faça um contrato cuidadoso. No entanto, a conclusão da pesquisa foi que eles, assim como os sonhos que se seguem e fertilizam o processo como um todo, constituem-se efetivamente em sonhos iniciáticos, na medida em que, além de acompanhar uma transformação na personalidade, permitem a entrada e a permanência do paciente sonhador no campo simbólico, onde processos se dão e acabam favorecendo a sua individuação. E a psicoterapia pode assim ser considerada um rito, atual, de iniciação.

Os rituais, presentes em todas as épocas e culturas, garantem a expressão e transmissão dos conteúdos importantes para a comunidade, inserindo cada um em uma relação pessoal de pertinência e significado perante os outros e os mitos embasadores da cultura local. A iniciação implica uma passagem em que a personalidade inteira está envolvida, não se tratando apenas do aprendizado de um ou outro conhecimento, uma ou outra técnica. Os rituais que a promovem e finalizam são os mais complexos, necessitando da experiência de um processo e não apenas de uma cerimônia pontual e requerendo a participação de todas as funções da consciência (intuição e sensação, pensamento e sentimento). Dão-se, em maior ou menor extensão, períodos de margem ou reclusão, de aprendizado e de provações. E, ao final, o habitual é celebrar-se uma festa em que cada iniciado é reconhecido e celebrado em seu novo *status*. Assim considerada, a iniciação funciona como uma válvula que promove a passagem de uma situação mais infantil ou menos valorizada socialmente para outra, nova e de maior *status*, e impede que se dê uma regressão à condição anterior.

Nossa sociedade atual não mais encontra sustentação e significado nos antigos rituais e hoje se lança em intensa busca de criação de novos, que promovam tal passagem de um modo integral e sem permitir regressões. Observa-se, inclusive em sonhos, que temas de iniciação (afastamento do mundo habitual por um período, provações, aprendizados que conferem um significado pessoal e um papel específico e adulto na comunidade, morte e renascimento numa nova condição, reconhecimento do novo *status*) continuam presentes e pregnantes. Mas enquanto os temas permanecem, a dimensão ritualística parece ter se esvanecido, numa sociedade cada vez mais complexa, numerosa, múltipla em papéis e possibilidades, com valores e relações excessivamente efêmeras, esvaziada de significados norteadores e do sentido de se construírem relações menos transitórias. É possível inclusive compreender alguns acidentes, episódios violentos ou usos de substâncias psicoativas como tentativas de se resgatar a experiência de um ritual de iniciação.

Na pesquisa de mestrado, os sonhos foram registrados conforme seu relato nas sessões, e criou-se a proposta de encará-los tanto do ponto de vista da temática básica a que aludiam, cotejados o histórico e a queixa inicial do sonhador, quanto do ponto de vista da estrutura dramática dos sonhos descrita por Jung, a qual permite a identificação de como se dá o fluxo da energia psíquica ao longo do enredo onírico, observando se ela flui e encontra uma resolução ou se ela permanece estagnada e aprisionada em algum aspecto ou momento.

Além desses aspectos, o conteúdo do sonho traz uma matéria prima que convida, ou mesmo desafia, a um reposicionamento consciente, contribuindo significativamente para a elaboração simbólica e a melhor estruturação do complexo egoico. É comum que o sonho apresente situações e pessoas que remetem ao cotidiano do sonhador, assim facilitando a identificação de relações, associações e reflexões a respeito da própria vida, em seus conflitos e questões. Quando são apresentados elementos estranhos, o mesmo efeito pode se dar, mas agora pelo contraste ou a necessidade de inclusão do novo. Trabalhar um sonho pode favorecer a elaboração de conflitos e também colaborar para que o ego admita a existência e desenvolva uma atitude de abertura e consideração para com outros conteúdos e complexos.

Ademais, o sonho fornece símbolos para a relação terapêutica que podem ser retomados inúmeras vezes, em diferentes momentos, ora compondo a história daquele processo e oferecendo-lhe marcos, ora levando-a para a abertura de novas frentes, desconstruindo sua compreensão numa linearidade fixa.

O trabalho com o campo transferencial, o qual inclui a transferência e a contratransferência, também pode ser enriquecido pela consideração do sonho. Se consideramos o sonho como um peculiar espelhamento do que está sendo vivido, podemos nele obter indícios de aspectos a serem focalizados e elaborados.

Envolver-se, debruçar-se ou mergulhar num sonho que se apresenta tem alguma semelhança com o que vivenciamos quando lemos um romance, assistimos a um filme ou a uma peça de teatro e somos tocados, iniciando-se um processo de transformação. Às vezes pode assemelhar-se também ao que sentimos quando participamos de um encontro pessoal profundo, de uma conversa mobilizadora, ou ainda de uma grande paixão. Somos tomados e levados, ou mesmo arrastados, em busca de novas visões, novas ideias que nos apoiem, novos caminhos. Tal característica de mergulho e envolvimento integral com o clima e/ou o enredo onírico é que faz com que o sonho seja considerado iniciático, desde que acompanhado de um trabalho de elaboração egoica, por mínimo que seja, facilitado pela relação transferencial.

Os sonhos são itens do repertório de nossa biografia. Mesmo que resista a assumir uma forma fixa na memória, apresentando-se modificado a cada vez que é evocado, cada sonho tem um traço que lhe é peculiar e lhe permite ser identificado. É comum que espontaneamente se atribua um nome a um sonho, relacionado a um aspecto do conteúdo ou do enredo que tenha se sobressaído.

Registrar por escrito os relatos de sonhos que ocorrem é um procedimento que costuma trazer benefícios quanto ao autoconhecimento. A memória é capciosa e dinâmica, e tem como uma de suas tarefas por um lado suprimir alguns aspectos do âmbito da consciência, enquanto ressalta outros, o que costuma colaborar para seu funcionamento e adaptação. Por outro lado, poder recorrer a registros permite que a consciência participe mais ativamente da seleção do que será suprimido ou não, às vezes recuperando e não deixando se perderem aspectos potencialmente ricos e inovadores, e trazendo-os para uma atualização.

É importante lembrar que, a cada visitação a um registro do passado, o que se encontra é algo diferente, pois há um novo olhar e um novo contexto de associações. Nesse sentido, um trabalho biográfico ou de recuperação da história não consiste em encontrar ou estabelecer uma versão a ser considerada a verdadeira, mas em promover revisões, revisitações e atualizações que tragam a possibilidade de novas sínteses e pontos de elaboração para a consciência.

Tomar os sonhos em série, isto é, considerá-los um a um, mas relacionados entre si, na sequência temporal em que se deram, também pode levar a constatações e descobertas importantes, guardadas as ressalvas expostas no parágrafo acima. É possível identificar o surgimento de novos aspectos e a reação a eles, o que permitirá em algumas situações incrementar o acolhimento a eles e, em outras, evitar um fechamento ou distorção deles, isto é, o recrudescimento de mecanismos de defesa.

Jung sugeriu diferentes maneiras de se trabalhar um mesmo sonho. Considerá-lo de uma maneira objetiva implica identificar cada personagem e aspecto do enredo como componente da vida do sonhador e sugerir que ele associe e reflita a respeito de situações efetivamente sendo vividas, mobilizando novos recursos para estar nelas. Por outro lado, considerar o sonho de uma maneira subjetiva implica identificar cada personagem e aspecto do enredo como um componente intrapsíquico do sonhador (ego, sombra, persona, *animus* ou *anima*, *Self*, outros complexos) e poder conscientizar a maneira como está se dando seu funcionamento, promovendo nele modificações que o ampliem.

Jung também viu no sonho a possibilidade de tanto elucidar a respeito da história vivida do sonhador, seu passado com as peripécias que o trouxeram até o presente, quanto a respeito do que está sendo apresentado, gestado e encaminhado para o futuro. Denominou de análise redutiva do sonho a primeira possibilidade, e de análise prospectiva, a segunda. Embora alguns sonhos sejam mais bem compreendidos por uma delas, a ideia junguiana é que as duas maneiras podem se aplicar a qualquer evento onírico. Em termos práticos, trata-se de identificar no sonho sua qualidade diagnóstica, que remete à etiologia de certos sintomas, e a sua qualidade prognóstica, que remete ao reconhecimento de potenciais em desenvolvimento.

Tais possibilidades embasam-se na concepção junguiana de inconsciente. O reconhecimento de uma dimensão pessoal e que se constitui em paralelo à história de vida abre o eixo de consideração que permitirá uma visão etiológica e diagnóstica, apresentando a história de certas dores, lacunas, comportamentos e conflitos presentes no sonhador.

E o inconsciente coletivo, articulado ao *Self* enquanto arquétipo central e sendo conceituado como energia psíquica a ser canalizada ao longo da vida, ou ainda como um conjunto de potencialidades a serem realizadas, leva-nos a considerar um processo constante de autorregulação psíquica que se dá pela função compensatória e se manifesta na formação de símbolos impulsionadores do processo de individuação. Os sonhos são uma das maneiras de manifestação dos símbolos, apresentando à consciência algo como um ou mais conjuntos de "sementes", que ela pode se dedicar a cultivar, vindo a colher seus frutos. Identificar tais sementes faz parte da atitude prognóstica.

Não que seja importante estabelecer diagnóstico e prognóstico fechados, pois a psique é muito dinâmica e imprevisível em alto grau, dada a enorme quantidade de possibilidades que levam em conta todas as relações possíveis. Não se trata de fazer uma programação visando certos resultados, o que, além de impossível, não respeitaria a própria essência do processo de individuação, que só dar-se de maneiras imprevistas e peculiares a cada um, e não depende apenas das deliberações do ego. Trata-se de reconhecer que, quando somos procurados por alguém em sofrimento ou intensa busca, é inevitável, além da disposição para acolher a pessoa o mais integralmente possível e para acompanhá-la num processo de mudança e crescimento, que olhemos em volta para identificar algumas balizas norteadoras e as tomemos também como componentes da matéria bruta a ser trabalhada nos encontros analíticos.

Por todas as características comentadas acima, é que os sonhos se configuram como facilitadores do processo de individuação, em especial em sua dimensão iniciática, isto é, transformadora da personalidade integral, se tomados num processo psicoterápico.

Momento 2: sonhos, máscaras e grupos vivenciais

Em 1987, terminei a pesquisa de mestrado sobre sonhos iniciais, psicoterapia e iniciação, presenteada com algumas das imagens que foram evocadas acima: espelho da situação psíquica, ritos de iniciação, convite à consciência, centro de visitação, sementes, registros históricos, energia psíquica, matéria-prima, balizas norteadoras. Parti em seguida para outra pesquisa, buscando aprofundamento na questão dos rituais que atualmente poderiam favorecer o desenvolvimento da personalidade, ou seja, o processo de individuação.

Em outras palavras, após o estudo de um trabalho que se dá na intimidade da relação transferencial dual, no contexto protegido de um consultório psicológico, busquei contextos mais amplos e mais abertos, desafiando e convocando o potencial da psicologia junguiana para colaborar com o desenvolvimento da personalidade em situações que se dão fora da análise ou psicoterapia individual.

Embora haja pouca coisa dita no meio junguiano a respeito de trabalhos em grupos, trata-se de uma seara promissora. Identifica-se nos escritos de Jung uma desvalorização do grupo como ambiente favorável à ampliação da consciência, quando ele alude ao risco de massificação e de corrupção da ética individual nesse contexto. Trata-se de desconfiança e advertência legítimas, sobretudo se considerarmos que Jung presenciou movimentos de massa absolutamente violentos e empobrecedores do ponto de vista psíquico, como foi a eclosão e a existência do nazifascismo.

No entanto, é possível identificar também passagens em que Jung buscou e desenvolveu trabalhos em grupo, reconhecendo neles um potencial de desenvolvimento de relações significativas, de aprofundamento da dimensão singular e psicológica, e de conhecimentos específicos, sobretudo no âmbito do Clube Psicológico em Zurique. Ao prefaciar o texto de Toni Wolff sobre os encontros no Clube, Jung não só diferencia claramente o grupo da massa, como valoriza as experiências que podem se dar no primeiro, e alude a uma certa exploração criativa de técnicas e recursos expressivos, com resultados promissores.

Encontrei na época poucos autores da psicologia analítica se aventurando no trabalho com grupos e tecendo reflexões teóricas a respeito, tomando-os como um campo simbólico em si, independentemente do conteúdo sendo trabalhado. Por outro lado, já havia certo número de analistas e terapeutas de orientação junguiana promovendo trabalhos grupais para amplificação e vivência simbólica de aspectos preestabelecidos, mais comumente girando ao redor de algum, ou mais de um, mito.

Encorajada por essas descobertas, desenvolvi, em pesquisa de doutorado em psicologia clínica, também orientado por Therezinha Moreira Leite e defendido em 1995, uma maneira embasada em conceitos junguianos de se trabalhar com grupos vivenciais. Ali, a matéria-prima não eram os sonhos ou algum tema estabelecido *a priori*, mas a construção de personagens a partir da confecção de máscaras e indumentárias. De novo, a imaginação teve parte importante, mobilizando o nascimento e vida daquelas personagens que eram, em si, aspectos da personalidade dos participantes. Dependendo do que o grupo se dispunha a trabalhar, das diretivas dadas no processo de construção das máscaras e personagens, e da resposta dos participantes, o que emergia parecia trazer elementos da sombra e/ou dos complexos anímicos, a serem explorados num palco, apresentados à plateia que consistia dos outros membros do grupo e, sobretudo, reconhecidos, confrontados e/ou assimilados pela consciência.

Resumidamente, a proposta inicial consistiu em três etapas, que se dão num contexto grupal: uma artesanal, de confecção das máscaras, indumentárias e complementos; uma dramática, em que as personagens criadas na primeira etapa ganham vida ao ocupar um palco e serem apresentadas ao grupo, podendo inclusive interagir com as outras; e uma etapa final, em que se dá a elaboração verbal do trabalhado até então, cotejando-o também com o inicialmente proposto na montagem do grupo. Não cabe aqui descrever em pormenor esse trabalho, que remete a considerações sobre a utilização de recursos expressivos, o contexto grupal, questões de narcisismo e egoísmo, o uso da máscara em diferentes épocas e culturas como tem sido considerado pela antropologia e o teatro, a possibilidade de exploração da persona criativa, e a relação entre persona e sombra, mediada, na medida do possível, pelo ego. Contudo, trago dele para o presente texto sobretudo dois aspectos. O primeiro refere-se à ocorrência do grande número de sonhos que são espontaneamente relatados pelos participantes durante o processo, sendo alguns antigos e rememorados a partir dos encontros grupais, e outros, novos e suscitados pelo trabalho em andamento. O segundo refere-se ao clima emocional, muito semelhante ao onírico, que se configura nos grupos vivenciais, com muita liberdade de criação e expressão do que se configurar.

Um trabalho com grande apelo à imaginação e que se vale de recursos expressivos plásticos e dramáticos, sem, no entanto, contar com roteiro ou meta preestabelecidos, proporcionando grande liberdade de escolha de materiais, temas, soluções práticas, enredos ou possibilidades de interação, acaba por se assemelhar ao trabalho de elaboração onírica. Aparecem personagens e situações que, por algum nexo associativo, acabam por remeter à história do participante, embora dela não constem diretamente, e que, contudo, ali, na máscara e no palco, ganham definição, presença e possibilidade de interação e intervenção – é isso o que ocorre em alguns sonhos. Ademais, elementos relacionados à escultura, pintura, teatro, dança ou poesia costumam comparecer a cada encontro. São componentes que se apresentam sempre que a consciência adota uma postura de abertura e acolhimento ao que se apresenta de maneira autônoma e independente das deliberações dela, brotando do inconsciente, com traços seja de recalque, seja de uma criatividade nascente.

Nos sonhos, dá-se também a ocorrência desses elementos; por outro lado, quando eles não aparecem de maneira explícita no enredo onírico, é comum que emerjam quando do trabalho, associativo ou de amplificação, com o sonho, uma vez que são aspectos da relação entre a consciência e o símbolo (no caso, o evento onírico). O palco onde as personagens são apresentadas acaba por se constituir num espaço concreto onde tudo é possível; a imaginação pode fluir e os recursos expressivos colaboram para o encontro de soluções simbólicas mesmo para situações que seriam inadmissíveis na vida fora dele (por exemplo, matar alguém). Isso é o que se dá no sonho.

A elaboração simbólica pede múltiplas linguagens e formas de expressão. A psique é uma pluralidade, embora muitas vezes o ego a ela se apegue com a ilusão de uma unidade coesa. Abrir-se a múltiplos ângulos de posicionamento, olhar e escuta permite uma circum-ambulação dos conteúdos e uma mobilização da energia psíquica, que impulsionam a criatividade. E dedicar-se a diferentes linguagens valendo-se, além do discurso verbal, de recursos expressivos e inspirados nas artes, amplia o leque de possibilidades de caminhos de elaboração simbólica e de trabalho com o diferente que se apresenta a cada momento, em muito favorecendo a ampliação da consciência, sua possibilidade de descentração em relação a outros complexos e, de maneira geral, o processo de individuação. Estas são considerações que se aplicam tanto ao trabalho com os sonhos em psicoterapia individual quanto ao trabalho com recursos expressivos em grupos vivenciais.

Algo interessante salta à vista nesses grupos. Um recurso que se mostra bastante útil no trabalho com máscaras e personagens em grupos vivenciais, sobretudo quando ocorre certa estagnação do fluxo energético, ou seja, quando aparentemente nada há a ser elaborado naquela figura ou momento, é apelar para a sua capacidade onírica. Ou seja, depois de um vazio decorrente de uma apresentação da personagem que não eliciou nenhuma emoção ou ideia no participante ou na plateia, a simples sugestão "E se esta personagem pudesse agora nos contar um sonho, qual seria?" costuma ser disparadora de novas associações e imagens.

Ou seja, como já dito no início deste texto, basta invocar um sonho para que se crie um clima capaz de produzir ampliação de consciência. Ou ainda: basta lembrar a possibilidade de ser sonhador para que se adentre o campo simbólico, de alargamento das percepções e mobilização emocional. Apelar para um sonho é criar um clima em que afetos e ideias interagem e se expressam, e a criatividade parece comparecer, impulsionada pela função compensatória dos símbolos.

E se trabalhamos nessa perspectiva no contexto dos grupos vivenciais, podemos perceber quanto há símbolos que são pregnantes para mais de um dos participantes, ou mesmo para o grupo como um todo, ora refletindo aspectos da cultura e momento sociopolítico, ora remetendo a aspectos da história específica do grupo. Pode-se considerar, em paralelo aos processos de individuação dos participantes, um processo único, quando se toma como um organismo vivo o grupo em si e se observa o seu desenrolar. Ouso sugerir nomear um "processo de grupação" que, como continente para os movimentos individuais e interacionais, pode beneficiar, ou dificultar, os processos de cada um dos componentes. É possível fazer uma analogia com a família e seu papel no desenvolvimento de seus membros, ou pensar na importância da pertinência a grupos de pares, por exemplo.

Nos grupos vivenciais assim concebidos, há um cuidado deliberado com as condições contratuais relativas à duração do processo do grupo e de cada encontro, ao compromisso de sigilo necessário e assumido por todos, ao clima de acolhimento e respeito pelo que é trazido e expresso; e uma atenção também às condições de comunicação e interação, pautadas em busca de clareza, expressão a partir de si próprio, cada um se responsabilizando por si mesmo, e a manutenção de relações simétricas, embora não de igualdade. Tais considerações aplicam-se tanto ao que é dito pelos participantes quanto ao que é criado no grupo, isto é, personagens e suas expressões materiais (máscaras, indumentárias e adereços).

Tive a oportunidade, nos últimos vinte e oito anos, de coordenar grupos vivenciais de máscaras e personagens em diferentes e diferenciados contextos, a maioria envolvendo estudantes de psicologia, em cursos, eventos profissionais ou processos de formação. Alguns foram eventos pontuais, num congresso, por exemplo. Outros foram processuais, de acompanhamento do grupo por uma semana ou um semestre. Outros, ainda, de trabalho com o grupo durante os anos de especialização, em encontros espalhados ao longo desse tempo. Alguns grupos eram ocasionais, de pessoas que se juntavam apenas para compor aquele grupo. Outros eram fixos e preestabelecidos, e a pessoa ali mais estrangeira era justamente a coordenadora. As propostas de trabalho também foram sendo aprimoradas e diversificadas, compondo um vasto leque que abrange desde a possibilidade de experienciar uma nova e específica modalidade de atendimento psicológico em grupo até uma finalidade explicitamente terapêutica, passando pela supervisão de trabalho profissional, pela elaboração de determinado tema, pelo trabalho com a dinâmica grupal ou, ainda, pela exploração e desenvolvimento de novos aspectos da persona.

É claramente notável o grande potencial do estar em um grupo assim constituído, do simplesmente se apresentar ali ou estar junto de uma maneira lúdica, da possibilidade de surgirem *insights* ou *feedbacks* mobilizadores por parte dos pares, de se darem processos empáticos criativos, de se "pegar caronas" em elaborações de pares. Salta à vista também, nos grupos vivenciais, quanto a matéria e suas possibilidades expressivas podem ser continentes para diferentes processos, projeções e elaborações simbólicas, e quanto ela, em autonomia e criatividade peculiares, pode escapar ao controle da consciência e fazer emergir um símbolo que a confronte. E tudo isso num clima com qualidades semelhantes às do sonho em sua expressividade e liberdade de criação de enredos e imagens, que em muito facilitam o desenrolar de processos de amadurecimento.

Momento 3: sonhos, grupos vivenciais e a formação do psicólogo

Será comentada a seguir uma experiência de dois anos e meio que foi em si bastante significativa e suscitou algumas ideias que articulam sonhos, grupos vivenciais e a questão da formação do psicólogo. A expectativa é que compartilhar sua natureza e algumas reflexões a respeito de seu alcance possa vir a inspirar outros trabalhos e novas considerações, contribuindo para o campo da formação de um profissional que precisa contar com um leque extremamente amplo, incluindo desde informações, desenvolvimento pessoal, conhecimentos específicos e de manejo técnico, abertura para a dimensão cultural até a possibilidade de trabalho em equipe.

Um grupo de cinco estudantes de graduação em psicologia procurou-me, no contexto de uma disciplina optativa livre, com a proposta de estudar o tema dos sonhos na psicologia analítica. Como já se dera com outros grupos e temas, abri-me para acolhê-los em sua demanda, munida sobretudo de uma relação dos textos junguianos, no caso a respeito dos sonhos, que pensava em organizar numa agenda de encontros semanais. Como a disciplina previa também esboçar um projeto de pesquisa, passamos a discutir juntos qual, além do estudo dos sonhos, poderia ser um objetivo específico a ser pesquisado.

Acabamos por constituir um grupo vivencial, possibilitado pela disposição de inteireza com que eles compareceram e, do meu lado, de uma coordenação mais flexível do que a de simples professora de um dado conteúdo. A escuta que se deu foi que eles buscavam tanto estudar e assimilar novos conhecimentos quanto reconhecerem-se como sonhadores e nisso poderem vir a se apoiar também, enquanto estudantes de psicologia.

Estruturamos três etapas de trabalho. A primeira etapa consistiu em encontros para exploração dos interesses e motivações do grupo e para delineamento de como se daria o processo. Constatados o envolvimento pessoal de cada um, o clima de confiança nos demais, a abertura para exposição e troca, e o desejo de utilizar diferentes recursos expressivos, foi possível criar as etapas seguintes. Depois do estabelecimento de um *Self* grupal suficientemente seguro, combinou-se que cada um deveria anotar seus próprios sonhos durante dez dias e compartilhá-los por *e-mail* com os demais componentes do grupo. Nada deveria ser comentado ou acrescentado, nem pelo sonhador, nem pelos colegas. Os sonhos, assim, foram justapostos, lado a lado e na sequência cronológica de ocorrência no grupo de *e-mail*s, constituindo um repertório do grupo, a matéria-prima para o trabalho posterior. Cada participante pôde contribuir com pelo menos um sonho na primeira etapa.

Na segunda etapa, que durou cerca de um semestre, realizamos encontros em que os sonhos eram em alguma medida elaborados pelo grupo como um todo. Partimos do pressuposto de que, para se compreender um fenômeno natural e tão multifacetado como é o sonho, nada poderia ser melhor do que adotar linguagens também múltiplas e abertas. Deliberamos pelo uso de atividades artísticas e expressivas como disparadoras de um melhor contato e vivência dos sonhos e de reflexões a partir deles. A cada encontro, um participante responsabilizava-se pela proposta de como seria trabalhado o seu sonho, oferecendo um material expressivo (desenhos, colagens, *assemblages*, ou mesmo a execução de uma receita culinária) e convidando cada um a trazer sua colaboração associativa ao sonho. O encontro era finalizado com uma elaboração verbal a respeito do vivido, em que predominava o compartilhar de emoções, sensações e associações mobilizadas, assim como o relato de experiências próprias que mantinham alguma relação com o sonho trabalhado.

Várias questões que ultrapassavam o conteúdo dos sonhos propriamente ditos se apresentaram e foram, uma a uma, sendo consideradas ao longo da segunda etapa. Em alguns casos, o participante não queria oferecer todas as suas associações ao seu sonho, por considerar que se exporia demais. A intimidade era respeitada e cada um deveria se responsabilizar por quanto e como apresentaria o seu sonho e convidaria os demais a nele comparecer simbolicamente. Foi interessante poder constatar quanto o que se considera de um sonho não é um simples relato, mas uma relação complexa com inclusive deliberações do ego, que levam em conta o contexto onde o relato se dá e solicitam uma decisão sobre o que expor e o que não expor.

Além das implicações teóricas, sobretudo relativas à resistência e ao campo transferencial, que posteriormente vieram a ser estudadas e assimiladas, foi muito interessante observar as soluções pesquisadas e encontradas pelo próprio grupo. Como não havia regras rígidas preestabelecidas, o clima de liberdade a respeito de como propor o trabalho com o próprio sonho suscitou experimentações dentro do contexto grupal. Duas soluções encontradas chamaram a atenção. Houve quem oferecesse para o trabalho expressivo e de elaboração grupal apenas um recorte do sonho, resolvendo dessa maneira a equação entre expor-se e proteger-se, e simultaneamente oferecendo ao grupo como um todo tanto o tema relativo ao conteúdo de seu sonho quando o da possibilidade de escolha quanto à exposição da intimidade. E houve um encontro em que dois participantes resolveram juntos criar um novo relato, composto de diferentes elementos oriundos dos sonhos de cada um, também numa solução, nesse caso a dois, da mesma equação e, por outro lado, já apresentando um início de elaboração conjunta do sonho, a ser complementada pelo grupo como um todo. Cada um desses movimentos foi respeitado e acolhido, e posteriormente tomado para reflexão e estabelecimento de relações com elementos teóricos e também pessoais.

Na terceira etapa, que se deu no semestre seguinte e em que um dos participantes não pôde mais continuar conosco, lemos e discutimos os textos de Jung a respeito dos sonhos, remetendo-nos sempre aos encontros passados e articulando os elementos teóricos com os vividos. O material expressivo produzido na segunda etapa foi retomado em alguns momentos e, além disso, intercalaram-se alguns encontros nos moldes da segunda etapa, nos quais os participantes continuaram compartilhando seus sonhos e puderam iniciar um processo de acolhimento e aprofundamento dos novos símbolos que se apresentavam.

Também, ao estabelecer relações com os aspectos teóricos estudados e o vivido, o grupo espontaneamente criou uma espécie de roteiro para trabalhar os sonhos, acrescentando-se, aos relatos individuais e às associações e reflexões livres, a busca de um nome para o sonho, do tema básico refletido nele, de palavras-chave que o identificassem e da definição do clima emocional provocado por ele. Cada sonho era, assim, em grande medida, apropriado pelo grupo como um todo, deslocando-se, nesse contexto, da posição de ser o sonho de um sonhador.

Não é possível, neste espaço, relatar o processo do grupo em detalhes, mas talvez alguns excertos possam ilustrar alguns aspectos do trabalho. Por exemplo, um dos sonhos colhidos na primeira etapa apresentava uma série de peixes nadando em cima de uma mesa, mas não se via a água ou um aquário. Entre outros elementos, esse sonho remeteu à necessidade de se criar um receptáculo continente para os objetivos e motivações do grupo que estava se constituindo. Havia muita vida e movimento, mas um risco de morte. Talvez a psicologia junguiana, por alguns, no meio acadêmico, seja associada a um "peixe fora da água"; nesse período, coube a nós, enquanto grupo, criar um continente adequado, que foi a estruturação de uma pesquisa que respeitasse a natureza de seu objeto, oferecendo-lhe também uma espécie de água, o elemento vital que lhe permitisse sobrevivência, ou seja, o grupo vivencial.

A tentativa de pinçar alguns elementos dos sonhos – como ver-se num espelho, correr para compensar um atraso, construir os pilares de uma casa, aprender a andar de bicicleta, cozinhar juntos, buscar pontos de vulnerabilidade num muro, desconfiar de traição, buscar a dose correta de maquiagem a usar, temer uma irrupção agressiva – resulta limitada e redutiva, dada a complexidade de cada um dos sonhos e a riqueza do trabalho de elaboração expressiva que se seguiu. Ficam aqui apenas como tênues indícios de portas que se abriram, indicando novos caminhos.

Houve a constatação da coragem, generosidade e cuidado durante o trabalho com os sonhos, junto com o reconhecimento de que essas qualidades foram construídas ao longo dos encontros. Houve também tentativas de acomodar as diferenças entre os participantes, várias vezes esboçadas por meio da intenção, nunca afinal cumprida, de estudar também a tipologia junguiana.

O grupo se revelou surpreso com o fato de que trabalhar sonhos consiste em manter uma disposição aberta e acolher uma multiplicação de símbolos, muito mais do que chegar a significados fixos. Buscaram-se maneiras de descrever esse processo, chegando à proposta da conceituação de uma "psique aberta".

Uma das imagens que surgiu para o processo do grupo foi a de uma gestação, remetendo à necessidade, para que se realize a criatividade, de um tempo de convívio, de interação e de busca de experiências compartilhadas, com respeito à expressão de cada um e às diferenças entre os participantes e os próprios sonhos. A dimensão do tempo necessário para que algo novo possa surgir esteve presente também no tema de cozinhar juntos.

A alternância entre momentos de síntese pessoal e de síntese grupal do que estava sendo vivido e elaborado nos sonhos e nos encontros também chamou a atenção. Por um lado, cada sonho era pessoal e remetia a elementos da personalidade e do cotidiano de seu sonhador. Por outro, no trabalho expressivo e conjunto, ele parecia se transformar e passar a constituir um símbolo grupal, inspirando associações e *insights* em cada um e no grupo como um todo, vindo a constituir um aspecto da história grupal. Cada sonho trabalhado era assim trazido para um novo contexto, o do grupo, e apropriado de maneiras que cuidávamos para não serem redutivas. A plasticidade da matéria-prima dos sonhos remete à plasticidade dos recursos artísticos que foram utilizados para sua elaboração. Trata-se da natureza da própria psique, que Jung reconhece como mercurial.

A partir desse trabalho de multiplicação e abertura de novos caminhos e contextos, apoiado na linguagem onírica, com sua característica liberdade e tonalidade poética, foi-se criando muita intimidade e foram-se fortalecendo vínculos pessoais, constelando-se um *Self* grupal bastante criativo e presente. Houve também o reconhecimento da autonomia da psique e da função compensatória, que se apresentaram tanto numa dimensão individual quanto grupal.

Uma participante autorizou-me a transcrever partes de seu comentário sobre um momento da terceira etapa:

> Contei sobre o sonho a respeito de uma prova que eu estava fazendo e que me deram um papel onde já estava escrito. Então fui procurar papel em branco [...] eu procurava papel A4. [...] O grupo entendeu que isso podia ser entendido como um trabalho *a quatro*, ou seja, o número de participantes do grupo. Para mim, [...] isso mostrou quanto analisar os próprios sonhos do pesquisador pode ser rico para a pesquisa.

Além de aludir à importância do trabalho em grupo, seu sonho remete à dimensão de criação do novo:

> Não queríamos um trabalho feito, uma pesquisa já pronta, já escrita, mas sim um papel *em branco* para podermos trabalhar *a quatro*. Houve outros momentos que salientaram esse aspecto interativo dos sonhos. Este mencionado, no entanto, talvez tenha sido um dos mais relevantes, foi como um marco de quando retornei e vi novos potenciais para o trabalho que estávamos continuando, mas também iniciando ao mesmo tempo.

Como resultados desse trabalho destacaram-se a familiaridade e a apropriação da linguagem presente nos sonhos, facilitada em muito pela utilização de recursos expressivos e pelo cuidado com o *Self* grupal, garantindo a possibilidade de compartilhar e conversar em grupo a respeito das criações. Houve elaborações pessoais bastante profundas a partir da consideração dos sonhos. Há ganhos pessoais, sem dúvida, nesse trabalho, o que permite, como apontado no início deste texto, que o trabalho com o sonho seja considerado iniciático ao campo simbólico e terapêutico, e que os grupos vivenciais, como também já comentado, possam ser tomados como espaços contemporâneos propiciatórios da mesma iniciação.

No entanto, a possibilidade de construção de um grupo com laços de amizade, intimidade, confiança, compromisso com o trabalho, e interesses comuns talvez tenha sido o resultado mais significativo, e acabou nos levando a refletir sobre a formação profissional do psicólogo. Ocorreu que, num movimento natural depois das etapas vivenciais e de estudo teórico sobre sonhos, surgiu nos participantes a motivação de constituir um grupo de supervisão dos atendimentos clínicos que estavam iniciando na clínica-escola da faculdade.

Foi impossível recusar tal proposta, tão bem nascida em conjunto. Deu-se então o que pode ser considerada a quarta etapa do trabalho e que consistiu na supervisão, em grupo e pautada pelo olhar junguiano, condizente com o que havia se dado anteriormente nas vivências e discussões teóricas. A quarta etapa permaneceu por mais um ano e meio, período no qual os participantes realizaram atendimentos de pacientes e deu-se num grupo com grande intimidade e possibilidade de articular elementos pessoais e grupais, vivenciais e teóricos, com o que era trazido pelos pacientes.

A quarta etapa, que vinha sendo silenciosamente gestada nas anteriores sem a nossa deliberação, permitiu consolidar um foco significativo nestas considerações: o trabalho com os sonhos tem muito a contribuir para a formação do psicólogo. Permite a iniciação à linguagem simbólica, de uma maneira pessoal e compartilhada, a abertura para trabalhos dessa natureza com os próprios pacientes, e a construção de uma maneira de assimilar aspectos teóricos à experiência vivida, colaborando com a vivência de símbolos pregnantes para o desenvolvimento da persona profissional do psicólogo. Além disso, a etapa da supervisão permitiu uma descentração no grupo, que até então considerava apenas os próprios sonhos e teve nela a possibilidade de partir para o trabalho com os pacientes e o que eles traziam de sonhos e símbolos de uma maneira geral. Tal vivência da outra polaridade implica significativo passo no amadurecimento profissional, sobretudo quando se dá num contexto que permite sua elaboração, como é o da supervisão num grupo continente.

Basta lembrar que somos sonhadores...

Buscando concluir este texto, é possível nele identificar diferentes momentos de um percurso profissional que tem considerado o sonho sob múltiplas perspectivas. Espero que ele venha a inspirar o trabalho de outros profissionais da área, em contextos variados e em interação com o que vem sendo desenvolvido por eles.

Na psicoterapia individual, esta considerada um rito contemporâneo de iniciação, o sonho é tomado como *agente iniciador* ao campo simbólico e ao trabalho com a imaginação. Nele é possível observar uma grande diversidade de elementos, como os temas de conteúdo, o fluxo da energia psíquica ao longo de seu enredo, dados biográficos, a qualidade da relação transferencial, indícios diagnósticos e prognósticos, e o posicionamento egoico em relação ao novo e aos conflitos. Os sonhos não são fixos, permitindo diferentes associações e elaborações a cada visitação, mas são específicos. Colaboram com a autorregulação psíquica e são valiosos colaboradores no processo terapêutico.

Ao buscar novos contextos atuais que favoreçam a individuação, os grupos vivenciais, com a utilização de recursos expressivos, se destacam. Ali, a pluralidade e a grande mobilidade psíquica podem ser reconhecidas e acompanhadas, em alguma medida, num contexto que força o reconhecimento e a construção de maneiras de interação com o diferente. O sonho é tomado nesse contexto como uma *linguagem facilitadora* do desenvolvimento e individuação. A elaboração que é favorecida pela utilização de múltiplas linguagens, muitas delas inspiradas nas artes, parece ser fiel à natureza mercurial da psique. Além de trabalhar aspectos da sombra de cada participante e do grupo como um organismo, é possível reconhecer, acolher e estimular a criatividade que se apresenta em estado nascente, em algumas ocasiões. Isto se observa tanto nos grupos vivenciais quanto no trabalho com sonhos, e muitas vezes entrelaçados em ambos.

Um trabalho com estudantes de psicologia interessados no estudo dos sonhos sob a perspectiva junguiana revelou-se de grande valia na formação do psicólogo. Constituir um grupo vivencial, que por sua vez também se dedicou ao estudo teórico sobre sonhos, acabou por naturalmente gestar um grupo continente para a supervisão de atendimentos a pacientes. O sonho foi tomado como *agente de desenvolvimento da* persona *profissional criativa*. Deu-se o reconhecimento da autonomia da psique e de sua função autorregulatória por meio do trabalho de elaboração simbólica favorecido pelos sonhos. Além disso, criou-se um clima de intimidade, liberdade de expressão e respeito, que muito favorece um funcionamento criativo num grupo de supervisão.

O que parece permear os três momentos considerados acima é a possibilidade de abertura e multiplicação de sentidos que está implicada no sonhar e no trabalho de elaboração simbólica favorecido pela consideração da natureza dos eventos oníricos.

Afinal, basta invocar um sonho para sairmos de algo linear, racional, previsível, cotidiano, promovendo-se uma ampliação da consciência. E, mais do que isso, basta lembrar que somos sonhadores para alçarmos uma dimensão que remete à imaginação, a um alargamento das percepções e a uma mobilização emocional, mantendo-nos psicologicamente vivos, com maior possibilidade de acesso à nossa criatividade, e significativamente engajados em nossa individuação.

Referências bibliográficas

FREITAS, L. V. "A psicoterapia como um rito de iniciação: estudo sobre o campo simbólico através de sonhos relatados no self terapêutico". Dissertação de mestrado em psicologia clínica. Instituto de Psicologia, Universidade de São Paulo, São Paulo, 1987.

_____. "A máscara e a palavra: exploração da persona em grupos vivenciais". Tese de doutorado em psicologia clínica. Instituto de Psicologia, Universidade de São Paulo, São Paulo, 1995.

_____. "Grupos vivenciais sob uma perspectiva junguiana". In: *Psicologia USP*, 2005, vol. 16, n. 3, p. 45-69.

JUNG, C. G. *Associação, sonho e sintoma histérico*, vol. 2 (1906).

_____. *A análise dos sonhos*, vol. 4 (1909); *O significado dos sonhos com números*, vol. 4 (1910); *Tentativa de apresentação da teoria psicanalítica*, vol. 4 (1912).

_____. *Símbolos de transformação*, vol. 5 (1952/1912).

_____. *Aspectos gerais da psicologia do sonho*, vol. 8 (1928); *Da essência do sonho*, vol. 8 (1945); *A função transcendente*, vol. 8 (1916); *Considerações teóricas sobre a natureza do psíquico*, vol. 8 (1947).

_____. *A fenomenologia do espírito nos contos de fada*, vol. 9-1 (1945).

_____. *Um mito moderno sobre coisas vistas no céu*, vol. 10 (1958); *Prólogo aos "Estudos sobre a psicologia de C.G. Jung" de Toni Wolff*, vol. 10 (1957); *Wotan*, vol. 10 (1936).

_____. *Símbolos oníricos do processo de individuação*, vol. 12 (1943).

_____. *O espírito mercurial*, vol. 13 (1943).

_____. *A aplicação prática da análise dos sonhos*, vol. 16 (1931); *A Psicologia da Transferência*, vol. 16 (1916).

_____. *Símbolos e interpretação de sonhos*, vol. 18 (1961).

_____. *Seminários sobre sonhos de crianças: sobre o método de interpretação psicológica de sonhos de crianças; interpretação psicológica de sonhos de crianças* (1956).

5.
AS MENSAGENS DOS SONHOS: TRADUZIR E COMPREENDER – PROCESSAMENTO SIMBÓLICO ARQUETÍPICO

Eloisa M. D. Penna[1]

Introdução: sonhos – companheiros eternos do ser humano

Os sonhos despertam a curiosidade e o interesse da humanidade desde seus primórdios. A literatura sobre sonhos é vastíssima não apenas em psicologia, mas também na arte, na religião, na mitologia e na filosofia. Ao abordar esse tema, sempre corremos o risco de ser repetitivos, no entanto parece que a dimensão onírica é inesgotável e sempre atrai nossa atenção e desperta nossa curiosidade.

De acordo com Parker (1996), os registros mais antigos dessa inquietação humana com relação aos sonhos e sua relevância para a cultura ocidental datam da 12ª dinastia egípcia (1991-1786 a.C.). No Rigveda (1200 a.C.), encontramos as referências indianas mais antigas aos sonhos, indicando seu valor e função para a civilização oriental (O'Flaherty, 1984).

---

[1] Professora doutora do Curso de Psicologia da PUC-SP e do curso de especialização em Abordagem Junguiana da COGEAE-PUC-SP. Analista junguiana membro da International Association for Analytical Psychology, IAAP, e da Sociedade Brasileira de Psicologia Analítica, SBPA. Membro fundador da Associação Brasileira de Psicoterapia, ABRAP.

Na mitologia grega, há inúmeras referências aos sonhos como reveladores de conhecimento valioso. No santuário de Epidauro, o Oráculo de Delfos, os rituais não prescindiam da ação de deitar, dormir e sonhar. Os sonhos eram condição necessária para o processo de ajuda ao consulente, eram as mensagens dos deuses, e os sacerdotes precisavam deles para, a partir de sua interpretação, "aviar a receita" adequada ao consulente (Brandão, 1987). Especialmente em Epidauro, Meier (1989) comenta que Asclépio visitava os pacientes e os *tocava* por meio dos sonhos.

O antigo testamento está repleto de menções à importância da mensagem onírica como meio de esclarecimento sobre os mistérios da vida e sobre a revelação da vontade divina. Um exemplo disso é o sonho de Nabucodonosor relatado nos *Livros proféticos*, onde podemos ler sobre a "narração do sonho", sua "interpretação" e a "realização do sonho". As mensagens dos sonhos deviam ser traduzidas e compreendidas. A figura dos interpretadores de sonhos já era bastante conhecida nessa época.

A atividade onírica do ponto de vista neurofisiológico

Ainda não temos uma resposta segura e definitiva sobre a origem e funcionamento da atividade onírica do ponto de vista neurofisiológico. Sabemos que mamíferos e aves sonham. Sabemos também que sonhar é uma atividade tão natural quanto essencial para a saúde física dos animais e dos humanos.

Os estudos de Aserinsky e Kleitman publicados em 1953 inauguram uma nova era nos estudos e pesquisas sobre sono e sonho, quando eles observaram movimentos oculares peculiares durante o sono. Segundo Hilgard e Atkinson (1976), mais tarde, com os exames eletroencefalográficos, Dement e Kleitman verificaram a correlação entre os movimentos oculares REM (*rapid eye movement*) e alterações de ondas elétricas cerebrais em determinada fase do sono, que foi então denominada fase REM. As ondas elétricas cerebrais, nessa fase, têm acentuada semelhança com as ondas cerebrais em vigília; no entanto, é muito difícil despertar o indivíduo nesse período, por isso a fase REM foi chamada de sono paradoxal pelos pesquisadores, por sua semelhança com o funcionamento cerebral em vigília. Pesquisas posteriores (Hilgard e Atkinson, 1976) constataram que os sonhos ocorrem nessa fase. Durante a REM, além dos movimentos oculares rápidos e das ondas cerebrais "paradoxais", foi observada também uma inibição mais acentuada das respostas motoras do organismo adormecido. Supõe-se que essa inibição proteja o sonhador de executar os movimentos vividos no sonho. No sonambulismo, há uma falha nessa inibição.

A função orgânica da atividade onírica foi constatada quando foi observado que o organismo seguidamente privado de sono REM apresenta alterações de comportamento indicativas de transtorno nas funções vitais de preservação da vida, tais como perda do equilíbrio cinestésico, distúrbios no metabolismo, perda da capacidade instintiva de buscar alimento, alucinações visuais e auditivas, desorientação espacial e fadiga acentuada. Essas constatações foram obtidas, principalmente, nas décadas de 1960 e 70 com experimentos com animais. Podemos assim facilmente concluir que dormir e sonhar são atividades vitais para o equilíbrio de nosso organismo e de muitos animais também. Além de vital para a nossa saúde física, sonhar é tão natural e corriqueiro quanto fascinante e intrigante. Seu fascínio reside no mistério de que se revestem os sonhos perante a nossa compreensão racional.

Os sonhos são o produto do sonhar que nos alcança; um material espontâneo que emerge das profundezas do sono em sintonia com a atividade desperta. Para Jung (vol. 8), a função principal dos sonhos é compensatória, ou seja, autorregulatória entre consciente e inconsciente; podemos concluir que a atividade onírica tem como função básica a busca de homeostase tanto em nível orgânico como no âmbito psíquico. Dormimos e sonhamos sempre e várias vezes em cada período de sono, isso é demonstrado pela ocorrência regular e periódica de fases REM durante o sono. Frequentemente, no entanto, não nos lembramos dos sonhos. Ao que parece, não temos dificuldade para sonhar, a atividade onírica ocorre natural e involuntariamente; temos, muitas vezes, porém, maior ou menor dificuldade para nos lembrar de nossos sonhos, e maior dificuldade ainda reside na compreensão das mensagens dos sonhos. O sonho lembrado é o que geralmente chamamos de sonho, pois dos sonhos não lembrados não temos nenhum vestígio; o sonho lembrado é o produto psíquico da atividade onírica, e este é que pode ser alvo de nossa compreensão. Jung (vol. 16) diz que um sonho não compreendido permanece apenas um episódio em nossas vidas, mas quando compreendido torna-se uma vivência significativa. Quanto ao estudo e pesquisa sobre sonhos, temos dois aspectos a serem considerados: a atividade onírica – o sonhar – e o produto psíquico da vida onírica – o sonho. Sonhar não é prerrogativa dos humanos, entretanto os sonhos lembrados e seu significado são intrinsecamente humanos. "Como o sonho constitui uma expressão extremamente frequente e normal da psique, é ele que nos fornece a maior parte do material empírico para a exploração do inconsciente" (vol. 8, par. 544).

Os sonhos e o inconsciente

Tanto do ponto de vista cultural – coletivo – como na perspectiva individual – pessoal –, os sonhos estão sempre presentes na vida humana. Sonhar não é privilégio de alguns ou característica de uma época. Durante um longo período da história, a origem dos sonhos foi atribuída aos deuses, e seu conteúdo, considerado pleno de significado uma vez que se constitui mensagem divina altamente relevante e necessária ao sonhador ou à comunidade a que se destina o sonho. Na Europa pós-renascentista, com o advento do racionalismo iluminista, despontaram dúvidas quanto ao valor heurístico dos sonhos. No entanto, em meados do século XIX, seu valor começou a ser restaurado quando foi cogitada a gênese intrapsíquica dos sonhos; e na alvorada do século XX, foram considerados oriundos do inconsciente. A hipótese científica do inconsciente proposta pela psiquiatria dinâmica representa a reabilitação de um aspecto até então atribuído à esfera espiritual e religiosa do ser humano. No contexto cultural da modernidade, há também a restauração do valor dos sonhos, no campo filosófico e científico, como mensagens significativas do inconsciente. Ellenberger (1970) situa Freud e Jung como pioneiros no estudo do inconsciente, responsáveis pela retomada do sonho como fenômeno de alto valor e significado, agora do ponto de vista psíquico e passível de pesquisa científica.

A constatação de abundante investigação e o interesse perpétuo pelos sonhos na história da humanidade indicam tratar-se de fenômeno sempre relevante e atual para o ser humano. Para a psicologia analítica, um tema que perdura e se repete a despeito do tempo histórico e do espaço geográfico em que se apresenta é considerado um evento arquetípico, proveniente da camada universal da psique. Assim, os sonhos pertencem seguramente à categoria de fenômeno arquetípico. Do senso comum às formulações científicas, os sonhos continuam sendo um material instigante, alvo do interesse e da curiosidade dos indivíduos e das sociedades humanas. Seu valor e relevância se traduzem sobretudo pelo interesse, que se observa nos registros históricos, em compreender as mensagens dos sonhos.

Os sonhos na psicologia analítica

Os sonhos impressionaram Jung desde sua mais tenra infância; neles ele reconhecia uma fonte de mistérios e inquietações, assim como de revelações importantes, que o acompanharam durante toda a vida. Muitas de suas aflições estavam associadas a sonhos; e várias escolhas decisivas em sua vida foram feitas com base neles. Jung estudou e pesquisou por mais de sessenta anos e nos deixou o legado de que os sonhos constituem material psíquico de altíssimo valor simbólico. Para Jung (vol. 8), os sonhos não tem a intenção de enganar ou disfarçar nada, eles dizem e mostram o que simplesmente são, da melhor forma que podem fazê-lo. Os sonhos, assim como o inconsciente e a psique, são parte da natureza, e não uma artimanha da consciência.

É importante salientar que para os junguianos é um princípio tácito que os sonhos têm sentido e significado. Todo estudo, pesquisa e trabalho com sonhos em psicologia analítica está assentado nessa premissa e justificado por ela. Os sonhos são expressões de caráter simbólico como tantas outras que se apresentam ao ego para ser compreendidas e cumprir as funções que o símbolo desempenha na vida psíquica, quais sejam: a função compensatória de autorregulação do sistema psíquico e a função transformadora que se evidencia na possibilidade e necessidade de transformação de elementos inconscientes em material consciente. Jung chama os símbolos de "máquinas transformadoras de energia" (vol. 8). Os sonhos, como símbolos, são um dos principais meios de conexão entre consciente e inconsciente. De acordo com Jung, "o sonho é o modo específico do inconsciente se comunicar com a consciência" (vol. 16, par. 317). "O sonho é uma parcela da atividade psíquica involuntária que possui suficiente consciência para ser reproduzida em estado de vigília" (vol. 8, par. 532).

Essa comunicação entre consciente e inconsciente realizada pelos sonhos tem a finalidade de restabelecer o equilíbrio psíquico da totalidade e nesse sentido a função psíquica e a função biológica do sonhar são idênticas, ambas visam a homeostase do organismo. A dinâmica psíquica e o funcionamento biológico caminham em sintonia – corpo e psique como um todo indissociável. Ao considerarmos a dinâmica relativamente autônoma da esfera inconsciente e a atividade onírica constante, podemos entender quando Jung diz que os sonhos "não se situam totalmente à margem da continuidade da consciência" (vol. 8, par. 444), sendo possível perceber uma continuidade para trás e para frente em relação à vida consciente. Pode-se supor que a vida onírica transcorre em paralelo com a vida consciente, as atividades das duas esferas psíquicas são mutuamente interferentes, entretanto, a consciência ofusca o plano onírico. Mais uma vez, a analogia feita por Jung (vol. 16) é muito apropriada quando ele diz que os sonhos são como as estrelas que estão sempre no céu, porém a luz do sol ofusca seu brilho, tornando-as perceptíveis somente à noite. Da mesma forma, a consciência vigilante ilumina de tal modo nossa visão que os sonhos ficam obscurecidos pela luz da consciência.

Considerando o fato, constatado por meio das técnicas de neuroimagens, de que sonhamos toda noite e várias vezes por período de sono, podemos afirmar que a atividade onírica é intensa, constante, natural e independente do controle da consciência. Essa atividade, como vimos, cumpre uma função hemostática orgânica e psíquica fora do alcance da consciência. Os sonhos não lembrados permanecem inconscientes e deles nada podemos dizer. Apenas os sonhos lembrados são alvo da atenção tanto do sonhador quanto do psicólogo, e se constituem mensagens a serem compreendidas. Quando um produto da atividade onírica é fixado na memória do sonhador, temos o sonho como fenômeno psíquico. O fato do sonho ser lembrado pelo sonhador confere a esse evento um valor simbólico significativo. Estamos diante de "algo" que, oriundo do inconsciente, capturou a consciência e se agregou a ela pela memória, tornando-se assim um material com características conscientes e inconscientes. Essas condições preenchem os requisitos básicos da definição de símbolo na psicologia analítica. Ou seja, trata-se de uma síntese consciente-inconsciente. "A alma cria símbolos cuja base é o arquétipo inconsciente e cuja imagem aparente provém de ideias que o consciente adquiriu" (vol. 5, par. 344). "Os símbolos representam tentativas naturais para a reconciliação e união dos elementos antagônicos da psique" (Jung, 1977, p. 99).

O papel do sonho, assim como do símbolo, é promover transformação; a atividade onírica carrega um potencial transformador que se efetiva à medida que os símbolos do sonho são processados pelo ego. Mais uma vez, é importante salientar que, por ser considerado símbolo, o sonho é, por definição, pleno de significado e sentido. De acordo com Jung "a energia criada pela tensão dos opostos flui para um produto intermediário" (vol. 6, par. 914), que é a formulação simbólica. O símbolo como produto intermediário é consciente e inconsciente, e como tal, é sentido e percebido pela consciência como algo intrigante e inquietante que toca o ego. Resumidamente, podemos dizer que o símbolo expressa a necessidade e a possibilidade da consciência de conhecer algo novo, e qualquer conhecimento novo só se efetiva com a participação ativa do ego, embora a necessidade de um novo conhecimento não seja dada pela consciência (ego), mas pela totalidade (*Self*). Os símbolos são forjados sob a coordenação da função integradora do *Self*. Dessa forma, o símbolo se apresenta como um elemento que precisa e pode ser captado pela consciência, mas será compreendido apenas quando processado pela consciência egoica, sendo assim cumprida sua finalidade última no processo de individuação, que é a ampliação da consciência. Com isso, queremos enfatizar o valor da compreensão consciente das mensagens contidas nos sonhos.

Os sonhos no processo analítico

Os sonhos trazidos pelos pacientes no processo analítico representam material precioso para a compreensão da situação atual da psique do indivíduo e como tal devem ser encarados e tratados pelo analista junguiano.

> O sonho é um autorretrato espontâneo em forma simbólica da situação atual do inconsciente. [...] O sonho é manifestação de um processo psíquico involuntário e inconsciente, além do controle da consciência, [...] mas que mostra a verdade e a realidade interiores do paciente como realmente são; não como eu conjeturo que sejam e não como ele (paciente) gostaria que fossem, mas como elas são (vol. 8, par. 505).

Como símbolos, os sonhos se forjam na confluência das polaridades consciente e inconsciente em tensão que representa um conflito no processo de individuação. Essa tensão entre opostos na psique é natural e constante, além de produtiva e criativa, pois é a partir desse conflito entre as tendências consciente e inconsciente que a psique se mobiliza em busca de equilíbrio e convoca o ego a participar. Nesse fluxo, a totalidade é conduzida a um novo nível de funcionamento, potencialmente mais complexo. A ação do ego nesse processo é decisiva para o rumo que será dado ao processo de individuação. Pelo livre arbítrio, o ego escolhe e decide o que fazer com o conteúdo – novo e inconsciente – do símbolo que se apresenta.

O sonho lembrado, registrado e escolhido para ser relatado para o analista se reveste de valor inigualável no que diz respeito à atitude do ego perante o símbolo. O relato de um sonho revela o conflito subjacente à tensão das polaridades na forma da melhor síntese possível para o momento; indica a necessidade desse conteúdo acessar a consciência para que a homeostase do sistema seja restabelecida e ainda demonstra a possibilidade e a disponibilidade do ego para lidar com esse material. Estamos diante de algo indiscutivelmente importante para o sonhador. Estamos diante de um símbolo relevante para o indivíduo e de uma situação muito favorável para a dupla analista-paciente trabalhar o processamento do símbolo com vistas à ampliação da consciência e o andamento criativo do processo de individuação do paciente. Com o acima exposto, fica evidente o motivo pelo qual o trabalho com sonhos é importante para nós.

A meta da psicoterapia é ajudar o paciente a retomar o rumo do seu processo de individuação, atendendo às suas demandas por transformação. É oportuno lembrar que a transformação criativa da personalidade ocorre à medida que as necessidades e possibilidades desta sejam respeitadas e compreendidas pelo analista. A meu ver, a única forma de, como psicoterapeuta, nos mantermos fiéis ao processo de individuação de nossos pacientes é nos atermos aos seus símbolos e trabalharmos no sentido de ajudar o paciente no processamento destes. Dessa forma, o eixo central de nosso trabalho são os símbolos do paciente e nossos esforços se concentram no processamento simbólico. Não é nosso objetivo abordar nem mesmo aprofundar a discussão sobre outras manifestações simbólicas que se apresentam no processo analítico, mas apenas salientar que, além dos sonhos, são também expressões simbólicas os sintomas orgânicos, eventos da vida cotidiana, emoções, fantasias e outros tantos acontecimentos da vida diária do paciente.

Processamento simbólico arquetípico

O *relato do sonho* é o material onírico a ser trabalhado no processo analítico. Jung (vol. 8) considerava o relato do sonho um texto difícil de ser compreendido. Um texto escrito num idioma desconhecido. Decifrá-lo exige um cuidadoso trabalho hermenêutico que será realizado a quatro mãos por duas psiques.

A figura dos "interpretadores de sonhos" acompanha toda literatura sobre sonhos. Os interpretadores estão presentes na mitologia, no Rigveda, no Antigo Testamento, nos contos de fadas etc. Interpretar os próprios sonhos é uma tarefa muito difícil. De acordo com Von Franz (1993, p. 28), "a dificuldade de interpretar os próprios sonhos é que não podemos ver nossas próprias costas". Nossa função como psicoterapeuta é ajudar o paciente a obter *a melhor tradução possível* do texto, do relato do sonho. A autoria da narrativa (sonho) é da psique do paciente/sonhador; a escritura do texto conta com duas mãos: uma consciente e uma inconsciente. Nós, no primeiro momento, somos totalmente estranhos ao material onírico, e este, da mesma forma, nos parece muito estranho. Precisamos da ajuda do sonhador para nos guiar no caminho da tradução. Com isso, o processamento simbólico do sonho começa pelas informações e associações fornecidas pelo paciente às nossas perguntas. A nós cabe formular as *melhores perguntas possíveis* para que a transcrição, tradução e compreensão das imagens oníricas sejam encaminhadas da *melhor forma possível* para uma aproximação gradual do sentido e do significado contido no sonho. Assim como o símbolo é melhor expressão possível para um estado de coisas relativamente desconhecido (Jung, vol. 6), o sonho também é a melhor representação possível para a situação atual da psique do paciente e o trabalho com esse material segue o mesmo bordão – ser realizado da melhor maneira possível. Com isso, queremos dizer que, na maior parte das vezes, o material de um sonho não é completa nem totalmente compreendido; fazemos o máximo possível no momento. Frequentemente, no processo analítico, um sonho é trabalhado por muito tempo, sendo que seu processamento é intercalado pelas situações existenciais do paciente, sendo comum também que o mesmo sonho seja trabalhado em momentos diferentes do processo. Devemos ter em mente que sempre que o sonho é lembrado, ele é um evento significativo e atual. Há sonhos que nos acompanham por muito tempo em nossas vidas.

O ofício do "interpretador" de sonhos começa pelas perguntas que faz ao sonhador e como tais perguntas são elaboradas. Antes, porém, devemos destacar três questões iniciais a serem feitas por nós, para nós mesmos, que nos auxiliam na formulação de perguntas ao sonhador e nos orientam na tradução e na elucidação do sentido e significado dos sonhos. São elas:

1. Que atitude da consciência o sonho vem compensar?
2. Qual é o tema arquetípico subjacente ou dominante no sonho?
3. Que transformação ele anuncia?

1. Com essas perguntas, tentamos colocar uma moldura no material do sonho a fim de nos orientar na

condução do processamento simbólico arquetípico do sonho. A função compensatória da atividade onírica nem sempre é evidente, mas para perscrutá-la é sempre necessário um conhecimento razoável da psique do sonhador, sobretudo das circunstâncias atuais de sua vida existencial. Por vezes o sonho reafirma uma atitude da consciência, como se colocasse uma lente de aumento para que o ego se veja espelhado pelo sonho. Tal expediente da psique parece ter a função de chamar a atenção da consciência para algo que esteja sendo pouco valorizado por ela, e nesse sentido reside, de certa forma, a função compensatória do sonho.

2. A observação do padrão arquetípico expresso no tema central do sonho nos informa sobre o núcleo arquetípico ativado no sonho que constitui a raiz ou matriz arquetípica do símbolo. O aspecto coletivo dos símbolos, seu significado universal, é uma ferramenta indispensável para nós, faz parte dos conhecimentos específicos necessários para nosso trabalho e nos orienta na formulação das *melhores perguntas possíveis* no caminho de tradução e compreensão do sonho, por que o sonho é um material essencialmente individual e pessoal. A partir do tema universal (arquétipo), oferecemos ao sonhador oportunidade de revestir o tema com suas associações pessoais (complexo).

3. Considerando o sonho como um símbolo importante para o processo de individuação, sua função primordial é concorrer para a ampliação da consciência, trazendo para o ego conteúdos inconscientes a serem integrados. Nesse cenário, é fundamental que o ego se depare com aspectos novos e desconhecidos, e nosso papel nesse contexto é não perder de vista que o sonho, necessariamente, traz algo novo e

anuncia uma transformação para a consciência. Transformação essa considerada necessária para a totalidade e possível para o ego.

A suposição básica de que os sonhos contêm mensagens a serem entendidas nos leva a uma hermenêutica que pretende descobrir o sentido e o significado contido no sonho. Considerando o relato do sonho (escrito ou oral) como um texto ininteligível, a psicologia analítica propõe meios para que a mensagem dos sonhos possa ser decifrada. A perspectiva simbólica deve prevalecer na compreensão de todos os aspectos e nuances do sonho. "Um dos princípios básicos da psicologia analítica é que os sonhos devem ser interpretados de modo simbólico, e não podem ser tomados ao pé da letra" (Jung, vol. 5, par. 4).

Inicialmente, Jung (vol. 6) denominou pensamento simbólico o que flui por analogias e semelhanças, encadeando e associando as imagens oníricas, a função psicológica que compreende os símbolos. Mais tarde, ele recomendou uma abordagem sintético-hermenêutica dos sonhos, e desta ele evoluiu para o método da amplificação simbólica. "A amplificação é recomendada sempre que se trate de uma vivência obscura, cuja vaga insinuação deva ser multiplicada e ampliada para ser colocada num contexto psicológico a fim de se tornar compreensível" (vol. 12, par. 403).

Segundo Pieri (2002), a amplificação é o método utilizado por junguianos para o desenvolvimento, em amplitude e intensidade, das imagens oníricas, a fim de viabilizar sua leitura e compreensão simbólicas. Pela amplificação simbólica, os símbolos oníricos são enriquecidos por associações e analogias que fluem numa cadeia de imagens, ideias ou emoções similares tanto de cunho pessoal como do âmbito coletivo. De acordo com Jacobi:

O significado subjetivo individual do sonho é fornecido pelas amplificações subjetivas, isto é, o analista pergunta ao sonhador o que cada elemento do sonho significa para ele pessoalmente. Depois, o significado coletivo é obtido pela amplificação objetiva, isto é, os elementos do sonho são enriquecidos com material simbólico universal (1973, p. 89).

Por meio da amplificação, as perspectivas retrospectiva e prospectiva são integradas, considerando-se as causas e a finalidade do evento simbólico; os aspectos tanto pessoais como coletivos dos símbolos são abordados, e os sonhos são analisados tanto no âmbito do sujeito quanto no do objeto. O tratamento amplificatório do material onírico oferece ao sonhador um exercício de flexibilidade e reversibilidade para a consciência que neutraliza a unilateralidade habitual do ego. O trabalho com os sonhos compreende algumas etapas: tradução, interpretação, elaboração e integração dos aspectos inconscientes na consciência. A amplificação facilita a tradução das mensagens dos sonhos, orienta a sua interpretação e favorece a elaboração e a integração dos símbolos. A elaboração simbólica consiste num processo de assimilação e integração que requer uma atitude reflexiva do ego para descobrir o sentido e a finalidade da mensagem simbólica (Penna, 2013). O conjunto de procedimentos utilizados no trabalho com os sonhos, juntamente com a atitude simbólica e ética em relação ao sonhador e seus sonhos, denominamos processamento simbólico arquetípico.

Um esquema auxiliar para análise dos sonhos: tradução e compreensão

No processo analítico, a prioridade é o paciente se conhecer e entender o mundo a sua volta da forma como este se apresenta no enredo de sua vida; desse modo, todos os elementos presentes no sonho são considerados aspectos da personalidade do sonhador, enfatizando assim o contexto subjetivo em que o sonho é forjado. "Quero chamar a atenção para o fato de que não é seguro interpretar um sonho sem percorrer todos os detalhes de seu contexto, com todo cuidado possível... pergunte sempre ao paciente como ele se sente em relação às imagens que produz" (vol. 18, par. 271).

Considerando essas e outras advertências e recomendações feitas pela psicologia analítica em relação ao trabalho com sonhos, propomos um esquema auxiliar de análise dos sonhos com a finalidade única de auxiliar o analista junguiano em seu trabalho com os pacientes rumo ao esclarecimento das mensagens dos sonhos. Em primeiro lugar, devemos prestar atenção na forma como o relato do sonho é trazido pelo sonhador e como seus elementos principais são apresentados. Jung (2011) atribui ao sonho uma estrutura análoga à de um drama do qual fazem parte: introdução, exposição, peripécia e lise. Von Franz (1993) propõe três aspectos estruturais a partir dos quais o sonho deve ser examinado: introdução ou exposição, peripécia ou desenrolar da história, e lise ou solução final.

A *situação inicial ou exposição* apresenta o *cenário* – onde e quando – em que o sonho se desenrola, e a *questão* ou *problema* que se coloca para o sonhador. O início do sonho geralmente descreve o ambiente do sonho e o(s) protagonista(s) do drama. Por exemplo: "estamos numa feira de artesanato, eu e minha irmã" ou "é noite e eu estou na rua da casa em que morei na infância".

As associações solicitadas ou perguntas feitas nessa etapa visam a delimitação do contexto subjetivo do sonho e têm uma função preparatória de tradução do texto para o subsequente processamento simbólico (Penna, 2013). Essa etapa é designada por Jung (vol. 8) "reconstituição do contexto", e prepara o material para a tradução do texto do sonho em um "texto legível" que será então analisado ou interpretado. A preparação para a tradução do texto é feita pelas primeiras associações pedidas ao paciente, que podem ser, por exemplo: como é a feira de artesanato? Ou onde é essa feira de artesanato? Ou, ainda, que idade você tinha quando morou nessa casa? Como era essa casa? Ou como você era nessa época? A situação inicial pode já esclarecer sobre o tema arquetípico principal do sonho, mas às vezes precisamos de mais detalhes para que o arquétipo regente do sonho fique mais evidente.

A peripécia ou desenvolvimento da ação diz da dinâmica em pauta, a meta a ser alcançada pelo sonhador ou o desafio que lhe é colocado pelo sonho. Geralmente, na peripécia podemos perceber o problema central do sonho e o tema arquetípico em pauta. Por exemplo: "[...] estou na rua da casa em que morei na infância e corro ladeira a baixo porque tem bandidos me perseguindo". "Eu e minha noiva estamos preparando uma refeição." "Tenho que atravessar uma avenida muito importante para chegar ao meu escritório novo." A ação que se apresenta revela aspectos da relação atual do ego com os padrões arquetípicos ativados e seus respectivos complexos constelados. As perguntas nesse momento visam o esclarecimento da vivência da tensão e das polaridades em conflito. Como você se sente nessa situação? Você sabe por que estão te perseguindo? Nos exemplos acima, a situação de ser perseguido por bandidos alude a uma situação de tensão e perigo entre elementos adversários; simbolicamente, podemos pensar na dinâmica ego–sombra, e a constelação dos opostos, como adversários em luta, aponta para um funcionamento predominantemente patriarcal do sistema ego–consciência.

Na peripécia, podemos observar uma grande variedade de elementos coadjuvantes do drama. Dentre eles, alguns se destacam como colaboradores e ajudantes ou como obstáculos dificultadores da realização da tarefa proposta pelo sonho. "De repente, surge uma pessoa que me dá uma carona." "Estou atrasado e o trânsito não me deixa passar." Os elementos presentes no sonho são considerados aspectos da personalidade do sonhador contracenando com o ego onírico. Mesmo que não fique claro para o sonhador o valor (positivo ou negativo) desse elemento, é importante detectar o(s) elemento(s) que atua(m) junto ao ego onírico no enredo do sonho. Esse elemento poderá ser classificado como ajudante ou obstaculizante. O modo como esses elementos se relacionam com o ego sugere a função defensiva, protetiva, propulsora ou impeditiva que tais elementos desempenham na dinâmica atual da psique.

Os elementos do sonho podem ser classificados como ajudantes ou obstaculizantes.

A atitude do ego onírico ou seu comportamento no sonho é também importante para a composição do texto legível. A atitude do ego onírico é considerada ativa ou assertiva quando ele é o protagonista e/ou comandante da ação que se desenrola no sonho, por exemplo: "Corro..." "Falo..." "Estou muito atenta..." "Vou fazer…" Ou a atitude do ego onírico é passiva, quando ele sofre a ação dos outros elementos do sonho. "Estão me levando para..." "Estou deitada e o teto desaba..." "Estou sentado num táxi e o motorista dirige em alta velocidade..." O ego onírico pode ainda ser apenas o observador de um evento do qual não participa. "Há pessoas conversando em voz baixa..." "Vejo uma mulher arrastando uma criança pela calçada..." "Dois homens estão carregando um piano de cauda..."

No trabalho de tradução, é aconselhável convocar o sonhador a avaliar sua postura e atitude nos sonhos, assim como compará-la com sua atitude costumeira. A atitude do ego onírico (passivo, ativo ou observador) nos ajuda a compreender as possibilidades atuais e/ou potenciais de que o ego em questão dispõe, ou está em vias de desenvolver para lidar com o conflito emergente no drama onírico, ou ainda a atitude que tende a prejudicar o andamento do processo de individuação. Embora haja muito poucas pesquisas em relação a esse aspecto, Penna (1994) sugere que o ego onírico ativo tende a apontar para uma relação mais produtiva do ego com os complexos, podendo indicar a energia arquetípica do herói sendo ativada em situações críticas. Na experiência clínica, nota-se que o ego observador pode revelar uma tendência do indivíduo a não se envolver ou não se comprometer com situações existenciais ou com questões intrapsíquicas. Tal atitude pode também apontar para uma falta de recursos da personalidade no enfrentamento da situação onírica, e nesses casos o papel dos elementos ativos presentes no enredo pode ajudar no entendimento de partes da personalidade que podem ajudar na situação em questão. Por outro lado, dependendo do contexto do sonho aliado ao contexto histórico do indivíduo, a passividade ou "ausência" do ego onírico denuncia também uma atitude defensiva de vitimização e/ou projeção da responsabilidade pela sua vida nos outros ou nas situações externas. A atitude do ego onírico, diferentemente dos elementos presentes no sonho (aspectos inconscientes da personalidade do sonhador), aponta para possibilidades ou potencialidades da psique com prontidão para fazer parte da consciência, ou seja, trata-se de uma possibilidade que já é praticamente uma capacidade disponível para o ego. Dessa forma, é bastante profícuo sensibilizar o sonhador para esse aspecto do sonho, pedindo-lhe que "entre no sonho novamente e tente se sentir dentro do sonho". Com isso, é possível trabalhar sensações e sentimentos, vividos no sonho pelo ego onírico, que muitas vezes se dissipam pela atitude ou percepção habitual do ego vígil, que relata o sonho. O ego onírico pode ser classificado como: ego ativo; ego passivo; ego observador.

Outro aspecto a ser cuidadosamente observado é o *desfecho do sonho*, ou seja, como ele acaba, ou até onde a memória do sonhador alcança. Frequentemente, temos a nítida impressão de que o sonho continuava, mas não nos lembramos de como ele acaba, ou ainda a sensação de termos sido tirados dos sonhos, pelo despertador ou por algo/alguém que nos acorda. Para Jung (2011), a lise consiste na solução ou resultado final do sonho, por isso algumas vezes ele considera ausência de lise quando há um desfecho catastrófico, pois a seu ver não houve uma conclusão ou uma solução no sonho. Von Franz (1993), por sua vez, considera tanto uma solução para o drama do sonho como uma catástrofe a lise do sonho. "Alguns sonhos acabam sem levar a nada" – nesses, não há desfecho –; "fora esse caso, o que quer que aconteça no fim do sonho é a solução" (Von Franz, 1993, p. 49).

Propomos para fins de análise e trabalho com o sonho que seu desfecho seja considerado o ponto final do relato, a última cena ou a última frase do relato, e que seja considerada a vivência do sonhador dentro do sonho (ego onírico) e fora dele (ego vígil) para auxiliar a definição do tipo de desfecho caso haja alguma dúvida. Destacamos três possibilidades de desfecho: desfecho favorável ou positivo; desfecho desfavorável ou negativo; desfecho ausente.

O desfecho do sonho dá indícios sobre o sentido prospectivo da psique, mostrando o rumo que está se delineando na dinâmica psíquica. Isso nos ajuda, muitas vezes, no prognóstico do caso e seu encaminhamento. Quanto mais surpreendente for o desfecho, mais ele atrai a atenção do ego, positiva ou negativamente, e com isso mostra algo novo que precisa ser tornado consciente. Por isso, devemos sempre prestar atenção ao final do sonho e não deixar de perguntar ao sonhador como ele termina.

O desfecho *favorável* ou positivo é aquele em que o drama do sonho é concluído de modo satisfatório, avaliado como favorável para o ego (vígil ou onírico); trata-se de uma saída criativa e/ ou interessante para o conflito ou peripécia vivida no sonho e indica que a tensão ou conflito apresentado está se encaminhando para uma solução construtiva ou criativa para a totalidade. Tomemos um dos exemplos já mencionados. "Estamos numa feira de artesanato, eu e minha irmã." A sequência pode ser: "precisamos comprar um presente para nossa mãe, estou aflita com as dificuldades e irritada com minha irmã. De repente, aparece um rapaz que nos oferece um vaso lindíssimo, e compramos o vaso". Trata-se claramente de um final feliz e de um desfecho favorável. Outra possibilidade para o mesmo sonho pode ser: "já estou, além de irritada, cansada, não temos mais muito tempo e ainda não conseguimos comprar nada. Sento-me para descansar, e minha irmã volta com um vaso. Acho injusto ela ter decidido sozinha, mas também estou aliviada; o presente foi comprado". Trata-se também de um desfecho favorável, embora não plenamente satisfatório, mas parece que é a solução possível para o momento, o que sem dúvida revela alguns mecanismos de defesa e/ou alguns meios sombrios de lidar com situações de tensão.

A mesma peripécia pode levar a um desfecho *desfavorável*. "Conseguimos comprar o presente, fomos pegar o carro. Ao chegarmos lá, o carro está em chamas, não entendo nada, tem muita fumaça, perco minha irmã em meio à fumaça, sei que ela está morta." A mesma situação onírica pode ter um desfecho desfavorável, entretanto não tão trágico. "Conseguimos comprar o presente, carrego o embrulho com cuidado; de repente, surge um cão muito grande, ele me derruba, e o vaso se despedaça em mil cacos. Estou desolada."

O desfecho desfavorável ou negativo aponta para uma conclusão ou encerramento da questão em pauta de modo sofrido, destrutivo e/ou desastroso. Esse tipo de desfecho é sempre preocupante, indica o modo como o ego vem lidando com algumas questões da vida que pode conduzir a personalidade a situações perigosas ou desfavoráveis para o processo de individuação caso o ego não mude de atitude.

O desfecho *ausente* ocorre, em geral, quando a última cena do sonho ou última frase do relato parece inacabada ou interrompida, dando a impressão de algo que acaba abruptamente sem que a peripécia se conclua. Um exemplo: "Estou no mar, vejo um bote vermelho inflável, ele chama minha atenção, quero alcançá-lo, nado em sua direção, mas acordo". Esse tipo de desfecho frequentemente chama a atenção do sonhador por seu aspecto intrigante e surpreendente.

O desfecho desfavorável e o desfecho ausente, muitas vezes, caracterizam o sonho como um pesadelo. Isso se dá em função do impacto forte, assustador, surpreendente ou doloroso de seu desfecho. O sonhador geralmente acorda sobressaltado e emocionado de um sonho cujo final é trágico ou abrupto. Trata-se de um sonho sem dúvida marcante, que impressiona e mobiliza o ego. Essa é justamente a função deste tipo de sonho – chamar a atenção do ego, mostrar algo importante e urgente que deve ser considerado seriamente pela consciência. Von Franz diz que a intenção do pesadelo "é nos sacudir e arrancar de uma sonolência inconsciente a respeito de alguma situação perigosa" (p. 99); o forte impacto emocional que os pesadelos nos causam é um modo do símbolo expressar sua urgência diante da consciência. No caso de desfecho ausente em que o sonhador sente-se curioso ou decepcionado pela interrupção da narrativa, é interessante pedir que a pessoa imagine como o sonho continuaria ou poderia ter continuado. Trabalhamos então com a fantasia de solução ou conclusão do sonho.

Os sonhos recorrentes são bastante comuns; é interessante prestar atenção ao tipo de recorrência, ou seja, como se dá a repetição. Repete-se a peripécia? É o tema em pauta que é recorrente? Ou são os personagens e elementos que se repetem? Os aspectos inconscientes de um símbolo quando não são assimilados ou compreendidos pela consciência, retornam ao inconsciente, e a tensão energética entre as polaridades se reconstela, levando novamente à formação de um símbolo. A forma como esse conteúdo reconstelado se configura como símbolo e reaparece nas imagens oníricas são as repetições que costumamos perceber nos sonhos. Elas indicam questões ou conteúdos inconscientes que "precisam" ou estão "tentando", repetidamente, ser conscientizados. É muito frequente a alteração ou modificação das repetições à medida que os sonhos são trabalhados, compreendidos e processados pelo ego do sonhador. Mais uma vez, é preciso ressaltar que um sonho isolado oferece pouco material para a compreensão da psique do sonhador e destacar a importância de que o trabalho com os sonhos seja feito em processo, ou seja, que atentemos para as sequências dos sonhos e para sua articulação com a vida vígil.

Interpretação ou compreensão

O termo interpretação é muito utilizado quando estamos lidando com sonhos ou com o processo analítico, entretanto é conveniente refletir sobre essa questão. Devemos sempre ter em mente que "qualquer interpretação é uma hipótese, apenas uma tentativa de ler um texto desconhecido" (vol. 16, par. 322). A meta do trabalho com os sonhos é a viabilização de transformações internas – autoconhecimento – que requerem aproximação entre consciente e inconsciente – ego e si-mesmo – quanto a seu significado e valor (Penna, 2013). Desse modo, a interpretação dos sonhos só faz sentido se favorecer essas transformações, como vimos, necessárias e possíveis para a psique no momento. O trabalho com os sonhos, em qualquer circunstância, consiste num processo que envolve necessariamente o sonhador e nós, num trabalho a dois que requer dedicação e reflexão de ambos, pois, como bem apontou Von Franz (1993), é bastante difícil para todos nós lidar com e compreender os próprios sonhos sozinhos, mas acreditamos ser possível ajudar os pacientes nessa jornada. Ao longo do processo analítico, visamos também contribuir para que o paciente desenvolva uma atitude diante de seus sonhos que lhe ofereça meios de ouvir e considerar as mensagens dos sonhos. Jung diz: "Far-se-ia bem em tratar cada sonho como se fosse um objeto totalmente desconhecido. Olhe-o de todos os lados, tome-o em suas mãos, leve-o com você, deixe que sua imaginação brinque com ele." (vol. 10, par. 320).

Embora, em sua obra, Jung tenha discutido extensamente esse tema, em vários momentos nos deparamos com recomendações de cautela em relação à interpretação dos sonhos, pois ela pode abortar o processo de compreensão e assimilação dos símbolos.

> Por sobre todo o processo parece que paira uma precognição obscura, não só daquilo que vai tomando forma, mas também de sua significação. A imagem e a significação são idênticas, e à medida que a primeira assume contornos definidos, a segunda se torna mais clara. A forma assim adquirida, a rigor, não precisa de interpretação, pois ela própria descreve o seu sentido. Assim, existem casos em que posso simplesmente renunciar à interpretação como exigência terapêutica (vol. 8, par. 402).

Essa atitude diante do sonho, ou de qualquer símbolo, tem por base a concepção de um inconsciente criativo e a hipótese de um princípio organizador na psique (*Self*), que conferem aos símbolos um significado e um sentido *a priori*. Há também um fator ético nessa atitude. Por mais que a memória do sonho e seu relato configurem necessidade de integração do símbolo, as condições da consciência, seus limites e dificuldades devem ser respeitados. Uma interpretação precipitada pode nos levar a incorrer no risco de interromper o processamento simbólico arquetípico, ou pior do que isso, levar a um entendimento puramente intelectual do sonho. Frequentemente temos a oportunidade de presenciar o efeito esclarecedor que o trabalho de amplificação com o material onírico realiza sem que seja necessária uma interpretação propriamente dita. É sempre útil lembrar que as interpretações tendem a funcionar como respostas dadas aos enigmas do sonho, ao passo que as perguntas que fazemos sobre os sonhos oferecem oportunidade de reflexão e incentivam a mobilização do ego em direção ao desconhecido (inconsciente). Em síntese, o processamento simbólico arquetípico tem como finalidade principal a compreensão por parte do ego das mensagens contidas nos sonhos. Para o atingimento dessa meta podemos lançar mão dos procedimentos que melhor atender às necessidades e particularidades da dupla paciente–analista e da situação analítica.

Por fim, não devemos nos esquecer de que o processamento de um sonho isoladamente é muito pouco significativo clinicamente. O sentido e o significado de um sonho, assim como sua função no processo de individuação, podem ser alcançados com mais segurança e profundidade quando um sonho for integrado à analise de outros sonhos em sequência (série de sonhos) e articulado com os fatos da vida cotidiana. Por último, a mensagem de um sonho faz sentido apenas para o sonhador.

Referências bibliográficas:

BRANDÃO, J. S. *Mitologia grega*. Vol. 2. Petrópolis: Vozes, 1987.

ELLENBERGER, H. *The discovery of unconscious: the history and evolution of dynamic psychiatry*. Nova York: Basic Books, Harper Collins, 1970.

HILGARD, E. R. E; ATKINSON, R. C. *Introdução à psicologia*. São Paulo: Companhia Editora Nacional, 1976.

O'FLAHERTY, W. D. *Dreams, Illusions and Other Realities*. Chicago: The University of Chicago Press, 1984.

PARKER, J.; PARKER, D. *O livro dos sonhos: guia completo para você entender seus sonhos e aprender com eles*. São Paulo: Publifolha, 1996.

JACOBI, J. *The psychology of C. G. Jung*. New Haven: Yale University Press, 1973.

JUNG, C. G. Obras Completas. Rio de Janeiro: Editora Vozes, s/d.

_____. "Chegando ao Inconsciente". In: _____. *O homem e seus símbolos*. Rio de Janeiro: Nova Fronteira, 1977, p. 18-103.

_____. *Seminários sobre sonhos de crianças*. Rio de Janeiro: Vozes, 2011.

MEIER, C. A. *Sonho e ritual de cura – incubação antiga e psicoterapia moderna*. São Paulo: Paulus, 1999.

PENNA, E. M. D. *Epistemologia e método na obra de C. G. Jung*. São Paulo: Educ – Fapesp, 2013.

_____. "Quem somos e para onde vamos: uma leitura simbólica da identidade brasileira". Monografia apresentada à SBPA. São Paulo: Biblioteca SBPA, 1994.

PIERI, P. F. *Dicionário junguiano*. São Paulo/Petrópolis: Paulus/Vozes, 2002.

VON FRANZ, M.-L.; BOA, F. *O caminho dos sonhos*. São Paulo: Editora Cultrix, 1993.

6.
OS SONHOS NO EQUILÍBRIO PSICOSSOMÁTICO E NOS PROCESSOS DE CURA

Denise Gimenez Ramos[1]

Priscila acordou assustada. Em seu sonho, um médico com bisturi na mão tentava cortar um novelo de veias e artérias que circundava o pé dela. Nenhuma associação lhe vinha à cabeça. Ao me contar o sonho durante a sessão de análise, não conseguimos progredir. O sonho ficou registrado com uma interrogação. Meses depois, ao surgir uma estranha protuberância em seu braço, lembramo-nos do sonho. A biópsia revelou um angiossarcoma, câncer raro derivado de células endoteliais, no caso, células vasculares. É importante aqui notar que Priscila não tinha nenhum fator de risco nem idade para esse tipo de câncer.

Outro caso também chamou atenção. Uma paciente de 43 anos sonhou que caranguejos subiam por seu peito. Já mais alerta para uma possível sincronicidade psique/corpo, pedi que consultasse um mastectologista. Um ultrassom seguido de biópsia revelou um carcinoma *in situ*,

---

[1] Professora titular e coordenadora do Núcleo de Estudos Junguianos do Programa de Pós-graduação em Psicologia Clínica da Pontifícia Universidade Católica de São Paulo, membro da Academia Paulista de Psicologia, cadeira n. 27. Membro analista da Sociedade Brasileira de Psicologia Analítica e da International Society of Sandplay Therapists. Palestrante internacional e autora de vários livros e artigos, em especial da área da psicossomática. *E-mail*: deniseramos@uol.com.br.

um tumor de apenas meio centímetro. A detecção precoce possibilitou um atendimento rápido e eficiente, talvez tenha salvado mesmo a vida dela. Aqui, a associação de caranguejos com câncer foi mais óbvia.

Seriam os sonhos reveladores de acontecimentos psicofisiológicos? Será que a informação do que acontece no corpo poderia ser trazida à consciência através de imagens oníricas?

E como explicar a paciente de 62 anos que sofria havia anos de artrite reumatoide e foi curada depois de ingerir uma substância indicada em sonho? Marisa tomava medicação alopática e fazia acupuntura havia cerca de quatro anos, sem sinal de melhora. Por indicação do médico, iniciou psicoterapia, na qual tratávamos de seu desânimo e depressão perante a doença. Sugeri que começasse a prestar atenção aos sonhos; após alguns dias, ela sonhou que vomitava jatos de azul de metileno. Conversando com o médico, ele mandou fazer pílulas com essa substância. Para surpresa de todos, aos poucos a paciente começou a melhorar, até que a artrite se reverteu totalmente. Investigando, descobri que o azul de metileno fora usado muito tempo atrás para reumatismo, mas deixado de lado devido a resultados inconsistentes. Não foi possível uma explicação lógica para o fenômeno. Certamente, o mesmo remédio não serviria para outros pacientes. Mas o inconsciente da paciente, por meio de uma imagem, trouxe à tona o conhecimento do que faltava em seu organismo.

O uso dos sonhos como diagnóstico e cura faz parte da história da humanidade e já estava presente na Antiguidade.

Hipócrates, médico que viveu no século V a.C., considerado o fundador da medicina moderna, acreditava que havia três tipos de sonhos e que alguns poderiam atuar como instrumento de diagnóstico. Para o médico, sua função era avaliar as condições corporais e as causas das doenças humanas, o que não seria possível durante o dia devido à sobrecarga mental causada pelas funções do estado de vigília (Coxhead & Hiller, 1976).

Aristóteles (384-323 a.C.), em *De divinatione per somnum*, diz que a representação em sonhos é análoga às formas refletidas na água, e que estas seriam reflexos do estudo do corpo, podendo ser utilizadas pelos médicos para diagnosticar doenças. O filósofo afirmou que ficamos mais sensíveis à movimentação do corpo durante o sono e que pequenas alterações poderiam ser detectadas pelas imagens oníricas antes que fossem percebidas durante o dia, quando a mente está menos atenta aos acontecimentos internos (Aristóteles, 2013).

Outros filósofos e médicos se dedicaram ao assunto, mas sem dúvida foi nos templos de incubação na antiga Grécia (século VI a.C. até III d.C.) que houve um grande desenvolvimento do estudo dos sonhos como diagnóstico e tratamento. Em mais de quatrocentos templos dedicados a Esculápio (ou Asclépio), os sonhos eram vistos como oráculos relativos à doença e sua cura (Coxhead & Hiller, 1976; Hall, 1977).

Localizavam-se no campo, aonde o doente chegava depois de percorrer uma longa via sacra. Geralmente, o local era belíssimo, cercado de muitas árvores e água, infestado de serpentes inofensivas. Junto à entrada, estelas de pedra cobertas de inscrições relatavam o histórico de muitas curas. Após rituais de purificação, abluções e sacrifícios, o paciente dormia no santuário (klinê) e ficava à espera de um sonho (incubação). Caso fosse visitado e tocado na parte afetada por uma epifania de Esculápio, que poderia vir em diferentes formas, como um deus, cobra ou cão, entre outras, ficava curado. Os pacientes tinham, inclusive, que escrever seus sonhos. Depois da cura, para evitar uma recaída, pagavam certos direitos e faziam ofertas de ação de graças (Meier, 1999).

Quatro séculos depois de Hipócrates, Claudius Galeno (129-199 d.C.), médico romano, observando a inseparabilidade entre corpo e mente, levou essa ideia de diagnóstico mais adiante. Usou os sonhos de seus pacientes para decidir sobre a forma de tratamento e até mesmo chegou a seguir as "recomendações oníricas" na realização de cirurgias (Meier, 1999).

No início da era cristã, vários livros foram escritos, entre eles o *Oneirocrítica* (Interpretação dos sonhos), do filósofo grego Artemidorus de Éfeso (ou de Daldis) (século II d.C.). Ao coletar material para a sua obra durante longas viagens pela Grécia, Itália e Ásia em cinco livros, interpretou cerca de três mil sonhos, classificando-os em dois tipos: *somnium*, aqueles que preveem o futuro, e *insomnium*, referentes a assuntos atuais (Daldis, 2009).

Vários séculos passaram sem qualquer desenvolvimento significativo na área dos sonhos. Somente com S. Freud e C. G. Jung, no século XX, foi que o interesse acadêmico foi retomado. Para ambos, a análise dos sonhos é o problema central no tratamento analítico porque é o meio técnico mais importante para abrir o caminho para o inconsciente, já que as opiniões pessoais são mais ou menos arbitrárias e podem estar totalmente erradas.

A questão central é a acuidade da interpretação, bastante discutida nas diferentes abordagens psicodinâmicas. A verdade é que não temos como saber exatamente se nossa interpretação é correta, mas levantamos a hipótese de que o sonho tem significado e função.

Os sonhos, portanto, nos comunicam, numa linguagem figurada – isto é, por meio de representações sensoriais e imaginosas –, pensamentos, julgamentos, concepções, diretrizes, tendências etc. que se encontravam em estado de inconsciência, por terem sido recalcados ou simplesmente ignorados. Mas por se tratar de conteúdos do inconsciente e porque o sonho é a resultante de processos inconscientes, ele nos oferece justamente uma representação dos conteúdos inconscientes, não de todos, mas apenas de alguns, daqueles que foram reunidos e selecionados associativamente em função do estado momentâneo da consciência (Jung, vol. 8, par. 477).

Ampliando a fala de Jung, poderíamos dizer que os sonhos nos comunicam em linguagem figurada também sensações dos sistemas corporais, informando seu estado metabólico, com o objetivo de manter a homeostase, como em princípio afirmavam certos filósofos e médicos gregos.

Jung afirma também que a coordenação dos processos psíquicos e físicos no organismo vivo pode ser entendida como um fenômeno sincrônico, em vez de uma relação causal (Jung, vol. 8, par. 938), e

> que um funcionamento inadequado da psique pode causar tremendos prejuízos ao corpo, da mesma forma que, inversamente, um sofrimento corporal consegue afetar a alma, pois alma e corpo não são separados, mas animados por uma mesma vida. Assim sendo, é rara a doença do corpo, ainda que não seja de origem psíquica, que não tenha implicações na alma (Jung, vol. 7, par. 194).

Essa relação sincrônica nos permite observar o fenômeno psique/corpo como de mútuo espelhamento, de modo que os processos fisiológicos são refletidos na psique e vice-versa (Ramos, 2006).

Dessa forma, sentimentos, imagens, pensamentos e sonhos, entre outros comportamentos, estariam profundamente intrincados nos processos metabólicos, assim como a respiração, os processos sensoriais e os movimentos intestinais, entre outros comportamentos fisiológicos, estariam interferindo diretamente no funcionamento psicológico. Isso nos permite inferir o estado do corpo a partir das manifestações da psique e vice-versa.

Sabemos que os processos psicofisiológicos são regulados constantemente por meio de vários mecanismos metabólicos. Embora inconscientes, esses mecanismos são registrados por vias neuronais que se intercomunicam constantemente. O conhecimento dos acontecimentos fisiológicos tem um registro neurológico que pode ser captado conscientemente como sensação de bem ou mal-estar, entre outras. Um pequeno tumor assintomático, por exemplo, já tem um registro corpóreo, ainda que imperceptível. Seria plausível aqui levantarmos a hipótese de que esse conhecimento ainda inconsciente possa emergir no plano psíquico como intuição, fantasia ou imagem?

Podemos pensar aqui que esse tumor imperceptível à consciência, mas já presente no corpo, pode ser transduzido do plano fisiológico para o plano psíquico na forma de imagem, uma vez que ainda não tenha se manifestado o suficiente para ser captado como informação consciente e transformado em palavra.

Entendemos aqui por transdução a conversão ou transformação de informação de uma forma para outra. Sabemos que a função básica dos sistemas sensoriais é a de realizar a transdução da informação contida no ambiente externo ou interno para a linguagem do sistema nervoso e possibilitar ao indivíduo utilizar essa informação codificada nas operações perceptuais ou de controle funcional necessárias em cada momento. Ao longo dessa cadeia de transmissão, entram em ação diferentes mecanismos de integração sináptica que possibilitam a análise dos diversos atributos dos estímulos e, depois sua utilização em outros processos fisiológicos ou na reconstrução mental dos objetos (Felten & Cohen, 2007; Rossi, 1986).

Se observarmos o corpo humano como uma rede de sistemas informativos, genético, imunológico, hormonal, entre outros, veremos que cada um desses sistemas tem seu código. A transmissão de informação entre os sistemas requer que algum tipo de transdutor permita que o código de um sistema seja transladado para o código de outro sistema. A capacidade para simbolizar na forma linguística ou extralinguística pode também ser considerada como um meio de codificação, processamento e transmissão de informação do organismo, da psique para o soma e vice-versa (Rossi, 1986; Ramos, 2006).

Perante um estímulo positivo, a visão e o cheiro do mesmo, por exemplo, provocarão um encadeamento de transduções que possivelmente resultarão em uma sensação de prazer e homeostase, enquanto um estímulo aversivo é transduzido em alterações fisiológicas desencadeadoras de reação de alarme e estresse. Passando o perigo, normalmente o organismo volta ao seu estado homeostático.

Muitas vezes, essa excitação psicofisiológica, a princípio protetora, não é registrada na consciência. Ela acontece dissociada do sujeito, que pode sentir talvez desconforto ou vagas sensações fisiológicas de dor, sem fazer conexão com o evento desencadeante. Assim, onde há uma reação superexcitada ou agressiva não condizente com a realidade, é provável que esteja em ação o dinamismo de um complexo.

A questão para nós, psicoterapeutas, é como alcançar essas estruturas orgânicas, inconscientes, sobre as quais a palavra não tem efeito, já que a excitação está registrada em planos primitivos da estrutura cerebral.

Se a desorganização é psicofisiológica, a linguagem é a da sensação e da motricidade, o que nos leva à necessidade de trabalharmos no plano fisiológico, corporal e da simbologia expressiva não verbal.

Neste caso, o sonho seria um veículo bastante apropriado, uma vez que ele traz à tona fatos objetivos. Tal como uma tomografia que registra o interior anatômico, as imagens oníricas são o retrato do interior psicossomático do sonhador. Elas revelam não só estados emocionais, mas também estados fisiológicos, fenômeno este registrado como vimos bem antes da era cristã.

Atualmente, relatos como a da paciente Priscila estão sendo coletados com a finalidade de se verificar a relação entre imagens oníricas e condições fisiológicas, tentando-se detectar, por exemplo, uma doença em seu estado inicial.

Uma imagem em um sonho de uma paciente de 26 anos pouco antes de ser diagnosticada com escoliose ciática ilustra essa reflexão: um botão de rosa vermelha sobre uma folha, fora do caule. Ao desenhar a imagem, a paciente reflete que por estar fora do eixo, a rosa não poderá ser alimentada e vai morrer antes de se desenvolver. O que estaria fora do eixo? Sua coluna? Seu processo de individuação paralisado por uma neurose que provocava grande depressão? Ou ambos? No raciocínio sincrônico, a paciente estava fora do eixo física e psiquicamente, e precisaria ser tratada em ambas as esferas, como foi verificado mais tarde.

Vemos nesses exemplos que os sonhos, como fatos objetivos e independentes de nossa consciência, podem tanto retratar um estado psíquico como um fisiológico, ou ambos. A dificuldade é compreender a qual deles as imagens se referem.

Uma mulher de cerca de quarenta anos sonhou que subia por uma escada estreita. Havia muita gente e estava difícil se movimentar. De repente, sentiu que um amigo que vinha atrás lhe dava uma pancada nas costas do lado direito. Como tinha uma ótima relação com esse amigo, não conseguiu associar nada na direção de uma possível agressão por parte dele. Tempo depois, ao fazer um *checkup*, recebeu o diagnóstico de um tumor no rim direito assintomático. É possível que a compreensão do sonho tivesse antecipado seu tratamento, é possível também que este "amigo teria tentado lhe avisar" que algo estava doente em seu corpo.

As imagens podem inclusive mostrar a direção do desequilíbrio antes do adoecimento ou, quando a doença já está instalada, podem indicar um tratamento.

Jair, 46 anos, angustiava-se com sua falta de libido e crises ocasionais de impotência sexual. Não queria ficar dependente de medicação, pois tinha medo de se viciar e preferia uma abordagem mais natural para sua disfunção. Pensando muito sobre o assunto, sonhou que seu carro, ao subir uma ladeira íngreme, ficou sem gasolina. Chateado e cansado de empurrar, deitou-se debaixo de uma árvore frondosa à beira da estrada. Ao examinar os galhos, percebeu frutos maduros e sentiu vontade de comê-los. Acordado, lembrou imediatamente que, no nordeste, em sua terra de origem, fazia-se desses frutos uma bebida popular para impotência. Viajou logo que pôde, e o resultado foi surpreendente. O que curou Jair? O fruto? A volta à família, à sua origem? Ou o resgate de sua autoestima (bastante rebaixada no caso) junto aos amigos de juventude e familiares? O importante é que o sonho trouxe a tona o símbolo que faltava para a superação de suas dificuldades.

Atualmente inúmeras pesquisas têm investigado as imagens oníricas associadas a determinadas doenças. Smith (1987) examinou a hipótese de que os sonhos refletem estados biológicos. Para isso, estudou os sonhos de pacientes cardiopatas, correlacionando-os com o nível de gravidade da doença. Descobriu que o número de sonhos que se referiam à morte tinha alta correlação com a gravidade da cardiopatia, comprovando a hipótese de que os sonhos têm, possivelmente, um significado biológico.

De Santo *et al.* (2010) observaram que transtornos do sono são comuns em pacientes com doenças renais, principalmente no estágio final, quando estão recebendo diálise. Esses transtornos incluem insônia, apneia do sono, síndrome das pernas inquietas, sonambulismo, pesadelos e excessiva sonolência durante o dia. Como esses transtornos estão associados à baixa qualidade de vida e aumento do risco de mortalidade, os autores enfatizam a necessidade de se prestar atenção aos fatores oníricos no tratamento desses doentes.

Também é importante observar que sonhos angustiantes, aflitivos, podem gerar transtornos fisiológicos graves, como observado na pesquisa de Schulze (2006).

Ao observar que o sono serve para construir ou reconstruir a arquitetura neural com a finalidade de desenvolvimento ou para compensar o desgaste diário (por exemplo, reparar o dano oxidativo), o autor verificou que um forte afeto negativo ou um grande estresse podem levar a desequilíbrios fisiológicos que ocorrem durante o sono devido à reativação de memórias associadas a esses eventos. Enquanto esse desequilíbrio fisiológico produz um estado hedônico negativo (mal-estar), a restauração desse equilíbrio produz um estado hedônico positivo (bem-estar).

Schulze (2006) afirma inclusive que estados hedônicos provocam comportamentos em defesa da homeostase. No sono, quando devido a um comportamento inesperado, há uma quebra pronunciada da homeostase, o estado fortemente negativo hedônico provavelmente precipita um pesadelo. Sonhar serviria para sincronizar ou ressincronizar os circuitos neurais alterados. Assim, durante o sonhar, conjuntos afeto-cognitivos podem ser reativados como parte do processo de sincronização. Quando tais conjuntos contêm forte afeto negativo (gerado durante uma experiência original), um pesadelo pode ocorrer.

Uma paciente que procurou análise porque não conseguia engravidar apesar de seus exames e os do marido serem normais, relatou o seguinte pesadelo: "A família estava toda reunida para um almoço festivo de domingo. A empregada traz em uma bandeja de prata uma grande sopeira. Ao abrir a sopeira, tenho um grande mal-estar: lá dentro, boiando, estava um feto". Durante o relato, a paciente ficou muito estressada e confidenciou um aborto provocado antes do casamento, do qual se envergonhava muito. Vinda de uma família católica tradicional, o sentimento de culpa guardado a torturava e devia estar provocando alterações hormonais. A imagem era concisa: indicava o sofrimento e a necessidade de reparação por algo que ela achava pecaminoso. O caminho da cura passava pela assimilação consciente de algo que queria esquecer, restabelecendo-se assim a homeostase. Pouco tempo depois, a paciente, sem nenhuma intervenção médica, engravidou.

Em linguagem junguiana, poderíamos dizer que, na presença de forte complexo negativo (como no caso acima) ou na presença de transtornos orgânicos (por exemplo, uma infecção), há uma ruptura na homeostase do organismo. Quando esse desequilíbrio fica mais evidente durante o sono, ele pode provocar pesadelos que teriam então o objetivo de reestabelecer a homeostase. As imagens oníricas expressariam metaforicamente tanto o conflito (no nível celular ou emocional) quanto poderiam indicar um caminho de tratamento.

O perigo aqui é que fortes emoções, ao provocar significativas alterações fisiológicas, poderiam precipitar também um quadro mais agudo de doenças. Uma associação entre sonhos e morte súbita aparece no folclore e na história da medicina, provavelmente originada da experiência comum de ser acordado de um sonho assustador com taquicardia, suores frios e outras respostas associadas a intenso estresse. Poderia um sonho levar ao enfarte?

Parmar e Luque-Coqui (1998) observaram que intensas alterações na atividade autônoma durante os sonhos podem ter consequências graves para pacientes com doenças cardiovasculares. Ao examinar quatro pacientes sem evidência de doença coronariana arterial prévia, mas que haviam sofrido dissecção da artéria coronariana em dois casos e vasoespasmo em outros dois, descobriram que todos tiveram pesadelos ou "sonhos sobre morte" devido a forte estresse emocional em noites antecedentes ao acidente vascular.

Observação semelhante fizeram Yavuz *et al.* (2011) ao examinar a relação entre pesadelos e enfarte agudo do miocárdio, avaliando também a influência de outros fatores. A comparação entre pacientes que tiveram seus sintomas durante o sono com aqueles que tiveram durante a vigília permitiu verificar que os primeiros, um mês antes do enfarte, tinham baixa qualidade de sono, frequentes pesadelos, alta hiperatividade autônoma, lembravam os sonhos com frequência, sofriam de ansiedade e problemas psicológicos e tinham notas mais altas na escala de ansiedade do que os pacientes que enfartaram durante o dia. A conclusão é que ansiedade no sono e emoções relacionadas estão associadas a enfarte durante o sono.

Provavelmente, imagens oníricas violentas ou aflitivas, provocando um desequilíbrio psicofisiológico, desencadearam a doença. Precisamos de mais estudos para observar de que forma as imagens e o dinamismo dos sonhos estão associados à psicodinâmica e psicofisiologia do sonhador. Esse conhecimento poderá ser usado tanto na detecção precoce de doenças e seu tratamento bem como numa possível intervenção preventiva.

Sonhos violentos podem também estar associados a doenças neurológicas, como descrevem Claassen *et al.* (2010), pesquisadores da Clínica Mayo (EUA). Os estudos revelam que sonhos muito vívidos e violentos podem ser indicadores precoces de doenças neurológicas que vão aparecer anos mais tarde. Especialmente pessoas com transtorno do sono REM experimentam uma mudança súbita na qualidade de seus sonhos. Estes se tornam mais violentos e frequentemente envolvem episódios de luta. Um número significativo desses sonhadores mais tarde desenvolveu doenças neurodegenerativas, incluindo

Parkinson em cerca de 80 por cento dos casos. O tempo entre esse distúrbio de sono e o aparecimento da doença neurológica pode ser longo, havendo registros de 25 a 50 anos. A importância desse achado é que ele permite aos neurologistas monitorar e tratar os pacientes antes que o cérebro se deteriore.

Mas fica aqui a questão: o que provocou os sonhos violentos? Foi um transtorno psicológico que ao ser transduzido pelos sistemas neuronais como um grande estresse levou a uma deterioração neurológica ou foi uma lesão neurológica transduzida em imagens oníricas de violência?

Bugalho e Paiva (2011), ao estudar a relação entre as características dos sonhos, a função cognitiva, estado motor, depressão e tratamento dopaminérgico com o transtorno de sono REM e alucinações, observaram que os pacientes com esse transtorno e com uma disfunção frontal severa têm seu padrão de sonhos alterados caracterizado por maior agressividade e presença de animais violentos.

Achados semelhantes foram encontrados por Postuma *et al.* (2012), que observaram que o transtorno do sono REM está geralmente relacionado a lesão nas estruturas pontomedulares do tronco cerebral e é um fator de risco para doenças degenerativas. Na maioria dos casos, os pacientes desenvolvem uma síndrome que sobrepõe sinais tanto da doença de Parkinson quanto da demência corporal de Lewy. A importância desse achado está na possibilidade de se desenvolver terapias preventivas e neuroprotetoras.

Concluindo, embora ainda haja muito desacordo quanto à função e ao significado dos sonhos, casos clínicos e pesquisas recentes têm demonstrado que eles são um barômetro para o estado mental e físico de nosso organismo. É fundamental compreendermos como nossa psicofisiologia modela nossos sonhos e o que eles podem revelar sobre nós; a observação da vida onírica permite um *checkup* constante.

Essa perspectiva amplia nosso autoconhecimento e o trabalho clínico, possibilitando uma abordagem mais eficaz e preventiva. Portanto, para os clínicos, a observação das imagens oníricas e da etiologia das mesmas é um valioso instrumento que permite novos *insights* no tratamento.

Os sonhos são uma janela para nosso mundo interno físico e psicológico, e a compreensão da psicossomática faz a diferença entre atitudes saudáveis e patológicas. Dificilmente saberemos se cenas oníricas violentas são resultantes de uma lesão neurológica ou de um complexo patológico grave. O importante é tratar o ser humano como unidade indissolúvel psique/corpo.

O pensamento do escritor Elias Canetti sintetiza nossas reflexões: "O que grita por socorro à noite? Tudo o que foi esquecido".

Referências bibliográficas

ARISTÓTELES. Disponível em: <http://ebooks.adelaide.edu.au/a/aristotle/prophesy>. Acessado em: 10 dez. 2013.

BUGALHO, P.; PAIVA, T. "Dream features in the early stages of Parkinson's disease". In: *J Neural Transm*, nov., v. 118, n. 11, 2011, p. 1613-9.

CANETTI, E. *Die Provinz des Menschen*. Munique: Carl Hanser, 1973.

CLAASSEN, D. O. *et al.* "REM sleep behavior disorder preceding other aspects of synucleinopathies by up to half a century". In: *Neurology*, v. 75, n. 6, 2010, p. 494-499.

COXHEAD, D.; HILLER, S. *Dreams — visions of the night*. Nova York: The Crossroads Publishing Company, 1976.

DALDIS, A. D. *Sobre a Interpretação dos Sonhos (Oneirocritica)*. Trad. Eliana Aguiar. Rio de Janeiro: Zahar, 2009.

DE SANTO, R. M. *et al.* "Sleep disorders in kidney disease". In: *Minerva Urol Nefrol*, v. 62, n. 1, 2010, p. 111-28.

FELTEN, D.; COHEN, C. (orgs.). *Psychoneuroimmunology*. 4ª ed. Amsterdam: Elsevier Academic Press, 2007.

HALL, J. *Clinical Uses of Dreams: Jungian Interpretations and enactments*. Nova York: Grune & Stratton, 1976.

JUNG, C. G. *Psicologia do inconsciente*, vol. 7. Obras completas. Petrópolis: Vozes, 1971.

_____. *A natureza da psique*, vol. 8. Petrópolis: Vozes, 1971.

LEVITAN, H. L. "Traumatic Events in Dreams of Psychosomatic Patients". In: *Psychother Psychosom*, v. 33, 1980, p. 226-232.

MEIR, C. A. *Sonho e ritual de cura*. São Paulo: Paulus, 1999.

PARMAR, M. S.; LUQUE-COQUI, A. F. "Killer dreams". In: *Can J Cardiol,* v. 14, n. 11, 1998, p. 1389-91.

POSTUMA, R. B. *et al*. "REM sleep behavior disorder: from dreams to neurodegeneration". In: *Neurobiology*, v. 46, n. 3, 2012, p. 553-8.

RAMOS, D. R. *A psique do corpo*. São Paulo: Summus, 2006.

ROSSI, E. *The psychobiology of mind-body healing*. Nova York: W. W. Norton, 1986.

SCHULZE, G. "The dual origins of affect in nightmares: the roles of physiological homeostasis and memory". In: *Med hypotheses*, v. 66, n. 6, 2006, p. 1082-4.

SMITH, R. C. "Do dreams reflect a biological state?" In: *J Nerv Ment Dis*, v. 175, n. 4, 1987, p. 201-7.

YAVUZ SELVI *et al*. "Dream Anxiety is an Emotional Trigger for Acute Myocardial Infarction". In: *Psychosomatics*, v. 52, n. 6, 2011, p. 544-549.

7.

FACETAS DO DESENVOLVIMENTO PSICOLÓGICO DE UMA MULHER: EXERCÍCIO DE RACIOCÍNIO CLÍNICO

Alberto Pereira Lima Filho[1]

Introdução

Nas últimas duas décadas, o lugar normalmente ocupado pelos sonhos em congressos de psicologia analítica e no ensino da abordagem, o que inclui a produção de textos, gradativa e parcialmente diminuiu; paralelamente a isso, ganhou espaço e relevância no cenário acadêmico e na produção de conhecimento o igualmente relevante trabalho com a caixa de areia. É isso o que se comenta e é também o que tenho podido observar em minhas andanças pelo mundo científico e pelo trabalho clínico.

Desejoso de contribuir para que o "campo dos sonhos" não perca sua imensa luminosidade (ou numinosidade, como talvez se aplique melhor ao tema), apresento aqui um estudo sobre o sonho de uma cliente que atendi nos anos 1990. Para tanto, o estilo que escolhi foi o de um

---

[1] Psicoterapeuta de orientação junguiana, professor doutor em psicologia clínica e professor convidado e cofundador do Núcleo de Estudos Junguianos do Programa de Pós-graduação em Psicologia Clínica da PUC-SP. Diretor da Opus Psicologia e Educação Ltda. Autor de *Alma, gênero e grau* (São Paulo: Devir, 2008); *O Pai e a psique* (São Paulo: Paulus, 2002); *Gestalt e sonhos* (São Paulo: Summus, 2002).

exercício de raciocínio clínico, permeado por breves processamentos didáticos. A falta de citações e do rigor normalmente empregado na produção de textos acadêmicos foi proposital. Quis privilegiar o olhar clínico e, na medida do possível, apenas transcrever o fluxo de ideias habitualmente desenvolvido no contexto terapêutico. (Explicitei o significado de alguns termos e noções conceituais com minhas próprias palavras nos momentos em que, para o texto ser compreendido, pareceu-me que isso era necessário.) Em razão do exposto, apresento ao final do texto uma bibliografia, em lugar de referências bibliográficas. Os livros ali mencionados integram as principais fontes das quais me nutri ao longo de mais de trinta anos de experiência clínica para desenvolver a habilidade de trabalhar com sonhos em psicoterapia.

Caracterização da sonhadora

Teresa formou-se psicoterapeuta e exercia a profissão no momento em que relatou, numa sessão analítica, o sonho aqui destacado. Alta, visivelmente acima do peso, pensava em fazer dieta e cuidar da alimentação e do corpo. Tinha 29 anos de idade na ocasião. Havia poucas semanas, instalara-se em um apartamento, no qual vivia só. Tinha um irmão e uma irmã; os pais, com quem vivera até então, eram vivos. Encontrava-se em análise havia aproximadamente dois anos, sendo que vivenciara outras experiências terapêuticas anteriormente.

Contexto de vida por ocasião da incidência do sonho

Na época em que teve o sonho aqui relatado, Teresa recebia amigos em seu apartamento para encontros de lazer. Gostava de ser a anfitriã e se caracterizava como pessoa genuinamente generosa. No entanto, acompanhando seus depoimentos com escuta apurada, pude perceber em meio a seus jocosos e simpáticos comentários sobre os hábitos e comportamentos dos amigos o embrião de uma discreta queixa: eles se serviam da comida e das bebidas que ela providenciava sem se ocupar com o assunto. Não traziam alimento algum para os encontros nem se importavam com a louça deixada por lavar na cozinha, ao término das inúmeras e longas noites ali desfrutadas. Teresa não deixava transparecer com muita clareza seu incômodo – não apenas no sentido de não o deixar muito evidente aos olhos do psicoterapeuta, mas também no sentido de manter afastados de sua própria consciência os sentimentos que experimentava quanto ao assunto. Assinalamentos do psicoterapeuta quanto ao tema foram discretamente rechaçados. Teresa negava que a situação fosse desconfortável para ela.

Relato do sonho

"Estamos no sítio de meu pai. É meu aniversário e preparei uma grande festa. A certa altura, sou informada de que, na porteira de entrada, há um leão de chácara – um homem grandalhão – impedindo a entrada de algumas pessoas, não de outras. Fico irada com a situação e vou até a porteira dar um esculacho no brutamonte." (Nesse ponto do relato, a sonhadora dá a entender que está orgulhosa de si mesma, em razão de ter enfrentado o leão de chácara; apresenta essa capacidade de enfrentamento como evidência de uma clara evolução, como se o sonho retratasse uma conquista pessoal de inestimável valor.)

No sonho, com o dedo em riste apontado para o grandalhão, afirma que a dona da festa é ela e que todos aqueles que comparecerem deverão entrar, porque, afinal, vieram para sua festa. Esse ato de gabar-se de seu – supostamente recém-adquirido – talento e de vangloriar-se de seu feito – o confronto com o guardião da porteira – ocupou grande parte da sessão, razão pela qual o psicoterapeuta teve pouquíssima oportunidade para pesquisar associações com os elementos do sonho. A lise – o desenlace, a quarta e última instância da estrutura dramática de um sonho, segundo os critérios interpretativos de C. G. Jung – parece ausente aqui. A sonhadora traz como desenlace seu embate com o leão de chácara, o que confere ao *script* onírico uma estrutura que faz lembrar o manejo de conflitos no plano da vigília.

Exercício interpretativo

O pano de fundo do enredo do sonho é uma festa de aniversário (exposição, situação inicial, lugar onde se passa a ação – a primeira instância da estrutura dramática do sonho). Divisa-se, então, um rito de passagem, um dos poucos que ainda se conservam em nossa cultura, contribuindo para demarcar a evolução para níveis mais evoluídos de consciência. Não foi em vão, portanto, que o cenário da festa tivesse sido o sítio do pai, ou seja, a passagem em questão é governada, apadrinhada, subsidiada, promovida, enfim, pela dimensão paterna da psique. "O sítio de meu pai" pode ser entendido como "o lugar ocupado pelo pai em minha psique".

Com o prosseguimento da narrativa, a dona da festa foi informada de que havia um leão de chácara na porteira da fazenda, decidindo sobre quem entrava na festa e quem estaria impedido. Essa é a segunda dimensão da estrutura dramática, o desenvolvimento da ação. Certa tensão é criada, e somente o desenrolar do sonho aponta a direção em que o enredo se desenvolveu. Ter sido informada – sem que se especifique o informante – é algo que fala de uma abertura para o conhecimento (em geral), ainda que a aquisição de certos saberes possa desestabilizar o estágio atual do desenvolvimento psicológico da sonhadora. É o caso, a propósito.

O sonho (cada sonho, todo sonho) revela o estágio atual das relações entre consciência e inconsciente. Como se apresenta, aqui, esse arranjo, na vida de Teresa? Vejamos.

A mesma mulher que, no sonho, confronta o leão de chácara e disso se vangloria é a mulher que, com seu método peculiar, antecipa-se à leitura que o psicoterapeuta faria de seu sonho, ou de seu comportamento no sonho (possivelmente por temê-la, ou por desejar prescindir das intervenções do outro em sua vida, por motivos que ainda estão por ser investigados). Comporta-se como quem se gaba dessa postura, exercendo com isso uma espécie de jactância defensiva. Ela é, também, a mulher que compra a comida e a bebida, além de lavar a louça sozinha. Algo ainda embrionário em sua psique queixa-se do abuso do outro, embora expressamente a sonhadora o negue, mas, no estágio em que se encontra em seu desenvolvimento psicológico, prefere ocupar-se com todos os cuidados envolvidos a ter de renunciar à posição (de poder, podemos supor) que o expediente lhe confere. Tal como se estrutura, a situação relacional não é justa (afinal, abusos não contemplam a justiça), porém é desejável, digamos, certamente em razão de trazer algum benefício. Qual seria?

O conteúdo do sonho traz pistas que apontam numa direção específica: a tentativa de eternizar de um padrão matriarcal, em contraposição a (ou, no mínimo, em contraste com) um padrão patriarcal de inclusão do outro. "A mãe" cuida, significando que se ocupa com o que "os filhos" irão comer e beber, além de dispensá-los do desagrado de fazer a limpeza após o encontro. Isso a torna poderosa, ao mesmo tempo que compele todos os demais a ficarem aprisionados a ela – quer por gratidão, quer por ingênua submissão. Trata-se de um poder que se apresenta travestido de amor. A faceta perversa desse amor, no entanto, escapa tanto à percepção dos "filhos" (ou não se renderiam aos favores "maternos"), quanto à percepção da própria "mãe", que resiste ao ingresso no dinamismo patriarcal e encontra para isso um forte álibi: o amor, a generosidade, o dar sem precisar receber em troca. Numa cultura como a nossa – matriarcal em seus fundamentos e patriarcal em seu modo de produção – esse álibi é não apenas forte, como também frequentemente visto como imbatível e isento de qualquer restrição. Para os parâmetros da cultura (se e quando ingênuos), onde está o amor, não pode incidir qualquer crítica.

É possível que, como filha, Teresa tenha experimentado ocupar o lugar de "outro" na relação estrutural com uma mãe perversamente amorosa, nos termos aqui expostos. Identifica-se, então, com a agressora para magicamente ver-se livre dos efeitos anuladores e impotencializadores das ações maternas. Passa adiante "o mico", para usar um termo popular, submetendo o outro a sua inconsciente perversão (aos moldes de um complexo materno) e eternizando, com isso, o padrão relacional conhecido numa relação matricial em sua vida.

A mesma dinâmica se expressa no contexto transferencial: a sonhadora aprisiona o analista ao padrão vigente em sua consciência, compelindo-o a ser impotente e submisso ao poder feminino, qualquer que seja o lugar estrutural por ele ocupado no par relacional (e na dinâmica transferencial): pai, filho, esposo, mestre, discípulo, bruxo, mago, tolo.

Ainda que exista um poder contido nessa posição, do qual Teresa pode eventualmente se nutrir, resta ainda indagar como o outro é por ela percebido – entenda-se o outro *genericamente*, isto é, todo outro, cada outro, uma vez que amigos e psicoterapeuta são indiscriminadamente mantidos sob seu jugo. Quais são os perigos ou ameaças representados pelo outro, justificando que Teresa se antecipe a ele (comprando o alimento, ali, e fazendo a leitura interpretativa do sonho, aqui)?

Parte da resposta consiste nisto: o outro é uma ameaça à manutenção da posição de poder ocupada por Teresa, uma vez que é temido como antagonista (ou usurpador, agressor, abusador) – condição que ilustra uma das formas ou funções que o *animus* pode assumir na psique de uma mulher, quando lesivo: manifesta-se como um silencioso e irrefletido (porém, passível de ser inferido) pressuposto inconsciente, ou seja, algo que é tomado como certo, ou óbvio, sem que se o tenha submetido ao exame crítico da reflexão. O outro, assim, é visto como antagonista e ameaçador por "default", como se diz no linguajar da informática.

Outra parte da resposta pode ser obtida num exame da rota arquetípica do desenvolvimento: os arquétipos regentes das diversas instâncias do desenvolvimento psicológico dos seres humanos dispõem de uma característica *aderente*, ou seja, eles resistem a mudanças e se opõem ao advento do arquétipo subsequente, com ele antagonizando. Na psique de Teresa, o arquétipo materno antagoniza com o paterno, como tão bem ilustra seu sonho (o personagem da sonhadora desautoriza as ações – paternas – do guardião da porteira). Ainda assim, é surpreendente que uma dinâmica primária permaneça tão fortemente teimosa na psique de uma mulher instruída, bem formada, possuidora de numerosos recursos. Uma explicação possível para a presença paradoxal da dinâmica matriarcal em sua conduta é a adesão (fundamentalista, digamos) à ideologia materna – justamente porque perversa – e a compulsória lealdade a ela como forma de manter-se protegida de sua destrutividade, de sua força anuladora ou aniquiladora, de sua ditatorial hegemonia. O pai anulado e desautorizado pela mãe na psique de Teresa consegue embrenhar-se pelas veredas do inconsciente de forma subversiva em direção à consciência da sonhadora, assumindo, para isso, uma função que, em razão de sua natureza, tem condições de se manter a salvo dos esforços aniquilantes da mãe: o *animus* personificado pelo leão de chácara. O fato de ser uma figura de *animus*, não uma figura de pai, confere a essa personificação uma prospecção otimista: uma vez que é regente do dinamismo de alteridade na psicologia do desenvolvimento feminino, o *animus* transcende a polaridade mãe-pai e guarda em si uma oportunidade de síntese, ou uma condição mais simétrica.

Uma terceira – mas, certamente, não última – parcela de resposta à mesma questão (quais os perigos representados pelo outro) consiste nisto: se Teresa se rende ao padrão democrático representado pelo dinamismo de alteridade (ou seja, se estabelece um diálogo com o psicoterapeuta, ou se racha as despesas da festa com os amigos, incluindo-os de modo fraterno), ela necessariamente adentrará a região do conflito, que é o cerne do dinamismo de alteridade, isto é, "eu" e "outro" estarão em igualdade de condições, compartilhando o poder e colocando suas diferenças em posição dialógica. Adentrando a região do conflito, entendida genericamente, descortinar-se-á uma miríade de conflitos usualmente mantidos sob a guarda de fortes defesas. Entre eles, certamente, deflagrar-se-á o conflito entre a mãe e o pai da psique, pelo menos em parte inspirados e instaurados pelas influências da mãe e do pai reais da sonhadora, ainda que não exclusivamente. Pai e mãe, afinal, são mosaicos psíquicos formados por todos aqueles e todas aquelas que desempenharam papéis e funções parentais na vida de uma pessoa, além de todos os conteúdos inusitados, potencialmente contidos na totalidade psíquica, e que anseiam por ser constelados. Esse conflito entre as figuras parentais no interior da psique necessariamente colocará em questão a lealdade de Teresa à mãe, ativará um movimento psíquico capaz de retirar Teresa dos parâmetros em que habitualmente encontra-se imersa e, igualmente importante, a preencherá com algo mais interessante e evolutivo do que o poder associado ao arquétipo em sua faceta aderente, a saber: maior autonomia, maior e melhor vivência de potência – não de poder – como mulher no mundo e nas relações. Essa desestabilização é necessária para desencadear evoluções na psique de uma mulher, ainda que desperte temores.

Sem temores, não é possível viver. Resta à pessoa, então, a chance de escolher qual temor será privilegiado em seu roteiro de vida: num extremo, o temor de seguir adiante; em outro, o temor de permanecer onde está. Caso não seja possível escolher, costuma haver outro destino para essa dificuldade: a própria psique escolhe (função do *Self*, não do ego) privilegiar o temor que melhor honre seus desígnios – condição alcançada quando se teme permanecer onde se está. A estagnação se assemelha à morte e ao definhamento, por isso é temida. Diga-se de passagem, o colocar-se em movimento se assemelha à loucura, por assim dizer, e, por isso mesmo, também é temido. São esses os dois grandes e principais temores experimentados pelos seres humanos. Mas a "loucura" (bem como o temor a ela associado) tem a vantagem de ser "grávida" de possibilidades interessantes, de novos padrões de vida, ao passo que a morte e o definhamento têm desenlace certeiro. Temê-los é sabê-los inexoráveis.

Dispomos agora de elementos suficientes para retomarmos uma indagação proposta no início do desenvolvimento deste raciocínio clínico: qual seria o benefício obtido por Teresa ao tolerar abusos? O ganho está em que, com a modalidade de abuso por ela governado e gerenciado, Teresa se protege de padrões ainda mais terríveis de abuso, tais como os que provavelmente ela conheceu na relação com o(s) abusador(es) original(is) de sua vida. Se, por um lado, as relações de fato continuam sendo de dominação, é também verdade, por outro, que nelas a afetividade, o Eros, a generosidade, o bem-querer, a abundância e os bons tratos também podem circular livremente e com "vantagem": encontram-se sob a guarda, a tutela e o controle de Teresa.

Pais muito severos, cruéis – ou, de alguma forma, implacáveis –, costumam dar margem à formação de filhos "bons", amorosos, devotados. São tentativas e esforços que a psique faz no sentido de, no plano interpessoal, com esses expedientes amorosos, adoçar o amargo e o pontiagudo presentes na atitude das figuras mais velhas e poderosas, quando esse é o caso. É o que frequentemente se observa quando a família é examinada como um sistema (*Self* familiar). No plano intrapsíquico, analogamente, a psique tenta encapsular e manter fora de cena a destrutividade como atributo da própria personalidade. Mantida afastada por repressão, essa dimensão "engorda", isto é, aglutinam-se em torno dela conteúdos a ela assemelhados, dando ensejo à formação de um complexo. É justamente esse complexo o que se apossa do personagem da sonhadora no momento em que, no sonho, ela aborda o leão de chácara de modo a anulá-lo (culminação ou peripécia, a terceira instância estrutural do sonho). Esse funcionamento é análogo à posição da sonhadora na vida de vigília, ou seja, um ego "engolido" pelo complexo materno, ou com ele identificado. Os comentários jactantes da sonhadora na sessão analítica pretendem conferir ao complexo o valor de um recurso egoico, com o propósito de justificá-lo e atribuir-lhe um caráter evolutivo. Não é isso o que se pode aferir, como se evidenciará adiante. De qualquer maneira, o cerne das atitudes de um sonhador, tal como ele se apresenta no sonho, é o mesmo de suas posições e hábitos conscientes. O sonho cumpre a função de exacerbar e tornar mais nítida, senão caricatural, essa perspectiva egoica, tal como ela já se apresenta na vida de vigília e na personalidade consciente, ou relativamente consciente, do sonhador. Portanto, não há novidade alguma na posição ocupada pelo sonhador em seu próprio sonho. Qualquer conteúdo a se desenvolver e a ser constelado, ou trazido à consciência e integrado, expressar-se-á através dos demais personagens e elementos do sonho. Em especial (mas não exclusivamente), os personagens masculinos nos sonhos de mulheres personificam o *animus*. Tão mais verdadeiro isso será quanto mais da ordem do coletivo for o significado do personagem (como é o caso do sonho aqui examinado, ou seja, não é João nem José; é um leão de chácara: algo impessoal, tomado do coletivo em razão de exercer uma função importante), conforme indicou Jung. A *anima*, diferentemente, é mais "pessoal".

O cenário do sonho é o sítio *do pai*. Essa expressão circunscreve o âmbito temático e o contexto em que se passa o drama (exposição). O leão de chácara, consequentemente, uma vez que é estranho à sonhadora (não é um de seus convidados), mas encontra-se presente no enredo, pode ser visto como um elemento subsidiário, um derivado, ou um auxiliar do pai. Considerando-se que o dinamismo patriarcal permanece ativo e prepondera em larga escala por um grande número de anos na vida de uma pessoa, suas funções parciais costumam ser exercidas (governadas, ativadas, regidas) por "arquétipos auxiliares" do arquétipo paterno (dele diferenciados), ou a ele solidários. É o caso do arquétipo do herói e da heroína, bem como o do mestre, dentro da dinâmica mestre-aprendiz (embora distinta, análoga à dinâmica pai-filho ou filha). A impressão que se tem é que o leão de chácara dá corpo a uma função paterna importante o suficiente para merecer uma personificação. Ao se personificar, porém, ele se distingue do pai (graças à *separatio* alquímica), com amplas vantagens para a psique. Sua tarefa no enredo consiste em, à luz de algum critério não elucidado pelo *script* do sonho, selecionar os convidados que podem entrar na festa de aniversário. Pela notícia que se tem, essa função está bastante ausente na vida de Teresa. O apartamento em que ela vive é "a casa da mãe Joana", como se diz popularmente. Entra quem chega; vem quem quer. O acolhimento é ampla e genericamente indiscriminado. O comportamento de Teresa para com o personagem deixa claro que, mesmo havendo indícios de que esse conteúdo psíquico – a seletividade, a criteriosidade – se avizinha da consciência (o simples fato de Teresa ter sonhado com o personagem delibera sobre essa aproximação), ela exerce para com ele grande força de aniquilação e o faz não como autora de uma intervenção (função egoica), mas como um ego engolfado por um complexo, conforme comentei nos parágrafos anteriores – tanto dentro do sonho quanto na vida de vigília, como tão claro deixou o discurso dela na sessão analítica. Ela resiste, pode-se concluir. O conteúdo *aderente* (poder matriarcal, indiscriminação, ausência de critério racional [lei paterna] e presença de critério matriarcal ["lei" matriarcal, ao estilo "disponibilize-se a abundância para todos, indiscriminadamente"]) impera e opõe-se a expedientes patriarcais. Importa, ainda assim, o fato de que todo complexo é portador de um desejo genuíno, que há de ser desvendado, levado em conta, considerado. A escuta de um desejo não deverá coincidir com a gratificação desse desejo, pois esse estado de coisas faria lembrar a concupiscência e requereria uma calcinação (enxugamento das paixões e apetites instituais) para se humanizar. Considerar um desejo deverá incluir o reconhecimento dele e a escolha criteriosa de "se e como", ou "se, como e quando" ele poderá ser também gratificado. A escuta correta de um desejo deverá incluir a capacidade de ouvir simbolicamente, isto é, requererá a frustração (calcinação) da tendência a tomar o significado literal do desejo como a melhor expressão possível para ele. A presença de um ouvinte objetivo e mesmo técnico pode contribuir para que se contorne a dificuldade. É o que caracteriza a especificidade da escuta analítica.

A sutileza da linguagem do inconsciente dá conta de operar outra distinção entre coisas da ordem da mãe e coisas da ordem do pai: de um lado, a concretude da mãe (comida, alimento, louça), o que se evidencia, entre outras coisas, pelo simples fato de a sonhadora se ocupar – na vida e no sonho – com a realização material de seus desígnios; e, de outro, o caráter espiritual das intervenções paternas, uma vez que o pai entra em cena apenas como presença elíptica (o dono do sítio) e conceitual (o leão de chácara e sua função). A tendência literalizante da psique é semelhante ao aspecto aderente do arquétipo predominante (no caso, o materno), que de tudo faz para evitar os esforços de sublimação (objetivação, apreensão conceitual, espiritual) do arquétipo que se insinua no sonho de Teresa: o pai, como uma possível representação para aspectos parciais do princípio masculino.

Entretanto, faz diferença para o desenvolvimento psicológico de uma mulher que Pai e *animus* se diferenciem (*separatio*). Se o *animus*, como força estruturante, permanecer contido no Pai ou for por ele engolido, haverá prejuízo para o desenvolvimento psicológico da mulher. (Analogamente, é problemático para o homem quando Mãe e *anima* coincidem, ou quando a segunda permanece contida na primeira. É necessário que essas dimensões sejam distintas, ou o homem não se desenredará do domínio materno.) No sonho, depreende-se que o leão de chácara seja um elemento do universo do pai, ou um elemento do sítio, que pertence ao pai. Contudo, não é o pai que se envolve pessoalmente com a função, diferentemente do que acontece com a sonhadora no plano onírico (enfrentamento) e na vida de vigília (provisões, limpeza da louça).

A função do leão (o animal) no feudo é a defesa do território. A muralha simbólica que o delimita é instaurada pelo fedor da urina com a qual o felino cerca a área. Um leão de outro feudo não ousa transgredir a barreira, ou terá de enfrentar a ira do patriarca. Os leões esculpidos e colocados no alto dos pilares à entrada de propriedades rurais são "leões de chácara" e deram origem à expressão, também comumente empregada para nomear a função dos porteiros de clubes, boates e semelhantes. Eles filtram a entrada dos frequentadores e protegem os locais de invasões indesejadas.

A sonhadora avalia como negativa a participação do leão de chácara no enredo do sonho e, em razão disso, procura eliminá-lo e cancelar o efeito de suas ações. Os ensinamentos de Jung sugerem um expediente importante em ocasiões como a que aqui é examinada: deve haver algo de positivo, relevante e necessário para o desenvolvimento psicológico da pessoa (aqui, a capacidade de diferenciar, discriminar, selecionar) justamente no conteúdo avaliado pelo sonhador como negativo – da mesma forma como deve haver algo de lesivo, inoportuno ou impeditivo no conteúdo avaliado como positivo pelo sonhador (no caso, a indiscriminação com que os visitantes são acolhidos, com o álibi de que isso é expressivo de grande amor e grande generosidade). As defesas habituais impedem o sonhador de avaliar com isenção e objetividade o conteúdo de seus próprios sonhos. Daí a importância da presença de um interlocutor. Por ser outra pessoa, o analista (quando é o caso) tem melhores condições de driblar os esforços de boicote inerentes ao plano das defesas, inserindo, em lugar delas, uma nova modalidade de proteção: a defesa dos interesses da totalidade, impedidos de transitar com liberdade em razão das dificuldades do sistema ego-consciência. A libido pertencente a esse conteúdo fica refém das defesas habituais e a falta que faz na (e para a) consciência pode ser medida pelo sofrimento da pessoa. No caso de Teresa, a queixa que o analista "ouviu" (captou por intuição) indica que os sentimentos (avaliações) mais restritivos (críticos) da sonhadora estão fora do campo da consciência, pois são qualificados (pela mãe da psique) como mesquinhos, em contraposição à generosidade atribuída ao coração da sonhadora. Em outras palavras, criteriosidade patriarcal e seletividade, precariamente indicadas pelos sentimentos encapsulados da sonhadora, são vistas como sombrias, portanto indesejáveis. No *setting* terapêutico, esses sentimentos voltaram a ganhar um *status* de legitimidade por terem surgido contratransferencialmente como experiência subjetiva do psicoterapeuta: ele experimentava sentimentos de castração (matriarcal) que lhe pareciam descabidos e indevidos, devendo, portanto, ser debelados. Internamente, revoltava-se contra a sonhadora, que os exercia para com ele, paralisando-o. Era um abuso. A interpretação (*Você se sente abusada*) não foi prontamente aceita, mas deu voz a um sentimento que ela de fato experimentava, embora só conseguisse atuá-lo (*act it out*) na transferência, em razão de ser inconsciente ou apenas parcial e relativamente consciente. Aderir ao pai é algo sentido e temido como uma heresia aos olhos da regência materna da psique. Numa tentativa de manter-se a salvo dessa possibilidade (temerosa, talvez, das punições que, na fantasia da sonhadora, poderiam advir de ato tão desleal), Teresa de tudo faz para manter o analista tão aprisionado à mãe (à mãe nela) quanto ela mesma. O manejo da situação transferencial requer, da parte do psicoterapeuta, a difícil habilidade de ressignificar a dimensão materna para Teresa: há uma modalidade de mãe profundamente amorosa e generosa que, no entanto, é "casada" com o pai, sem que necessite antagonizar com ele (os rumos de uma possível leitura "correta" do desejo contido no complexo). Para que não se desperdice o esforço feito pela própria psique de Teresa (ao produzir o sonho, digamos), o psicoterapeuta precisa romper com a barreira defensiva e honrar o pai da psique da analisanda, sem com isso desqualificar a mãe.

Ao lado disso, o corpo de Teresa sugeria que ela concretizava em seu organismo o padrão indiscriminado aplicado a outras inclusões (distintas do alimento). É provável que não se ocupasse com a seleção dos alimentos que deveriam ser ingeridos. As (não muito maiúsculas, mas ainda assim assumidas) queixas sobre seu sobrepeso e os planos para livrar-se de excessos nesse quesito não dão margem a qualquer dúvida relativa ao assunto.

Na qualidade de função da consciência, o sentimento é responsável pela dosagem na inclusão e na exclusão (de pessoas, situações, eventos etc.) na vida de uma pessoa. Indivíduos talentosos no emprego dessa função não costumam errar nesse quesito, pois são bons avaliadores. Bons pensadores, diferentemente, justamente por não terem a função sentimento tão desenvolvida quanto o pensamento, com frequência erram em inclusões: perigosa e imprudentemente, trazem para dentro de suas vidas e para dentro de suas casas, de seus trabalhos, de seus investimentos, enfim, pessoas e coisas que poderiam e deveriam ser mantidas a protegida distância. Reciprocamente, excluem além do que deveriam pessoas e coisas que poderiam ter alguma participação em suas vidas, dentro de uma margem de risco suficientemente protegida. A julgar por esse critério, seria de se esperar que a sonhadora tivesse uma função pensamento bem diferenciada, ao passo que a função sentimento conservaria um desenvolvimento bastante precário em sua psique, mas não é isso o que se observa. Pelo que tudo indica, o exercício do sentimento em Teresa parece ainda não ter se retirado da região e da regência matriarcais do desenvolvimento, não merecendo, portanto, o *status* de "função racional". É ainda algo experimentado no plano das emoções, portanto associado a processos primários. O processo analítico é o que, em parte, desencadeia a função reflexiva capaz de fazer a emoção (dado primário) evoluir ao estágio de sentimento (processo secundário; portanto, função racional), segundo os critérios contidos nos estudos tipológicos de Jung. O manejo transferencial, consequentemente, requer que o analista inclua o plano dos sentimentos na leitura do significado do sonho e incentive Teresa a cassar o ilícito poder da mãe, sem destituir-lhe a capacidade amorosa. Por não ter sido "convidado para a festa", o leão de chácara lá se apresentou para exercer sua função no portal da consciência, com o propósito de levar a sonhadora a tomar acordo de sua presença na psique, admiti-lo, reconhecer-lhe o valor e oferecer-lhe uma fatia de bolo – não para seduzi-lo, como talvez recomendasse o aspecto aderente do arquétipo materno, na tentativa de anulá-lo ao aparentemente absorvê-lo, mas para premiá-lo com sua verdadeira aceitação e incluí-lo como ferramenta integrante do acervo de sua consciência.

Epílogo

Vinte e poucos anos depois de ter conhecido o sonho que aqui examinei, procurei pela sonhadora para pedir-lhe permissão para publicar um texto que focalizaria o sonho oriundo de seu material clínico. Muito gentilmente, ela me autorizou a utilizar o episódio clínico que envolvia o sonho e expressou sua concordância com as seguintes palavras: "bom saber que minha alma poderá contribuir para elucidar esse tema!". Em seguida, agradeceu-me pelo cuidado que tive em solicitar-lhe permissão.

Pois bem, bom saber, querida sonhadora, que o padrão de inclusão do outro em sua vida tenha encontrado patamares tão evoluídos, sem que se perdesse sua autêntica generosidade. Uma bênção e um privilégio. Sou imensamente grato.

Referências bibliográficas

BOSNAK, R. *Sonhos de um paciente com AIDS*. São Paulo: Paulinas, 1993.
BYINGTON, C. *Desenvolvimento da personalidade. Símbolos e arquétipos*. São Paulo: Ática, 1987.
EDINGER, E. *Anatomia da psique. O simbolismo alquímico na psicoterapia*. São Paulo: Cultrix, 1990.
FREUD, S. *A interpretação dos sonhos*. Obras Completas. Vol. 1. Madri: Biblioteca Nueva, 1981.
GALLBACH, M. R. *Aprendendo com os sonhos*. São Paulo: Paulus, 1995.
HALL, J. A. *Jung e a interpretação dos sonhos. Manual de teoria e prática*. São Paulo: Cultrix, 1985.
_____. *A experiência junguiana. Análise e individuação*. São Paulo: Cultrix, 1988.
JUNG, C. G. *O homem e seus símbolos*. Rio de Janeiro: Nova Fronteira, 1964.
_____. *Memórias, sonhos e reflexões*. Rio de Janeiro: Nova Fronteira, 1975.
_____. *Estudos sobre psicologia analítica*, vol. 7. Obras Completas. Petrópolis: Vozes, 1981.
_____. *Dream analysis*. Princeton: Princeton University Press, 1984.
_____. *A prática da psicoterapia*, vol. 16. Obras Completas. Petrópolis: Vozes, 1988.
_____. *A dinâmica do inconsciente*, vol. 8. Obras Completas. Petrópolis: Vozes, 1991.
_____. *Tipos psicológicos*, vol. 6. Obras Completas. Petrópolis: Vozes, 1991.
_____. *Os arquétipos e o inconsciente coletivo*, vol. 9-1. Obras Completas. Petrópolis: Vozes, 2000.
LIMA FILHO, A. *Gestalt e sonhos*. São Paulo: Summus, 2002.
_____. *O Pai e a psique*. São Paulo: Paulus, 2002.
NEUMANN, E. *A criança*. São Paulo: Cultrix, 1991.
SANFORD, J. A. *Os sonhos e a cura da alma*. São Paulo: Paulinas, 1988.
_____. *Os parceiros invisíveis*. São Paulo: Paulinas, 1986.
SILVEIRA, N. *Jung – vida e obra*. Rio de Janeiro: Paz e Terra, 1997.
STEVENS, A. *Jung – Vida e pensamento*. Petrópolis: Vozes, 1993.
VON FRANZ, M.-L. *A interpretação dos contos de fada*. São Paulo: Paulinas, 1990.
_____. *O caminho dos sonhos*. São Paulo: Cultrix, 1992.
VON FRANZ, M.-L.; HILLMAN, J. *A tipologia de Jung*. São Paulo: Cultrix, 1990.

8.

O CASAL FERIDO: O TRABALHO COM OS SONHOS COMPARTILHADOS NA CLÍNICA DE CASAL COMO VIA DE ELABORAÇÃO DA TRAIÇÃO

Maria Silvia Costa Pessoa[1]

Trair é sair da ordem e partir para o desconhecido.
(Milan Kundera, A insustentável leveza do ser)

Introdução

Este capítulo trata da questão do sonho na clínica de casal como recurso técnico de análise para elaboração de um material traumático. Apresenta fragmentos de um caso clínico cujo conflito envolve a vivência da traição conjugal e, por meio deste, mostra como o sonho pode ser uma maneira de ampliar o conflito e sair de uma situação restringida pela equação traído *versus* traidor.

Na relação íntima entre duas pessoas, baseada em expectativas de completude e reunificação, a experiência das diferentes formas de traição resulta em diversas consequências, devido ao impacto que pode causar na

---

[1] Psicóloga, terapeuta de casal e família, com mestrado em Comunicação e Poéticas Visuais pela Unesp, em Bauru. Doutora em psicologia clínica pela PUC-SP, analista junguina membro da Sociedade Brasileira de Psicologia Analítica, SBPA.

vida pessoal do traído, do traidor e no relacionamento entre eles.

A conjugalidade está considerada como uma das várias formas de totalidade de experiências humanas e é movida por forças arquetípicas que estão constantemente conectadas com nossos dramas pessoais, familiares, culturais e universais.

Do encontro entre duas pessoas surge um terceiro elemento: o "nós", que precisa ser construído e cuidado. Cabe a cada casal criar seu modelo único de ser com um espaço de crescimento dinâmico e flexível para ambos (Guggenbühl-Craig, 1977).

Jung (1991b), quando escreve sobre o casamento como um relacionamento psicológico, reconhece-o como um vaso propiciador de um espaço privilegiado para o processo de individuação, no qual cada cônjuge, através do espelhamento, pode lidar com os temas ligados à vida humana, como nascimento, apego, separação, individualidade, morte e renascimento. Ele cita também que uma relação equilibrada somente pode existir quando existe a diferenciação entre o eu e o outro. Essa diferenciação necessita ser buscada, pois a natureza das motivações inconscientes que envolvem a escolha do parceiro precisa ser reconhecida e discriminada constantemente (Jung, 1991b).

A traição é um fenômeno complexo presente na história da humanidade. Ela é relatada nos mitos, nos contos de fada, na religião. A traição envolve a transgressão dos limites, a separação e a superação. Desse modo, inevitavelmente traímos e somos traídos. Traímos o outro e traímos a nós mesmos (Carotenuto, 1997).

Como parte do processo de individuação, a traição como transgressão é necessária para o renascimento e para o crescimento. Porém, apesar de ser um fenômeno arquetípico, isto é, pertencente à natureza humana e portanto, universal, a traição pode ser vivida com muita dor e demandar um grande trabalho psíquico a ser superado, ressignificado, elaborado e integrado.

A traição a si mesmo pode ser sentida como a maior de todas as traições. Por essa razão, penso ser preciso confrontar o conflito e suportar a ambiguidade que esse conflito acarreta, para que, finalmente, de modo consciente, se possa fazer a melhor escolha possível. Dessa maneira, cada parceiro estará colocando mais alma no casamento através de uma experiência significativa.

Jung (1991a, 2001) desenvolveu o conceito de individuação, que diz respeito à realização melhor e mais completa possível das qualidades do indivíduo por meio da conscientização de suas potencialidades e limitações. Para ele, os sonhos, como mensageiros do inconsciente, têm uma função fundamental nesse processo, o qual ocorre por meio do diálogo contínuo entre o mundo consciente e o mundo inconsciente (Jung, 2001, 2007).

Assim, inserir os sonhos dos parceiros na terapia de casal consiste em ajudá-los a ouvir sua voz interior e seguir em direção à individuação. Como escreve Von Franz (1997, p. 205): "Quanto mais nos tornamos um indivíduo único, mais nos individuamos no sentido junguiano do termo e mais podemos ver o outro como um ser único, sem juízos estereotipados".

Como um fenômeno natural e espontâneo da psique, os sonhos apontam para algo que ainda não chegou à consciência. Jung escreve: "[...] um autorretrato espontâneo, em forma simbólica da situação presente do inconsciente" (Jung, 2000a, par. 505).

Os sonhos são como uma série de imagens aparentemente contraditórias e incoerentes, mas seu conteúdo, quando apreendido pela consciência, apresenta um sentido mais claro. Esse conteúdo busca sua expressão e integração na consciência por meio dos símbolos.

O símbolo é a linguagem própria do inconsciente e, segundo Jung, nós não a entendemos, pois devido à nossa racionalidade estamos distanciados da natureza instintiva da psique. Em razão disso, as imagens oníricas são inicialmente enigmáticas e só adquirem sentido quando percebidas sob o prisma do inconsciente. Para a compreensão dos símbolos que se apresentam à consciência, é necessária uma disposição consciente, e esse é o desafio, pois sabemos quanto o ego, como centro da consciência, está distante da realidade do inconsciente (Jung, 1991b).

O sonho relatado no *setting* terapêutico apresenta um caminho de análise dos conteúdos inconscientes compartilhados pelos parceiros cuja função é buscar o equilíbrio e apontar aspectos que precisam ser confrontados, elaborados e integrados.

Nell (2005) enfatiza a importância de um trabalho com casais que considere tanto o inconsciente pessoal como o inconsciente coletivo dos parceiros. Para a autora, uma vez que os sonhos criam pontes entre o mundo consciente e o mundo inconsciente, eles elucidam espontaneamente a questão central do relacionamento do casal e mostram o que é necessário para alcançar o equilíbrio.

A mesma autora descreve quatro razões para inserir os sonhos na terapia de casal. São elas: os sonhos mostram as conexões entre o comportamento observado e a dinâmica inconsciente; os sonhos lançam luz sobre os conflitos que causam tensão e projeção; confrontam cada parceiro com suas próprias características e com as raízes profundas de seus problemas, inclusive as dificuldades sexuais; e incitam *insights* na situação transferencial que facilitam as discussões sobre o relacionamento conjugal.

Assim, o trabalho com os sonhos pode ajudar o casal a ampliar a visão do conflito, a aumentar a autopercepção de cada cônjuge na participação da problemática do casal, revelar a disfunção do padrão da dinâmica conjugal e apontar as mudanças necessárias para a retomada do processo de individuação do casamento.

Caso clínico

A história do casal Rita e Paulo mostra que o sonho pode denunciar um sofrimento psíquico ligado à história de abandono e atualizado na relação dos dois por meio das projeções e identificações.

A projeção é um fenômeno natural da psique que envolve uma busca inconsciente dos aspectos de nós mesmos e nos guia em direção ao outro, possibilitando o encontro. Quando uma pessoa projeta suas qualidades desejáveis e/ou indesejáveis na outra pessoa, ela mantém inconscientemente contato com essas partes que lhe pertencem.

Benedito (1996) descreve dois movimentos distintos que envolvem o mecanismo de projeção: o criativo e o defensivo. Um pode preponderar sobre o outro em determinados momentos da relação. Na projeção defensiva, o indivíduo é impelido pela fantasia de buscar alguém que represente uma promessa reparatória para suas demandas inconscientes; sua visão do outro se apresenta difusa e indiscriminada. Já na projeção criativa há mais discriminação, e o outro pode ser visto com mais objetividade. Nessa condição, a escolha do cônjuge pode representar um caminho criativo para o desenvolvimento mútuo das personalidades.

Porém, um relacionamento baseado em projeções recíprocas não pode ter uma vida saudável e duradoura, pois em algum momento a vida conjugal pedirá que cada parceiro retire do outro aquilo que é seu, e então será preciso criar um espaço no casamento para que cada um possa ser ele mesmo, ser visto como pessoa única, com qualidades e defeitos e que não está à mercê do outro.

Como escreve Hollis (2002), por meio da projeção o casal enamorado, de forma mágica, se transporta ao paraíso e vive por um tempo delimitado, pois a quebra do estado da paixão é necessária para o desenvolvimento do processo de individuação do casamento.

Histórico do casal

Paulo (27) e Rita (30) estão casados há um ano, após sete de namoro. Eles trouxeram a seguinte situação conflituosa: Paulo teve um caso extraconjugal com uma mulher, amiga dos dois, que frequentava o mesmo grupo religioso que eles. Após alguns meses de casamento, Rita teve uma crise de pânico. Conta que nesse período estava trabalhando muito e se sentia sozinha, pois Paulo não a procurava sexualmente. Nessa época, teve um sonho no qual o marido a estava traindo com uma amiga do casal. Ao questioná-lo sobre o seu possível envolvimento com a pessoa, Paulo sempre negava. Somente depois de seis meses ele confirmou que teve um relacionamento afetivo extraconjugal, o qual teve início antes do casamento e só terminou um ano depois. Apesar dos conflitos, o casal não pensa em se separar e diz ter momentos muito especiais juntos.

Queixas e expectativas

Para Rita, o marido ainda não contou a ela tudo sobre o caso, o que a deixa intrigada e desconfiada. Ela diz: "Ele mentiu para mim e foi leal com a outra. Ele não revelou a história de uma vez, mas foi 'soltando' aos poucos, e eu fui adoecendo".

Segundo Paulo, Rita não consegue superar a situação, trazendo o fato à tona com frequência, o que torna a vida dos dois muito ruim. Ele diz reconhecer que não foi honesto com a esposa e que não contou nada antes, pois tinha medo das reações agressivas dela. Ele a considera uma pessoa muito íntegra, trabalhadora e amorosa, mas coloca que seu lado crítico atrapalha o relacionamento dos dois, pois sente que é difícil contentá-la.

Quanto ao que cada um espera da terapia, Paulo diz que espera que a esposa esqueça o que passou e volte a acreditar nele. Espera também que Rita possa se equilibrar mais emocionalmente. Rita diz que Paulo tem que parar de mentir para que ela possa voltar a confiar nele.

História pessoal

A família de origem de Paulo é formada pelos pais e um irmão. O pai, um militar aposentado, costumava trabalhar em outra cidade e, quando estava em casa, não conversava muito com a família. A mãe, mulher quieta e reservada, nunca trabalhou fora e sempre dependeu do marido para tomar as pequenas decisões do dia a dia. Paulo conta que em sua casa as pessoas se falavam pouco e, como na cozinha não havia uma mesa para fazerem as refeições juntos, cada um fazia seu prato, ia para seu quarto e comia enquanto via televisão.

Paulo se descreve como uma pessoa calma, alegre, mas com dificuldade de administrar seu tempo e dinheiro. Reconhece que Rita o ajudou a lidar melhor com suas dificuldades. Apesar de não ter tido uma vida sofisticada, sua família não passou por dificuldades financeiras; ele sente que não foi criado com disciplina e rotina. Seus pais não se preocupavam com os estudos nem com o futuro dos filhos.

Rita e seu irmão mais novo cresceram numa família com poucos recursos financeiros e passaram muitas dificuldades materiais e emocionais. O pai era uma pessoa boa e calma e trabalhava como pedreiro. A mãe, mulher emocionalmente inconstante, ficava em casa.

A paciente conta que ela e o irmão sofreram agressões físicas e verbais por parte da mãe, que junto com a avó materna deles, praticava rituais religiosos. Nesses dias, ela e o irmão ficavam na rua e nas casas dos vizinhos, pois a mãe não fazia comida e batia neles por qualquer motivo. Rita começou a trabalhar com nove anos, como empregada doméstica, e daí por diante foi arrumando empregos melhores.

O trabalho com os sonhos do casal

No trabalho com esse casal, foram realizadas dezesseis sessões semanais. Trabalhamos seis sonhos. A seguir, discorrerei brevemente sobre três sonhos para ilustrar como eles apontaram para o conflito do casal. Os sonhos foram trabalhados segundo o modelo desenvolvido em minha pesquisa de doutorado (Pessoa, 2011), que consta de três momentos.

A primeira fase, "Sonho do casal", trata de direcionar o trabalho com o sonho compartilhado por um dos parceiros no *setting* em direção ao relacionamento conjugal, colocando-o a serviço da relação. Essa fase conta com as seguintes subfases: contar o sonho, escolher o sonho para ser trabalhado, relatar o sonho duas vezes em voz alta e no tempo presente e dar um título para o sonho. A segunda, "Apreciação", refere-se à observação detalhada por parte do casal das imagens oníricas e dos temas que elas evocam. Utilizo os quatro momentos da narrativa dramática sugeridos por Jung (1984), que são: exposição, intriga, culminação e desfecho. E, finalmente, a terceira fase, "Reflexão", tem por objetivo o compartilhamento das percepções, ideias, sentimentos e *insights* do casal, no sentido de esclarecer os conflitos do relacionamento a partir do sonho trabalhado.

Primeiro sonho: "Traição"

Estou na cozinha, onde há uma porta de vidro separando-a do outro ambiente. Eu vejo o Paulo com essa pessoa; eles estão de mãos dadas, conversando e trocando carinhos. Daí, eu vejo os dois se beijando. Tenho a sensação de traição.

Rita teve esse sonho um mês após seu casamento, quando ainda não sabia que o marido estava mantendo um relacionamento extraconjugal com a amiga do casal.

Nas cinco primeiras sessões, ela sentiu necessidade de expressar sua dor de mulher que se sente traída, e por meio do sonho retomou com detalhes o fato ocorrido, expondo seus questionamentos sem esperar ouvir resposta do marido ou mesmo da terapeuta.

De acordo com Hollis (2002), existe a fantasia da imortalidade e a fantasia do outro mágico. Essa última está carregada da crença de que existe alguém que transformará nossa vida, tornando-a perfeita. O confronto entre nossa história pessoal e o outro imperfeito é muitas vezes doloroso e humilhante. Eis a razão de resistirmos tanto em tomar consciência dos motivos de nossas escolhas.

No relacionamento do casal, percebe-se a dificuldade que ambos têm de sair do lugar que ocupam na relação: Rita, com aspectos de um *animus* forte e negativo, apresenta-se como a responsável pela manutenção do casamento – logo, ela tem que ser uma mulher madura e séria. Paulo é aquele que está disponível para o outro, alegre e companheiro. Ambos também apresentam a outra polaridade: Paulo é irresponsável, volúvel e impulsivo; Rita, chata e controladora.

Nessa dinâmica do casal, a conjugalidade fica enfraquecida e prepondera a individualidade no relacionamento. Rita, por meio de suas vivências pessoais, apresenta-se como uma mulher que precisa se defender de sua fragilidade por meio do controle. Paulo também traz, como história pessoal, ter vivido dentro de um dinamismo patriarcal fraco e pouco discriminado. Ele cresceu num dinamismo matriarcal indiferenciado e levou essa bagagem vivencial para o casamento.

Nesse momento, o casal apresenta pouca disponibilidade para distanciar-se do arranjo fixado "traído e traidor". Rita fala de sua revolta em relação à atitude de Paulo e das lembranças relacionadas ao fato ocorrido. Muito identificada com seu próprio sonho, não consegue compartilhá-lo com o parceiro; logo, não há espaço para a terapeuta estimular o casal a atentar conjuntamente para a narrativa do sonho nem propor um trabalho com suas imagens (Pessoa, 2011).

> P.: Ela insiste em ficar perguntando. Eu não quero mais falar nisso. Se eu conto piora, ela se altera e isso não é bom pra gente.
> R.: Eu me altero um pouco porque eu queria colocar um ponto final nisso e ficar bem.
> P.: Tem coisas que não tem explicação, eu não sei como aconteceram.
> R.: Quando eu perguntava se ele queria se casar, ele respondia que sim, só que na época ele já estava me traindo. Se ele tinha certeza que queria se casar comigo, por que ele estava me traindo?

Nessa primeira fase da terapia de casal, o parceiro traído pode apresentar muita dificuldade para abordar a experiência da infidelidade vivida no casamento e costuma colocar-se numa postura ambivalente: ao mesmo tempo que quer aproximação, sente necessidade de se distanciar do outro.

O casal é confrontado por duas forças paradoxais: a individualidade e a conjugalidade. Cada um deseja compartilhar sua vida com o outro e também necessita preservar sua unicidade, sua individualidade.

Como uma gangorra, quanto mais o parceiro traidor teme as reações do outro, mais ele se distancia, deixando o parceiro traído mais potente com relação aos ataques defensivos. Rita expressa sua raiva e dor, e Paulo fica acuado, sem se posicionar.

Como terapeuta, precisei lidar cuidadosamente com a situação transferencial e contratransferencial. Na primeira, Paulo parece me pedir um suporte para se defender dos ataques de Rita; esta espera que eu me alie à sua dor.

Ao mesmo tempo que sentia empatia para com a dor de Rita, seu discurso pesado e repetitivo me incomodava. Por um lado, via a mulher ferida, que ama e quer ficar no casamento, mas que não encontra uma forma para acolher suas mágoas e prosseguir na construção da vida a dois. Por outro, sua fala ressoava em mim como um discurso acusatório e provocativo que parecia ter como única finalidade provocar em Paulo um desconforto semelhante ao seu, para assim alcançar um alívio apenas imediato. Nesse momento, eu a percebia como uma pessoa difícil e queixosa.

A postura de Paulo de querer "colocar uma pedra em cima do assunto" e sair rapidamente desse lugar, ou mesmo procurar dissipar o clima difícil por meio de uma postura descontraída, brincalhona, apesar de evidenciar sua imaturidade e dificuldade de olhar para o conflito, ressoava em mim como um alívio do incômodo que sentia ao confrontar a minha própria traição existencial.

Para Carotenuto (1997, p. 31) cada um de nós para ser fiel à nossa unicidade precisa conseguir se colocar no lugar dos dois protagonistas da traição. A individuação tem um preço que inclui exclusão e solidão. Ele escreve: "Devemos então perguntar-nos quem é o traidor e quem é o traído. Embora pareça duro e injusto, a vida do traidor e do traído se revela sempre a mesma, como se os dois fossem interpermutáveis: o traído merece ser traído e o traidor é obrigado a trair".

Somente na sexta sessão o casal expressou sua vontade de retomar o sonho. Após relatá-lo, Rita sugeriu o título: traição. Paulo concordou, dizendo: "Só poderia ser esse nome mesmo".

Seguem abaixo trechos da apreciação dos aspectos dos elementos oníricos:

T.: O que está acontecendo?
R.: Estou na cozinha, não sei se é na igreja ou em uma casa bem grande. Há um ambiente do outro lado da cozinha onde estão o Paulo e a "outra", "a dona da história".
P.: Eu imagino uma casa com outro cômodo sendo uma sala.

T.: Temos no sonho a casa e/ou a igreja. O que significa para vocês dois esses lugares?
R.: Eu penso, Silvia, que os dois lugares são sagrados. Eles têm funções diferentes, como, por exemplo, a casa acolhe a família e a igreja agrega muitas pessoas diferentes.
P.: Os fiéis.
R.: [Risos] E os infiéis.

T.: Como é o restante do cenário do sonho?
R.: Do outro lado da porta é um cômodo grande, uma sala, mas não vejo móvel nenhum lá. Um lugar vazio. Tem também a porta de vidro que está fechada e separa a cozinha dessa sala.

T.: Uma porta de vidro?
R.: Isso, um vidro muito transparente. De lá posso ver tudo muito nítido. Só sei que é uma porta, pois tem uma fechadura.

T.: E como você está no sonho?
R.: Estou parada em pé, só olhando Paulo e a menina. Eles estão do outro lado, juntos, se acariciando. Sinto-me extremamente sozinha nessa hora.

T.: Você fica em pé, parada?
R.: Acho que paralisada, melhor falando. Não saio de lá, não faço nada, só fico olhando os dois.

T.: E os dois?
R.: Eles estão de mãos dadas, se acariciando, um olhando para o outro. No final eles se beijam.

T.: Qual é o protagonista do sonho?
R.: Ela é a dona da história, mas acho que eu sou a protagonista.
T.: Como assim?
R.: Não sei, é confuso... As duas são protagonistas.

T.: Como os personagens estão posicionados em relação ao eu do sonhador?
R.: Ah, eu, no sonho, estou sozinha e isolada.
P.: Eu estou perto da menina e distante de Rita.

T.: O que isso evoca em vocês dois enquanto casal?
P.: Lembra quando você falou que no sonho as figuras que aparecem podem representar partes nossas? Então, o que está faltando para que eu e a Rita possamos ficar mais perto um do outro é poder ser mais carinhosos um com o outro.
R.: Isso faz sentido, pois, falando desse sonho agora, sinto que eu preciso enxergar mais alguma coisa; sei que tenho que aprender alguma coisa com tudo isso.

T.: Qual é a sua sensação no sonho?
R.: Me sinto distante, sozinha e abandonada.

T.: E do outro lado?
R.: É outro clima. Eles estão um com o outro, próximos e felizes. Eu estou fora disso.

T.: Paulo! Está tudo bem com você? Você gostaria de falar alguma coisa sobre o sonho?
P.: Não, na verdade, neste momento, posso me colocar no lugar da Rita e posso sentir o mal-estar dela.

T.: E como está sendo para você trabalharmos esse sonho desta maneira?
P.: Sei que não é fácil para nós dois tocarmos nisso, mas toda vez que Rita lembrava dele, eu só conseguia ver que a

gente não saía disso e pensava: "De novo!". Mas hoje sinto que ficou menos pesado falar sobre isso.

T.: E você, Rita?
R.: Eu também, eu acho que, com você, aqui, consegui falar desse sonho de maneira mais leve e ver algo mais além de estar sozinha e com raiva.
T.: Explica melhor.
R.: Ah, que eu preciso abrir aquela porta de vidro.

T.: Então vamos continuar com o sonho. Qual é a problemática do sonho?
R.: Quando vejo o Paulo, meu marido, com outra mulher.

T.: Qual é o clima do ambiente do sonho?
P.: Olhando pelo lado da Rita, o clima é tenso, de apreensão.
R.: Verdade. Para mim é de desmoronamento, de decepção.

T.: Qual é o ponto mais alto do sonho?
R.: Eu parada, ali, olhando tudo aquilo acontecendo, sem conseguir ir até lá, passar para o outro lado.
P.: Acho que é isso mesmo.

T.: Como o sonho termina?
R.: Eu não faço nada, fico parada do outro lado, eu, sozinha, com um monte de sentimentos ruins. É exatamente como eu me sinto no meu casamento, sozinha.
P.: Acho que é isso que temos de mudar no nosso casamento.

T.: Me explique melhor.
P.: Eu acho que enquanto a Rita ficar paralisada por essas lembranças, nada vai mudar, pois tudo na nossa vida gira em torno disso.

T.: Se movimentar em direção a ele?
R.: É isso, ocupar o meu lugar ao lado dele.

T.: É isso o que a protagonista poderia fazer, além de descobrir que está sendo traída?
P.: Tentar mudar a situação. Na verdade, eu estou tentando.

T.: Paulo, como é esse sonho para você?
P.: Pra mim, pude ver que eu e a Rita estamos distantes um do outro, como se ainda tivesse uma porta de vidro. Eu queria estar com a Rita carinhosa, que eu pudesse me aproximar.
R.: É difícil.
T.: Gostaria que vocês tentassem olhar a mulher do sonho como uma parte do sonhador. Como ela aparece para vocês?

R.: Ela parece estar feliz e tranquila ao lado de Paulo e não está "dando bola para nada".

T.: Bem diferente de você no sonho, não é?
P.: Muito.
R.: Diferente de mim na vida real mesmo. Eu sou uma pessoa preocupada e ansiosa.

T.: Ok. E o que o sonho poderia estar ilustrando para a situação atual de vocês dois?
P.: Sabe o que eu pensei? Que essas três personagens estão representando nós dois e que temos que fazer um arranjo com isso.

T.: Um arranjo?
P.: Não sei ao certo, mas sei que cada de um nós precisa sair desse lugar que o sonho mostra que estamos.
R.: Verdade.

T.: Vocês gostariam de falar mais alguma coisa?
R.: Eu gostaria de falar que eu gostei de contar o sonho e me sinto mais aliviada.

No trabalho com esse sonho, os parceiros puderam conversar sobre como cada um se percebia na relação, como se sentia tratado pelo outro e como tratava o outro.

Trabalhamos com a imagem do sonho em que Rita vê o marido trocando carinhos com outra mulher. Do ponto de vista subjetivo, o inconsciente utiliza a figura do parceiro para mostrar aspectos que estão projetados nele, que precisam ser retirados e reintegrados na pessoa do sonhador.

Separados por uma porta de vidro translúcido, os cônjuges podem ver um ao outro, mas não conseguem se tocar, ou seja, Paulo não acessa a mulher erótica em Rita e esta não consegue acessar o homem protetor e viril em Paulo.

Rita aparece sozinha, isolada, agarrada à razão e à justiça. Ao refletir sobre essa imagem e seu papel no casamento, Rita percebe quanto ficou distante de seu lado carinhoso, meigo e erótico ao se ocupar com todas as coisas práticas do casamento, de sua vida e da vida de Paulo. É essa a sua traição.

Já a figura de Paulo no sonho representa a outra polaridade, aquela que vive o prazer do momento e evita contato com as profundezas do relacionamento. Paulo, por sua vez, parece não estar maduro para o casamento. Ele está pronto para namorar; logo, não consegue facilitar o caminho de Rita, pois não está voltado para acessar o erotismo da esposa.

O sonho não apenas antecipou uma revelação, mas o trabalho com ele trouxe aspectos importantes da dinâmica da personalidade dos parceiros e da dinâmica conjugal.

A traição nos coloca diante de nós mesmos, dos nossos aspectos, e nos aponta a necessidade de discriminar o que é nosso que está refletido no outro. Por meio desse movimento, podemos compreender profundamente o sentido da fidelidade para com nós mesmos e para com o outro (Carotenuto, 1997).

Podemos entender a dificuldade de Rita em compartilhar o sonho que traz o triângulo amoroso para a terapia de casal. Não é fácil para ela olhar e ver quanto não tem conseguido ser amante, quanto tem abafado o próprio aspecto feminino e também quanto não sabe se pode contar com o companheirismo de Paulo. Como ela diz: "Ah... eu preciso abrir aquela porta de vidro".

O confronto com as feridas da história pessoal de cada um é inevitável, pois não há crescimento sem destacar o complexo do outro, em vez de se identificar com ele. Tal intercessão de consciência abre possibilidades para cada um lidar melhor com seus próprios complexos e transcendê-los. Então, a convivência pode tornar-se mais saudável.

Assim escreve Benedito (1996, p. 45):

> Na fase da decepção do relacionamento amoroso, em que a idealização do outro cai por terra, mas os parceiros ainda têm esperança de restaurar os sonhos do casamento perfeito, encontramos nos casais, de forma explícita, a projeção de conteúdos de complexos dirigidos ao parceiro. Uma vez que os conflitos intrapsíquicos inconscientes são substituídos por conflitos interpessoais, o caminho do confronto com o material sombrio projetado torna-se mais acessível.

Como sabemos, os complexos têm suas raízes nos arquétipos e atuam de forma dinâmica e autônoma. Assim, no casamento, muitas vezes eles se revelam na maneira pela qual um cônjuge se aproxima e se distancia de seu parceiro, de acordo com as vivências pessoais de temas arquetípicos que são evocados em determinadas situações conjugais.

O trabalho com esse sonho sinalizou o início do processo do casal, pois permitiu um diálogo mais aberto sobre as dificuldades de cada um e a maior flexibilidade para lidar com as polaridades traidor/traído. Trouxe também a questão do abandono, um denominador comum no vínculo conjugal. Cada um lida de um modo com o complexo de abandono. Paulo tem dificuldade de entrar em contato com o conflito e busca gratificar-se de outras formas, distanciando-se de Rita. Esta, por sua vez, tenta controlar a situação, pois acredita que, se corresponder adequadamente aos padrões sociais e às normas religiosas, ela merecerá ser correspondida.

Esse é o jogo do casal. E, como o sonho apontou, será preciso trair esse jogo e acessar a sexualidade, o contato prazeroso, o carinho, a lealdade, a cumplicidade e o afeto no relacionamento.

Como escreve Carotenuto (1997, p. 62) sobre os jogos no relacionamento interpessoal:

> Se nos meandros dos jogos sucede de se perder o senso das relações entre as pessoas, se neles a autenticidade própria é traída, é necessário morrer para eles.

Segundo sonho: "O encontro"

> P.: Eu e a Rita estamos no centro da cidade, quando encontramos duas amigas. Elas vêm nos cumprimentar. Está um clima alegre entre nós. Elas perguntam se estamos bem, nós respondemos que está tudo bem.

Esse sonho foi contado por Paulo, e o casal encontrou muita dificuldade para entrar em contato com seu enredo e escolher um título para ele. Rita parecia irritada e intolerante com o entusiasmo de Paulo em relatar o sonho na sessão. Paulo, animado e sem perceber o mau humor de Rita, sugeriu o título "Alegria".

A análise desse sonho nos remete ao conceito de sombra, uma instância psíquica do inconsciente que mantém proximidade com o inconsciente pessoal. Representa o lado obscuro da personalidade, do qual tendemos a manter distância, porém o confronto com a sombra é necessário, pois nos libera para aceitarmos nossa própria natureza de querer o bem do outro e a entrar em contato com o melhor e o pior que há em nós mesmos.

Como a escolha do parceiro envolve motivações conscientes e inconscientes ligadas às nossas histórias pessoais, quanto mais estivermos inconscientes de nossa sombra, ou seja, de aspectos que não reconhecemos em nós por julgá-los inadequados, mais eles interferirão nas escolhas que fazemos. A espontaneidade de Paulo e a rigidez de Rita fazem parte da sombra conjugal do casal.

A sombra, quando não integrada, torna-se potencializada e age, via complexos, de forma perturbadora e de difícil controle. Um entra no espaço do outro sem pedir licença, e, em momentos de crise, o ciúme, a inveja e a violência ultrapassam a medida, e a convivência pode se tornar insuportável.

Rita, ao ouvir o sonho, logo pensou nas diferenças entre ela e Paulo, e também no descompromisso do marido para com ela e as questões do casamento. Para ela, Paulo deveria ter pensado nela ao contar esse sonho na terapia, pois essas amigas eram amigas da moça com a qual Paulo teve um caso. Paulo comenta sobre quanto o lado controlador de Rita prejudica o convívio dos dois, pois, segundo ele, tudo a remete à traição. Ele diz: "E até meus sonhos ela quer controlar!".

Na apreciação dos conteúdos oníricos, destaco as colocações abaixo:

Sobre o clima:

P.: Eu vejo um clima bom no sonho, como na época em que eu e a Rita estávamos bem e nos encontrávamos com as pessoas. Era bom.
R.: Posso falar? Eu sinto um clima bom, mas não consigo me imaginar no sonho.
T.: Como assim? Você não se sente dentro dele?
R.: Não. É exatamente isso, como no outro sonho, eu me sinto de fora.

A imagem:

R.: Uma imagem do nosso casamento. Eu e o Paulo namoramos por sete anos, mas não conseguimos viver como casados, ter nossa vida e cuidar de nós. Não sei, mas pensei nisso agora.
P.: É verdade, sempre estivemos rodeados de gente...

A problemática:

T.: Há uma problemática na narrativa do sonho?
R.: Para o Paulo, não. Essa é a problemática [risos]. Ele não vê as coisas com seriedade; para ele, tudo é fácil de resolver – é só deixar pra lá.
P.: Sabe por que, Rita? Porque pra você tudo é pesado, difícil e você tem que controlar tudo. É isso que você quer?
R.: Só pensei em uma coisa, a diferença entre eu e o Paulo no modo de encarar a situação.

O sonho, em sua totalidade, mostra a dificuldade do casal de lidar com a maneira com que cada um interage com o meio social a que pertence. O casal percebeu que precisa respeitar o jeito diferente de cada um lidar com esse meio, que pode parecer estranho para o outro.

O sonho também trouxe a questão das polaridades vividas na dinâmica conjugal. Por meio dele, trabalhamos os polos negativos e positivos da postura descontraída e descompromissada de Paulo e da postura rígida e controladora de Rita.

Terceiro sonho: "Início"

A postura de Paulo, ao relatar o sonho, me pareceu mais séria. Ele estava concentrado nas imagens oníricas e se mostrava menos preocupado em impressionar a terapeuta e a esposa. Ele relata de forma clara e segura. Rita também participa do relato, escutando atentamente e cedendo espaço para Paulo se expressar.

P.: Eu estou em um terreno muito grande, de forma retangular, cuja frente tem uma parede. Atrás dessa parede, no terreno, há materiais de construção, como terra, pedra e areia. Em todo o tempo da obra eu estou junto com o pedreiro; estamos construindo uma casa. A Rita também está no terreno, só olhando eu trabalhar. Para pegar o material de construção, uso um "carrinho de pedreiro" e preciso dar uma grande volta, ou seja, ir até a rua, contornar uma parede, para apanhar os materiais. No terreno, eu e o pedreiro estamos montando quadradinho por quadradinho com barbantes e estacas. Eu olho e vejo o terreno quase todo quadriculado. Cada quadrado tem mais ou menos um metro; estão bem certinhos. No sonho, lembro que a Rita pergunta por que eu não pego o material que está ali perto de nós. Mas penso que isso não é possível, pois penso na parede. Então, para pegar o material, eu tenho que descer pelo terreno baldio ao lado, que está cheio de mato, pedra e entulhos. Em seguida, eu desço pelo terreno vizinho, saio na rua principal, contorno a parede, apanho o material, coloco no carrinho e volto pelo mesmo caminho em que vim. Lembro-me de que, no sonho, eu olho para todo o entulho e me parece difícil passar por ele. Eu falo: "Nossa! Como está difícil passar por aqui!". Nesta hora, estou com o carrinho vazio. Mas eu passava, pegava o material, voltava pelo mesmo lugar e continuava fazendo. Eu estou alegre e contente, e comento com o pedreiro que "hoje eu estou alegre, pois hoje a gente vai terminar tudo".

T.: Como foi o relato para vocês?
R.: Ouvindo o Paulo contar o sonho, eu consegui visualizar bem a imagem do terreno e tudo.
P.: Sim. Tudo ajeitadinho. E eu estava lá, ajeitando tudo, ajudando o pedreiro, fazendo esforço, construindo. Eu ia colocando o material para o pedreiro trabalhar.

No trabalho com as imagens oníricas, destaco os trechos abaixo:

T.: Como é o cenário da ação do sonho?
P.: Um terreno com uma obra de construção. Ele é retangular, com uma parede na frente. Ele está inteiro dividido em quadrados de um metro, mais ou menos, como aquelas marcações que o pedreiro faz com linha.

T.: O que tem no terreno?
P.: Material de construção como água, pedra, areia, terra e ferramentas tipo pá, martelo, estaca e barbante.

T.: Como você vê isso, Rita?
R.: Acho que sou eu mesma no sonho do Paulo. Mas eu tento ajudar, acho que eu quero ser prática, resolver.
P.: Mas não tem jeito, no sonho eu tenho que fazer daquele jeito, passar pelo terreno baldio, ir até a rua, passar pela parede e pegar o material e voltar.

T.: Trabalhoso. Não dá para pegar um atalho...
P.: Isso mesmo.
R.: Verdade; às vezes, a gente quer cortar o caminho... [risos].

T.: Como o sonho se desenvolve?
P.: Eu e o pedreiro estamos trabalhando bem, pois eu olho e vejo o terreno todo demarcado, o que me dá uma sensação de que as coisas estão caminhando.

T.: E o pedreiro?
P.: Não é uma pessoa conhecida. Ele trabalha o tempo todo e não fala nada. Mas é ele quem coordena a obra. Eu estou lá ajudando. Ele é o mestre de obra.
R.: Ele é uma pessoa mais velha que entende e está trabalhando ali com o Paulo.

T.: Qual é a problemática do sonho?
R.: Eu acho que é quando eu falo para o Paulo pegar o material.
P.: No sonho, lembro que a Rita pergunta por que eu não pego o material que está mais perto. É isso? Nessa hora, eu penso que não posso fazer isso, que tenho que dar a volta e passar pelo terreno ao lado.

T.: Até então, você estava indo pegar o material que estava atrás da parede?
P.: Isso mesmo. Mas quando a Rita fala, eu penso se poderia fazer diferente, mas vejo que não dá. Tem que ser daquele jeito mesmo.

T.: Interessante. Qual é o ápice da história?
P.: Para mim, é quando eu vou com o carrinho vazio e volto com ele cheio de material.
R.: Eu vejo assim, também, quando ele olha os obstáculos e passa por eles.

T.: Ele continua, apesar dos entulhos...
R.: Pensei em nós, no nosso casamento. Estamos enfrentando entulhos.
P.: É mesmo; e não dá pra "cortar caminho".
R.: Eu também amo o Paulo e quero ficar casada. A gente se dá bem, de um modo geral. Mas acho que falta compromisso, envolvimento dele como homem, como marido. Acho que nem no namoro houve intimidade e romantismo.

T.: Você é romântica com ele?
R.: Eu tento, mas é difícil, principalmente quando me lembro daquela história.
P.: Acho que até antes da história Rita já tinha dificuldade de ser carinhosa.

T.: E esse homem no sonho, o pedreiro, o que ele pode representar para cada um de vocês?
R.: Lembrei-me do meu pai, que nos ajudou na construção da nossa casa. Acho que representa um apoio, uma força.
P.: Uma pessoa que me ensina e me ajuda na construção, no meu terreno. Para mim, representa um pai mesmo, uma pessoa que passa uma segurança.

O casal, ao refletir sobre suas dificuldades conjugais à luz do sonho, deparou-se com a necessidade e o desejo de pensar no percurso do processo de individuação do seu casamento. Os parceiros perceberam que é preciso dar voltas, enfrentar os obstáculos, transportar os entulhos, ultrapassar a parede e lidar com os materiais para a construção da obra.

Segundo Jung (1999), a orientação que o "Si-mesmo", o centro da psique, propicia, decorre do movimento da "*circumambulatio*", circulação de um centro. Esse movimento pode aparentar uma repetição, mas, em termos psicológicos, seria o movimento em direção a um todo maior, um movimento circular em relação a um ponto central, que se configura numa espiral.

Quanto à imagem dos entulhos no sonho, ela pode representar aquilo que não serve mais, que precisa ser jogado fora, para que se possa trabalhar de forma mais organizada. Aí, então, o casal poderá abrir um espaço no relacionamento, olhar seus desejos pessoais e conjugais e avaliar como eles querem desenvolver o casamento. Paulo comenta que, no sonho, Rita parece querer apressar o trabalho da construção. Segundo Paulo, o sonho mostra que eles não devem se apressar, mas sim fazer o que precisa ser feito. Para eles, essa metáfora serve para o casamento dos dois. Rita diz:

> R.: Sabe, Silvia, eu pensei agora que eu e o Paulo fizemos tudo certinho, namoramos sete anos, mas não construímos nosso casamento. Ele ficou uma bagunça, pois na verdade a gente não construiu uma base firme.
> P.: Para mim, apesar dos sete anos de namoro, que foram importantes para sabermos que queremos ficar juntos, agora é que nós estamos aprendendo a viver como casal.

A palavra traição, do latim *tradere*, que quer dizer entregar, tem seu substantivo correspondente, *traditio*, que nos remete a tradição, entrega, passagem e ensinamento. Assim, esse significado um tanto ambíguo pode nos remeter, além do seu sentido negativo, como infidelidade, abandono, engano, a outros significados com conotações criativas.

Para Carotenuto (1997, p. 49):

> A vida em si é traição desde o nascimento. O que podemos fazer mediante a individuação é crescer através dessa traição, nos recuperar apesar dessa traição, assumir o escândalo dessa traição e confiar além dessa traição.

Esse sonho trouxe imagens importantes que representaram o caminho da individuação do casal. A figura do pedreiro aparece no sonho como um elemento do triângulo. Entre outras possibilidades, ele pode representar a figura que o terapeuta constela no casal, uma pessoa que os ajuda a construir sua relação e criar um espaço para cada um no casamento. As imagens das demarcações do terreno e a figura do pedreiro ali presentes trazem uma sensação de ordem, segurança e amparo para o casal, que sabe que o trabalho é árduo e o percurso é longo.

No sonho, Paulo não quer cortar caminho, pegar atalhos, mas sim fazer uma trajetória longa, transpassando os obstáculos, e paulatinamente pegar o material para ser usado por eles na construção. Ele está sob a orientação do pedreiro, confia nele e isso lhe dá segurança. Rita também está lá ao lado dele. Cada um tem o seu jeito e sua maneira de ver como o caminho pode ser percorrido, e os dois precisam encontrar o melhor jeito para percorrê-lo juntos.

A participação do casal nas três fases do trabalho com esse sonho deu-se de forma cooperativa. Paulo, envolvido com o drama onírico, consegue ocupar seu espaço na sessão com mais propriedade, e Rita, por sua vez, também se apresenta mais disponível para ouvir e refletir sobre as colocações e as reflexões de Paulo.

Considerações finais

A traição é um tema complexo para se trabalhar com o casal, devido ao impacto que pode causar na vida pessoal do traído, do traidor e no relacionamento. Ela traz a experiência da separação e do desconhecido. Ela nos remete em direção a nós mesmos e pode simbolizar a necessidade e a oportunidade do casal rever e aprimorar sua relação.

No início do trabalho com esse casal, houve dificuldade de criar um espaço de confiança no *setting* terapêutico e trabalhar com o sonho trazido pelo parceiro. Foi necessário permanecer com o sonho de Rita, ouvir suas dores e abrir espaço para Paulo fornecer as informações necessárias para responder as perguntas de Rita. Só então o casal pôde se sentir acolhido e começar a cuidar da cicatrização da ferida da traição.

O conflito é o resultado de uma colisão entre dois elementos que apresentam oposição entre si. Ele expressa, via símbolo, um desequilíbrio na dinâmica psíquica, uma unilateralidade, e aponta para a necessidade de mudanças a fim de que o equilíbrio seja alcançado (Pieri, 2002). Dentro dessa visão, a traição no casamento pode ter um valor teleológico, não devendo apenas ser eliminada, como um precedente inoportuno.

A infidelidade motivou o casal a procurar ajuda, e, no decorrer do processo, ambos conseguiram ir além dela. Outros conteúdos conflituosos emergiram, e cada um pôde olhar para si mesmo e para sua história pessoal.

Os sonhos constituem verdadeiros indicadores de onde se encontra nossa energia e a direção para qual ela vai. Eles contêm uma mensagem útil, podendo propiciar *insights* sobre o sentido de determinada situação específica da nossa vida. No trabalho com casais, os sonhos trazidos para o *setting* precisam ser concebidos como um símbolo de algo que expressa aspectos a serem integrados à consciência.

Referências bibliográficas

BENEDITO, V. L. Di Y. *Amor conjugal e terapia de casal*. São Paulo: Summus, 1996.
CAROTENUTO, A. *Amar trair – quase uma apologia da traição*. São Paulo: Paulus, 1997.
GUGGENBÜHL-CRAIG, A. *O casamento está morto. Viva o casamento!* São Paulo: Símbolo, 1977.
HOLLIS, J. O. *O Projeto Eden – a busca do outro mágico*. São Paulo: Paulus, 1997.
JUNG, C. G. *A dinâmica do inconsciente*, vol. 8. Obras completas. Petrópolis: Vozes, 1984.
_____. *O desenvolvimento da personalidade*, vol.17. Obras completas. Petrópolis: 1991a (1915).

_____. *Analytical psychology: Notes of the Seminar Given in 1925*. Org. por William Mcguire. New Jersey: Princeton University Press, 1991b.

_____. *Ab-reação, análise dos sonhos, transferência*, vol. 16-2. Obras completas. Petrópolis: Vozes, 1999.

_____. *A natureza da psique*, vol. 8-1. Obras completas. Petrópolis: Vozes, 2000 (1916).

_____. *Psicologia do inconsciente*, vol. 13. Obras completas. Petrópolis: Vozes, 2001.

_____. *A vida simbólica*, vol. 18-1. Obras completas. Petrópolis: Vozes, 2007.

NELL, R. *The use of dreams in couple counseling: a Jungian perspective*. Canadá: Inner City Books, 2005.

PESSOA, M. S. C. "Elaboração de um método de análise dos sonhos na terapia de casal – um enfoque junguiano". Tese de doutorado. Pontifícia Universidade Católica de São Paulo, 2011.

PIERI, P. F. *Dicionário junguiano*. São Paulo: Paulus, 2002.

VON FRANZ, M.-L. *O caminho dos sonhos*. São Paulo: Cultrix, 1997.

9.

SEMEANDO SONHOS – O DESAFIO NA FORMAÇÃO DO PSICOTERAPEUTA PARA A APRENDIZAGEM DO TRABALHO COM SONHOS NA PRÁTICA CLÍNICA

Marisa V. Catta-Preta[1]

"Não conseguimos mudar um estado mental a seco, por meio de aconselhamento, confidências ou desabafos, mas graças à entrada em cena de um sonho e da reflexão que ele possa propiciar, momento em que se manifesta uma força capaz de alterar o estado mental daquele momento e uma janela para outra visão se abre: esse é o efeito transformador do trabalho com sonhos."

(Gambini, 2008, p. 154)

A psicologia analítica, criada por Carl Gustav Jung (1928-1930), enfatiza o trabalho com sonhos como o instrumento terapêutico mais eficaz para o acesso ao inconsciente. Todos os psicoterapeutas de orientação junguiana, nas suas mais diversas formações, dão atenção ao trabalho com sonhos e os valorizam como formas de aproximação com o inconsciente de seus pacientes. Porém, nem todos trabalham com os sonhos de seus pacientes com a mesma abordagem elaborada por Jung. Segundo o método que ele

---

[1] Mestre em psicologia clínica pelo Núcleo de Estudos Junguianos da PUC-SP. Psicoterapeuta que usa abordagem junguiana, professora da Unimes, Santos. Autora do livro *A noite da alma – sonhos e insônia* e coautora de *Sonhos e arte – diário de imagens*. Coordena o projeto "Santos – uma cidade que dorme e sonha".

desenvolveu, todos os símbolos presentes nos sonhos têm um sentido e devem ser explorados, mas o que observamos é que nem sempre isso acontece no decorrer da prática terapêutica. Na realidade, muitos psicólogos de orientação junguiana optam por trabalhar com apenas um aspecto do sonho, uma imagem. Isso pode ser benéfico, mas oferece o risco de que se perca de vista a estrutura dramática do sonho, seu contexto e o que o conjunto de imagens pode expressar. Outros, com receio de reduzir o significado da imagem, exploram pouco seu significado.

Porém, conforme a definição de símbolo de Jung (1964), sempre haverá uma parte inconsciente nos símbolos, portanto seu significado nunca se esgotará totalmente. Isso, porém, não deve impedir que se tente ler o símbolo junto ao paciente, pois este, sozinho, não conseguirá decifrar os conteúdos inconscientes que surgem no drama onírico. Deve-se considerar que grande parte dos pacientes que buscam análise está distante dessa linguagem simbólica do inconsciente, e, mesmo que fosse diferente, não poderiam compreender os próprios sonhos sozinhos.

Considerando os sonhos como conteúdos do inconsciente, existe a necessidade da ação do analista na construção, junto ao paciente, de um sentido para esse material simbólico. Com base nas associações do paciente e amplificações de natureza cultural ou arquetípica, é feita uma possível leitura do sonho na análise.

Afinal, quando olhamos para nossos próprios sonhos, é como se olhássemos para uma sequência de obras de arte que podemos compreender intuitivamente porque dizem algo único à nossa alma. Porém, se alguém nos fornecer informações sobre quem foi o artista que as fez, como se sentia quando as criou, entre outros aspectos, talvez tudo o que pudemos ver até então tenha seu sentido ampliado. Isso não significa que esgotaremos o significado dessas imagens, apenas que estamos buscando compreendê-las melhor, de forma mais consciente. Não se trata de reduzir as imagens, mas nomear o impacto causado por elas na alma.

Pretendo, neste capítulo, refletir sobre psicoterapeutas que gostariam de trabalhar mais efetivamente com sonhos, mas que se sentem inseguros de entrar nesse terreno da análise. Em geral, essa questão está associada à dificuldade de lidar com a linguagem simbólica do universo onírico dos pacientes, o que se explica, em parte, pela ausência de treinamento específico na formação acadêmica ou na análise pessoal. Por não vivenciarem o trabalho com sonhos na prática clínica, ou mesmo em sua análise pessoal, conhecendo-o apenas em teorias, através de leituras da obra de Jung, não sabem como proceder com o paciente.

Sabemos, pela experiência na clínica, que quanto mais lidamos com esses conteúdos simbólicos, mais claros eles parecem ficar, devido à complexidade de imagens e significados com os quais temos pouco contato. A abordagem do conteúdo onírico costuma ser totalmente diferente da lógica racional.

A neurociência, hoje, é capaz de comprovar que, enquanto sonhamos, há uma troca de memórias do hipocampo, estrutura cerebral que guarda as memórias mais antigas, com as memórias mais recentes, do neocórtex, mostrando que fazemos elaborações diárias sobre o que vivemos e o que estamos vivendo no momento atual. Quem confirmou isso em suas pesquisas foi o neurocientista brasileiro Sidarta Ribeiro (2003), ao afirmar que Freud e Jung já postulavam tal descoberta de forma intuitiva e experimental em suas teorias, quando recorriam aos sonhos para se aproximar das emoções dos pacientes, o que hoje pode ser comprovado pela ciência. Mas ainda sabemos muito pouco sobre a natureza simbólica dos sonhos.

Jung (1964) considerou que temos um centro psíquico organizador de nossa psique como um todo: o *Self*. Mas não se sabe por que o *Self* se expressa de forma simbólica, por metáforas, numa linguagem pouco compreensível, todas as noites em nossos sonhos.

Jung (2011) afirma que os conteúdos do inconsciente, especialmente no que diz respeito aos símbolos dos sonhos, surgem independentemente da vontade do ego e têm autonomia. Ele comenta: "Esse é o mistério dos sonhos, o fato de não o sonharmos, e sim de sermos sonhados. Sofremos o sonho, nós não o fazemos" (Jung, 2011, p. 173).

Na pesquisa que realizei sobre sonhos e insônia, conteúdos de morte, abuso sexual e violência não teriam surgido, segundo relataram as sonhadoras que participaram, senão por meio dos sonhos. No consultório, essa fala é comum em pacientes que trabalham os sonhos, surpresos com como, através do material onírico, são capazes de trazer à tona conteúdos que pareciam esquecidos, aos quais não davam muita importância ou que pareciam estar superados, mas que apontam para obstáculos presentes em suas vidas (Catta-Preta, 2009).

Jung (2011) preconizou que o trabalho com sonhos não envolvia apenas o conhecimento teórico ou técnicas; antes, exigia uma experiência de escuta simbólica com a humildade de nada saber, ao ouvir um sonho pela primeira vez. Portanto, a escuta é a primeira parte com a qual os psicoterapeutas devem se ocupar para trabalhar com os sonhos. Para começar, sem pensar em dizer nada ao paciente, é preciso apenas ouvir o que diz o sonho e perceber o impacto produzido por ele no momento em que está sendo relatado na análise.

> Os senhores precisam imaginar um sonho sempre como uma conversa que escutam no rádio ou no telefone. De repente alguém diz algo, escutamos uma frase de uma conversa e então a conversa é novamente interrompida,

e agora devemos reconstituir quem disse o quê. É assim que os senhores devem imaginar os sonhos. Há sempre um *listening in* [entreouvir]. Por um momento, entreouvimos. Algo se torna claro de forma subliminal (Jung, 2011, p. 356).

Jung (2011) enfatiza que essa escuta deve ir além do intelecto e atingir nosso coração, sugerindo que não apenas devemos usar nossos conhecimentos adquiridos acerca da teoria dos sonhos, mas também exercitar nossa escuta simbólica. É preciso ter um vínculo e uma sintonia com o paciente naquele momento e procurar compreender o que sua alma quer expressar. "Ao investigar o sonho, ouçam um pouco seu coração, isso já é meio caminho andado. Existe uma inteligência do coração da qual nossa máquina cerebral nada sabe" (Jung, 2011, p. 186).

Após a escuta do sonho, Jung recomenda o método da amplificação de imagens, que distingue da associação livre, pois para ele o sonho apresenta-se como um diálogo do ego onírico com seus complexos inconscientes personificados.

Sobre a amplificação de imagens, é importante lembrar o que Jung recomenda:

> Esse método de amplificação é uma expansão, um enriquecimento consciente. Faço o sonhador voltar seu interesse para a imagem e trazer todas as associações vinculadas a ela. Não devemos confundir esse processo com a associação livre, na qual vamos de associação em associação sem nos ater à imagem inicial. Desse modo, não temos mais certeza se o elemento final continua ligado ao elemento inicial. Naturalmente nos deparamos com os complexos, mas para isso não necessitamos de um sonho. Além do mais, não queremos descobrir complexos, e, sim, o que o sonho diz (Jung, 2011, p. 246).

Jung não apenas amplificava a imagem, como reconstruía o sonho juntamente com o paciente, após ter suas associações reveladas, pois enfatizava a necessidade de, após a amplificação, através da estrutura dramática, tentar compreender o que o sonho veio comunicar. Jung descreve assim a segunda parte da análise dos sonhos:

> Devido ao fato do sonho consistir em uma série de elementos, a amplificação precisa ser realizada com todos os elementos. Supomos que o primeiro elemento onírico seja um "leão". Começo anotando as ideias que surgem em relação a este e em seguida coloco a expressão encontrada no lugar do elemento onírico. Quando, por exemplo, o "leão" leva à "sede de poder" do sonhador ou de outra pessoa, coloco "poder" no lugar de "leão", entre parênteses. Procedo da mesma forma em relação aos outros elementos. No final, vemos o significado da frase toda (Jung, 2011, p. 35).

Portanto, podemos observar que, para Jung, não basta a amplificação das imagens do sonho do paciente. É preciso voltar ao sonho e procurar compreender o que esses símbolos expressam para o sonhador. É preciso, porém, ter o cuidado de dizer ao sonhador que, mesmo reconstruindo o sonho com suas próprias palavras e associações, será sempre algo que nos parece, mas que não podemos afirmar ou fechar como uma interpretação de um único significado, pois o símbolo é algo vivo e complexo demais para se esgotar apenas num único ponto de vista.

Em um de seus seminários, Jung diz textualmente:

> Após acumular o material, o senhor precisa refletir e inserir aquilo que encontrou, tal como em uma equação. O resultado deve ser que o senhor consiga de certa forma repetir o sonho, porém com as expressões já interpretadas. O senhor agora precisa fazer isso, assim saberei que o senhor compreendeu o sonho (Jung, 2011, p. 412).

Não podemos considerar isso uma interpretação fechada, pois ela não é feita a partir do que o analista compreende que seja o sonho, como acontece na psicanálise. Na verdade, é uma construção feita pelo analista e pelo paciente a partir das associações deste, e com a ajuda técnica do terapeuta para decifrar a linguagem simbólica, remontando o sonho junto ao paciente.

Jung (1991) destaca a importância das associações pessoais do paciente para elucidar os sonhos e a necessidade de amplificações simbólicas, ou seja, informações sobre símbolos, especialmente quando estes forem de natureza arquetípica e o sonhador não tiver nenhum tipo de associação pessoal a fazer. E para isso é necessário que o analista recorra a mitos, contos e pesquise símbolos arquetípicos.

Além disso, o trabalho com sonhos requer que o psicoterapeuta esteja convencido de que eles têm um sentido muito importante para o paciente e que, de fato, são recursos preciosos para auxiliar o acesso ao inconsciente. O psicólogo necessita saber decifrar a linguagem e levar a sério as elaborações promovidas pelos sonhos, acreditar que eles revelam aspectos dos quais nem o paciente nem o terapeuta tem conhecimento.

Jung não só trabalhava os sonhos de seus pacientes e ensinava seus alunos a fazer o mesmo através de estudos de caso, em seminários e em sua obra, como também levava seus sonhos a sério, e procurava desvendar seus significados e o sentido deles em sua vida.

Assim como Jung procedeu com seus sonhos, parece ser muito importante, para quem quer trabalhar com sonhos na análise de seus pacientes, proceder da mesma forma com seu próprio material onírico. Só experimentando esse processo em si mesmo é que o analista estará apto e seguro para trabalhar com os sonhos de seus pacientes. Von Franz relata essa atitude de Jung:

> Jung era um bom sonhador, como ele comenta em suas memórias. Por toda vida, teve um grande número de sonhos impressionantes e simbolicamente profundos, que

ele observou, anotou e guardou na mente. Perto do fim da vida, ele decidiu tornar conhecidos ao público alguns desses sonhos mais profundos, pois estavam obviamente relacionados ao trabalho criativo dele. Os sonhos dele eram o seu verdadeiro Si-mesmo e fonte de tudo o que ele fazia e de tudo o que ele escrevia; para ele, os sonhos representavam a essência da vida dele (Von Franz, 2011, p. 37).

Assim, fica claro que, para Jung, os sonhos ocupam posição central em sua teoria e em sua vida. Daí a necessidade de que os terapeutas junguianos abordem esse material com cuidado e enfatizem sua importância na prática cotidiana do consultório, encorajando pacientes a registrá-los por escrito, através de desenhos ou registro de imagens, num diário de sonhos, assim como devem os terapeutas adotar a mesma prática com os próprios sonhos.

Cabe aqui distinguir a coerência que Jung buscava em sua formação e como ensinava a futuros analistas. Para ele (1999), era necessário que o analista trabalhasse consigo mesmo, ou, do contrário, não poderia propor ao paciente que fizesse o que ele mesmo não era capaz de fazer. Em conferência a educadores, Jung reafirma o mesmo conceito em relação a eles e seus alunos, pois, para ele, o analista, de fato, necessita ter experiência interior, ou do contrário não consegue despertar no paciente uma experiência de interioridade e aprofundamento em suas questões emocionais, de modo a seguir com sua individuação.

Numa carta a uma médica, Jung faz a seguinte colocação:

> O que a senhora espera de seus pacientes, isso deve ser capaz de realizar também. Se espera que um paciente lhe confie sua vivência íntima, deve ser capaz de fazê-lo ao menos três vezes melhor. Nenhuma análise do outro vai proporcionar-lhe esta experiência única que lhe pode dar a análise de seu próprio material. [...] Ninguém que não

tenha experimentado a análise em sua própria pessoa deveria estar autorizado a praticá-la. Essa é minha firme convicção, da qual nunca abrirei mão (Jung, 2001, p. 106).

Meier (1999) fala da relação entre a eficácia do sonho como instrumento terapêutico, a partir de sua valorização. Para o autor, o sucesso da incubação de sonhos na antiguidade ocorria pelo fato de o terapeuta estar envolvido com os sonhos e acreditar nesse material como fonte de cura. "A eficácia da incubação alia-se muito estreitamente com a importância atribuída aos sonhos. Somente quando se valorizam altamente os sonhos é que eles podem exercer grande influência" (Meier, 1999, p. 9-10).

Podemos comparar essa experiência passada relatada por Meier (1999) ao fato de que o psicoterapeuta que valoriza o trabalho com sonhos poderá obter melhores resultados com seu trabalho. Isso provavelmente se dá pelo fato de acreditar mais nesse instrumento, o que acaba resultando, invariavelmente, num trabalho mais profundo com os sonhos. Os pacientes, por sua vez, ao perceberem a eficácia da análise dos sonhos, em geral passam a trazer um maior número de relatos.

Hillmann, ao destacar a relação entre terapeuta e paciente, aponta a necessidade do psicoterapeuta estar aberto ao conhecimento profundo da sua vida interna. Um dos caminhos pode ser analisar os próprios sonhos:

> O analista também tem sonhos, emoções e sintomas, com os quais precisa manter contato, como o médico "mantém-se atualizado" com a literatura recente. Um analista tenta, assim, praticar a máxima do "médico, cura-te a ti mesmo", aplicando o remédio em si próprio. Tenta manter sua própria consciência, a fim de não ser inconsciente com cada um de seus pacientes. Se começa a vacilar, assumirá os papéis em que eles o colocam. Então, eles não conseguem mais distinguir entre suas projeções e a realidade do analista, porque este se tornou identificado com as fantasias deles.

Apenas mantendo seu próprio polo, através da dialética com seus próprios sonhos, fantasias, emoções e sintomas, poderá ser de utilidade para o analisando (Hillmann, 1993, p. 166).

Os sonhos, para serem trabalhados, devem passar pelo olhar de um analista, mesmo no caso daqueles que são psicólogos e trabalham com sonhos, pois, por mais que um analista seja dedicado ao trabalho com sonhos, quando se trata de seus próprios, terá dificuldade de decifrar as mensagens do *Self*, justamente porque elas são feitas de material inconsciente. A esse respeito, Jung comenta:

> Não entendo meus sonhos melhor do que os senhores entendem os seus porque eles se encontram sempre um pouco além do meu poder de captá-los. Tenho os mesmos problemas que alguém que não conhece nada sobre interpretação de sonhos. Não há muito grande vantagem no conhecimento quando se trata de interpretar a si próprio (Jung, 1991a, p. 101).

O benefício do trabalho com sonhos está na possibilidade de o terapeuta poder ouvir mais sobre a linguagem do inconsciente de pacientes e, assim, reduzir o risco de interferir no processo de individuação deles. Os sonhos apontam para questões delicadas, como aspectos de sombra, dinâmicas perturbadoras e repetitivas, que ficam mais fáceis de ser tratadas através do diálogo com essas imagens que o paciente traz espontaneamente. Elas expressam, de forma muito mais abrangente, temas que nem sempre o paciente e o analista conseguem abordar só verbalmente. Ou seja, uma imagem pode falar mais do que muitas palavras. A imagem faz a ponte entre a psique e a vida concreta, revela símbolos que tocam nossa alma. Assim, num trabalho terapêutico com imagens, elas tocarão o paciente não só na consciência, mas também no inconsciente. Algo acontece no subterrâneo da alma e aflora em soluções e *insights* dos pacientes, de forma que surpreende muitas vezes tanto o analista quanto o sonhador.

Gambini (2009) comenta a respeito do trabalho com sonhos e essa formulação dos mesmos sobre questões com relação às quais nossas colocações verbais são limitadas:

> Quando ouço um sonho e começa a tomar forma em meu íntimo esse tipo especial de reflexão que venho tentando descrever, a expectativa que abrigo é a de que meu paciente, ao ouvir o que inicio a verbalizar, mude de sintonia, ou de faixa de pensamento, e saia do âmbito de ideias ou equações nas quais ele ou ela se debate ou gira em falso; e que aquela reflexão provocada por um sonho reorganize sobre nova base sua situação psicológica, o modo de se sentir , de pensar sobre si mesmo (Gambini, 2009, p. 154).

Percebo, na minha prática terapêutica, que, quando trabalhamos um sonho de forma a refletir no paciente um eco em sua alma, ele passa a valorizar o trabalho com as imagens oníricas e registrá-las com mais frequência. Muitos pacientes que afirmavam que quase nunca sonhavam, após o trabalho psicoterapêutico com foco nos sonhos, passaram a lembrar deles com mais regularidade.

Sabemos da importância do sono REM, o sono dos sonhos e do fato de que todos sonhamos. Portanto, sonhar é vital para todos nós. Mesmo que o paciente não se lembre de seus sonhos, o fato de dormir já é salutar, e a elaboração que ocorre durante o sonho, descrita pela neurociência como migração de memórias, acontece de qualquer forma, independente de os sonhos serem ou não trabalhados. Jung refere-se a essa questão: "Mesmo na ausência de um sonho, algo pode se tornar claro durante o sono e de manhã a resposta pode se apresentar para nós. Durante o sono, entramos na vida natural anterior, na qual encontramos o arquétipo que nos ajuda, que está sempre presente em toda situação perigosa" (Jung, 2011, p. 177).

Trabalhando Grupo de Sonhos para psicólogos

Ullmann (2001) observou que havia uma defasagem na formação de muitos profissionais no trabalho com sonhos como instrumento terapêutico e criou um grupo de sonhos pedagógico, para que aqueles que fossem trabalhar com esse material pudessem experimentar e trabalhar com os seus sonhos, para, em seguida, aprender a trabalhar com os de seus pacientes. Nesse grupo, Ullmann (2001) atuava como professor, não como terapeuta, e o sonhador não estava lá como paciente, e sim como alguém a aprender sobre seus sonhos.

Gallbach (2000) apresenta uma técnica em seus grupos de sonhos que denomina imaginação corpo-ativa, aberta a sonhadores em geral e que é de grande utilidade para psicólogos. Segundo a autora, seu trabalho com grupo de sonhos pode ser comparado a uma análise didática. No grupo de sonhos, a autora parte do mesmo pressuposto de que só aprendemos sobre os sonhos trabalhando com eles de forma aprofundada.

No Instituto Junguiano de Zurique, o Prof. Dr. Arthur T. Funkhouser (2013) recomenda a seus alunos o trabalho com grupo de sonhos como formação para integrar prática e teoria. Funkhouser diz:

> De qualquer forma, este seminário foi um momento para ouvir com o coração assim como com a mente. Você possivelmente experimentou um novo jeito de relacionar e dividir num nível mais profundo e fascinante do que é normalmente apresentado. Eu estou convencido de que esta forma de dividir entre várias pessoas se tornará incrivelmente importante e valiosa nas décadas que estão por vir, pois tende a diminuir barreiras de comunicação e envolve a todos num processo mútuo de crescimento e entendimento. Para aqueles, estudando para se tornar terapeutas, eu carinhosamente recomendo incluir este trabalho em grupo em seu repertório (Funkhouser, 2013).

Minha experiência com psicólogos e grupos de sonhos surgiu a partir da constatação dessa necessidade de profissionais que faziam grupo de estudo de sonhos. Nos grupos, eram desenvolvidos alguns exercícios de imaginação ou trabalhos expressivos com imagens do sonho, o que, ainda assim, não era suficiente para que os participantes adquirissem a confiança almejada.

Foi quando resolvi propor que usássemos uma metodologia do meu trabalho com os grupos de estudo de sonhos de insones, para que, a partir do trabalho com os próprios sonhos, pudessem aprender não só a trabalhar com seus sonhos, mas também com os dos colegas, além de reforçar conceitos teóricos da psicologia analítica, especialmente sobre sonhos.

Por ocasião da elaboração da minha dissertação de mestrado (Catta-Preta, 2009), criei um método baseado num grupo aberto de insones para trabalhar seus conteúdos pessoais. Usei esse mesmo método para trabalhar com psicólogos e aprofundar a teoria aprendida na prática semanal do grupo de sonhos. Esse método, criado para acessar as imagens inconscientes de pacientes insones, aplica-se para qualquer grupo que queira acessar o inconsciente através de seus sonhos.

O método adotado na pesquisa foi adaptado para esse grupo seguindo os seguintes passos:

1. No primeiro encontro ocorre uma apresentação dos participantes do grupo, quando cada um pode falar de suas expectativas quanto ao trabalho a ser realizado no grupo de sonhos. Fica estabelecido um contrato de sigilo e respeito, no qual é colocado o fato de que, ao falar dos sonhos, estamos falando de nossa vida mais íntima, e daí a necessidade de não reproduzirmos fora do grupo colocações dos demais participantes. Também é ressaltada a importância do compromisso com horários e presença

do grupo, que é fixado em uma hora semanal, durante noventa minutos.

2. Nos demais encontros, os participantes escolhem um sonho para ser trabalhado no grupo. A ordem de apresentação dos sonhos é feita pelos sonhadores. O sonho é relatado; num primeiro momento, em que apenas escutamos o sonho, a partir do que foi relatado, os participantes são convidados a falar suas primeiras impressões sobre a história do mesmo. Evitando qualquer tipo de análise, apenas destacando aspectos que mais chamam a atenção, nesse primeiro momento nos preocupamos apenas em ouvir o sonho, evitando até mesmo fazer anotações. Depois, como coordenadora do grupo, peço a amplificação de algumas imagens do sonho. O sonhador traz suas associações pessoais e os demais sonhadores fazem perguntas ou colocações, caso sintam necessidade. Após essas considerações, voltamos à história do sonho e o reconstruímos junto ao sonhador, tentando entender parte de sua mensagem, pois, como já foi colocado, nunca compreenderemos a totalidade dos símbolos expressos no sonho. As demais sonhadoras repetem o procedimento e, no tempo restante, que normalmente é pequeno, comentamos sobre questões teóricas que envolvem os sonhos escolhidos. Por exemplo, revemos a estrutura do mesmo, as funções e tipos de sonhos que surgiram, além de alguns comentários feitos por Jung, von Franz e outros neojunguianos que pautaram seu trabalho e pesquisa com sonhos.

3. Usamos um diário de sonhos só para registro dos relatos apresentados e observações discutidas no grupo. É um diário específico para o grupo de sonhos. Além disso, usamos uma tabela criada para anotar os símbolos mais frequentes. Verificamos a sequência, com suas transformações no decorrer do trabalho. A cada seis encontros,

aproximadamente, revemos os símbolos encontrados, sua frequência e as transformações ocorridas (Catta-Preta, 2012). Outro aspecto anotado no diário de sonhos é o tempo de sono, a quantidade de horas dormidas, visto que a qualidade do sono é algo a ser integrado no estudo dos sonhos. O uso da tabela ajuda no treino de olhar para a série de sonhos, percebendo-os como um processo único, versando sobre um determinado tema da vida do sonhador.

O grupo tem sido um grande aprendizado para todos os participantes, trazendo modificações na forma de atendimento e nas questões pessoais e na prática profissional. O aprofundamento que adquirem no trabalho em consultório é muito grande e acabam usando muito mais os sonhos como instrumentos terapêuticos na análise de seus pacientes.

O que foi muito interessante foi o aparecimento recorrente, nos três primeiros meses dos grupos, de sonhos sobre consultório, pacientes ou terapia. Especialmente o tema do próprio consultório foi muito presente, indicativo de que o trabalho com sonhos, implicando não só uma finalidade terapêutica, promove também um aprendizado em relação à formação profissional, mobilizando nos participantes sonhos com esse conteúdo.

Considerando que esses temas não são tão frequentes, mesmo nos sonhos de psicoterapeutas – pois sabemos que é muito singular que tenhamos tantos sonhos com consultórios, pacientes e analistas de forma frequente –, o fato dele aparecer para as doze componentes dos quatro grupos formados chamou nossa atenção.

Conteúdos pessoais e profissionais cruzaram-se nos sonhos, e os participantes passaram a perceber, na prática, a relação de seu trabalho com sua vida pessoal e de seus pacientes. A partir dessa percepção, ficou evidente para cada um e para todos, em conjunto, a necessidade de se trabalhar esses conteúdos, na busca do discernimento a respeito do que é nosso e o que é do paciente, além de poder observar quanto o grupo de sonhos mobilizou uma profunda transformação no trabalho no consultório e na análise pessoal.

Para ilustrar parte desse processo, nada melhor do que apresentar, a seguir, uma seleção com dez dos sonhos narrados por elementos diferentes do grupo. Os sonhos selecionados trataram do consultório e aconteceram no período dos três primeiros meses dos grupos:

Sonho 1

Sonhei que estava em um lugar que parecia ser o escritório do meu marido. Minha paciente L. aguardava para ser atendida. Ela usava um tipo de roupa diferente do que costuma usar. Uma blusa amarela, de cor bem viva, e uma faixa na cabeça, da mesma cor e tecido. Um casaco branco de lã. Estava um pouco abalada, parecia ter chorado. Subimos as escadas, como as que realmente têm no consultório. Meu marido também subiu. Fui para a sala para atender a minha paciente. Antes, meu marido disse algo, como se eu não tivesse dado atenção a ele. Quando entramos na sala, a paciente sentou-se no meu lugar. Quando eu ia iniciar o atendimento, acordei.

Sonho 2

Eu estava no consultório, atendendo um paciente, mas na sala de espera, que era maior no sonho do que na realidade, e havia outras pessoas. Ninguém prestava atenção ao atendimento. Havia um paciente da L., que era o Kevin Costner. Ele parecia um pouco tenso e começou a prestar atenção ao jeito com que eu estava atendendo o meu paciente. Sem mais nem menos, ele levantou e foi falar com a L. Depois ela veio me falar que ele quis interromper os atendimentos com ela.

Sonho 3

Eu estava no consultório com um homem e sua equipe, também de homens, que faziam reparos. Os reparos eram no filtro e na pia. Depois eu estava em um lugar que parecia ser uma galeria, sentada em uma cadeira de madeira bem simples e na minha frente, J. (esposa de C.). Interessante era que estávamos posicionadas como se estivéssemos em atendimento. Falávamos sobre vestidos de noiva. Passou ali a C., prima do meu marido, com o seu esposo R. Ela olhou para mim e disse ao marido que havia visto uma foto minha. Havia uma porta em suspenso, não presa a nenhuma parede. Eles passaram por essa porta. Ele foi embora, mas ela voltou e foi até mim. Eu estava com o cabelo todo penteado para trás, com gel.

Sonho 4

Estava com minha sobrinha e sua amiga no meu consultório e estávamos desenhando, com muitos lápis e tintas, num papel canson grande. De repente, a amiga da minha sobrinha começou a passar mal, foi até o banheiro e começou a vomitar. Fui ao encontro dela e a ajudei, quando apareceu meu pai e me entregou uma toalha para limpar o que havia ficado sujo.

Sonhos 5

Eu estava num apartamento grande em que tinha uma grande piscina para ser usada por todos os condôminos, mas a família que morava na cobertura não falava de haver uma porta que as pessoas poderiam usar para chegar até a piscina e usá-la. Assim, todos achavam que a piscina pertencia somente ao apartamento deles. Eu sentia a presença de um amigo de adolescência e do meu sobrinho do meio, filho da minha cunhada. Este ouvia toda minha conversa com aquele amigo, e sempre sorrindo. Mas, de repente, para ir à piscina, havia uma porta que desinfetava ou esterilizava as pessoas que se dirigiam à piscina. Uma menina de uns 3 a 5 anos entrou na água. A porta fechou-se e, de sua parte inferior, começou a sair uma fumaça que parecia gelo seco. Logo apareço no meu consultório. Estava atendendo uma menina negra, muito bonita. Ela queria desenhar, pegou papel e o fez na minha mesa de madeira que estava aberta, embora normalmente se mantivesse desmontada. Falava que ia pegar uma cadeira e logo vinha uma amiga minha trazendo um rapaz. Outras pessoas estavam juntas e falavam muito. A menina reclamava, porque não podia se concentrar para desenhar. Logo apareço como se fosse numa garagem, e o rapaz chega numa caminhonete. Ele estava desnorteado. Não o conhecia. Era para ser atendido por mim. Queria comer e pedia frango. Logo aparecia com um osso bem fino e pequeno. Coloca num arco bem pequeno e me atira o osso, que, quando entrou na pele do meu braço, se transformou em um garfo grande de mesa para segurar assados. Mas era de um palmo de tamanho, mais ou menos, e todo de alumínio. Eu tirava da pele e não saía uma gota de sangue.

Sonho 6

Cheguei ao consultório com meu sócio para arrumarmos umas coisas. Era final de semana; estávamos sozinhos. Estava muito calor e decidi tirar a roupa. Meu sócio não se importou. Uma das médicas chegou e parecia muito nervosa; estava brigando com uma menina adolescente, parecia ser filha ou sobrinha dela. Quando escutei a gritaria, fui tentar colocar a roupa logo, mas não conseguia, pois estava nervosa. Corri para o banheiro com a roupa na mão antes que ela entrasse na nossa sala. Tive a impressão de que alguém me viu no caminho, cheguei ao banheiro e consegui colocar a roupa. Quando voltei para a nossa sala, a médica estava calmamente conversando com o P. e pareceu não ter percebido nada. Depois ela foi embora com os adolescentes, e eu e ele continuamos lá. Fomos embora e sentimos que esquecemos algo, mas, quando tentamos voltar, o elevador não dava mais acesso ao nosso andar. O porteiro falou que tinha fechado o prédio e agora só abriria no dia seguinte. Ficamos bravos e tentamos entrar de alguma forma, mesmo assim, tipo pulando a janela ou indo pela escadaria, mas não conseguimos e desistimos.

Sonho 7

Cheguei para a terapia e, ao entrar no consultório com a minha psicóloga, deparei-me com a irmã dela sentada em uma cadeira ao lado das poltronas, dizendo que iria participar do atendimento. No primeiro momento, me senti extremamente incomodada com a situação, mas depois relaxei e comecei a conversar. A irmã de minha terapeuta me pontuava algumas coisas durante o atendimento e, ao olhar novamente para minha terapeuta, já não era mais ela que estava ali, e sim uma senhora de aproximadamente sessenta anos. Fiquei confusa e parei de falar.

Sonho 8

Eu estava no meu consultório, à noite, aguardando a paciente chegar; minha mãe estava comigo. Uma mulher de uns trinta anos vinha com sua filha de sete para um primeiro atendimento. Subiram as escadas e ficaram aguardando na sala de espera. Quando deu o horário, pedi que entrassem no consultório para iniciarmos o atendimento. O ambiente do sonho era igual à minha sala. Comecei a perguntar sobre o histórico da paciente, e a mãe contou que moravam juntos ela, o marido e a filha. Questionei se o marido não era pai da menina. Ela disse que sim, mas que o contato não era tão próximo e que seu casamento estava péssimo havia muito tempo, mas não abria mão dele porque tinha a filha para criar. Nesse momento, minha mãe, que estava ali durante o atendimento, disse que não estava se sentindo bem e que precisava descer para respirar um pouco, e levou a filha da paciente consigo (percebi que minha mãe estava chorando). A mulher me disse: a minha história é tão triste que nem ela conseguiu ficar. Demos continuidade à anamnese. Ao olhar pelo monitor da sala, vi que, lá embaixo, perto do portão, estavam minha mãe, com a minha sobrinha de três anos no colo, e a filha da paciente.

Sonho 9

Eu estava no meu consultório, só que, na sala de espera, estava tudo fechado, e as luzes, apagadas; era noite. Deitei nas cadeiras que têm lá e dormi um pouco antes de ir embora. Foi quando o Dr. F., proprietário do prédio, abriu a porta e perguntou o que eu fazia ali. Eu disse que estava descansando um pouco antes de ir embora, quando também entrou E., a faxineira, que não disse nada. Após a presença deles, me levantei, e o Dr. F. disse que tínhamos que ir embora. Ao chegar na escada, perto da porta, havia muitos homens conversando, mas não lembro o que era dito e então acordei.

Esses sonhos mostram como conteúdos pessoais e relacionados ao trabalho das sonhadoras como psicólogas apareceram em tão pouco tempo de grupo, logo no início. Os sonhos, de forma muito simbólica, trançam conteúdos de cunho pessoal que estão diretamente ligados às suas atuações no consultório. Eles tratam das reformas internas e individuais, e do reflexo na prática do consultório de trabalharmos com sonhos no grupo. Todos esses sonhos foram trabalhados em grupo e tiveram muito a ver com a série de sonhos de cada sonhadora. Além disso, o resultado desse trabalho com os sonhos foi levado para as análises pessoais, para um maior aprofundamento sobre as questões pessoais levantadas no grupo.

Mas foi sem dúvida este último sonho, que uma das sonhadoras trouxe para o grupo, no qual estou presente, que se revelou como a dimensão sagrada do trabalho com sonhos que realizamos. Esse sonho de natureza arquetípica revelou não só uma mensagem individual para a sonhadora, como também mostrou para o grupo a importância de nosso trabalho em sua dimensão mais arquetípica. O sonho não só autorizou a psicóloga a trabalhar sonhos e falar sobre eles, como também mostrou com delicadeza, através de símbolos, o que vem sendo o trabalho com grupo de sonhos para todos nós.

Sonho 10

Sonhei que havia ido ao grupo de sonhos. Marisa atendia em uma igreja. Eu estava com a minha irmã, e fomos as primeiras a chegar. Marisa pediu para que eu contasse logo o meu sonho para ir adiantando os trabalhos. Eu disse que não havia anotado, mas que me lembrava de cabeça. Então comecei a contar. (Obs.: contei o sonho do dia anterior, o qual eu realmente ainda não havia anotado, e mais um do dia de hoje, mas era como se eles fossem uma coisa só).
Conto, então, o sonho para ela.
Estava em uma igreja muito bonita com o papa Francisco. Ele queria que eu contasse para as pessoas a importân-

cia dos sonhos. Pensei bem e lhe disse que seria melhor chamar a Marisa. Ele foi muito gentil, mas disse que não havia tempo para isso. Pediu que eu me colocasse à mesa. Meu marido estava comigo, mas não dizia nada. A mesa era enorme, ia do altar até a porta de entrada. Era coberta com uma toalha muito branca e limpa. Havia homens idosos sentados que pareciam padres, e eles esperavam pacientemente. O papa, talvez percebendo minha hesitação, quis ir a uma exposição de fotos. Eu e meu marido fomos com ele. Depois, ele resolveu ir a um morro muito bonito, com casas magníficas. Eu e meu marido mais uma vez o acompanhamos. O papa escolheu uma casa e sentou-se na varanda. Pediu para que eu também me sentasse; meu marido já não estava mais conosco. Orientou-me que observasse todo o movimento daquela família. Senti como se fosse a família de uma antiga paciente e que hoje já não se encontra em acompanhamento. As mulheres da casa eram todas muito parecidas com a minha paciente. Era uma família numerosa e havia muitas mulheres. Todas eram morenas, exageradamente altas. Pareciam discutir à mesa por causa da comida; desentendiam-se com facilidade. Todas pareciam ter uma personalidade muito forte.
Contei esse sonho para Marisa, e ela pediu que eu voltasse no dia seguinte. Voltei. O grupo de sonhos era muito grande. Muitas pessoas desconhecidas, com exceção de minha irmã e a irmã da S.
Marisa pediu que eu contasse novamente o meu sonho. Eu disse a ela que ainda não havia anotado. Ela pediu que eu contasse de cabeça. Repeti o sonho, mas não houve ampliação. Depois, ainda no sonho, eu estou passando em frente à igreja, indo para o meu consultório, e um senhor idoso, com mais de setenta anos, com vestes claras, me chama, abre um enorme e pesado livro preto e pede que eu anote ali o meu nome, dados e telefone, pois muitas pessoas precisam de ajuda com seus sonhos. O lugar onde anoto o número do meu celular é escuro, como se fosse negativo de filme fotográfico. Eu lhe digo que ninguém iria enxergar o número do meu celular, e ele diz para eu não me preocupar com isso e ir embora.

Considerações finais sobre o trabalho em grupo de sonhos aplicado para psicólogos

Os sonhos acima descritos revelam vários aspectos dos sonhadores que não cabe neste artigo detalharmos, pois envolveriam todas as associações pessoais que fizeram, o que tornaria o artigo muito longo. Porém, vale a pena destacar aspectos que foram trabalhados relacionados com a formação dos sonhadores, que de modo geral versaram sobre as seguintes questões:

– A necessidade da separação da vida pessoal e do trabalho no consultório. A dedicação que exige a formação do psicólogo, sua atenção ao paciente e as demandas pessoais, incluindo as solicitações da família e amigos, que surgem, em contrapartida, na vida pessoal, pedindo que outros papéis sejam vividos, além da persona de psicoterapeuta. O sonho que ilustra o escritório do marido da sonhadora, o primeiro sonho descrito, retrata esse aspecto, que foi muito trabalhado no grupo.

– A mudança de abordagens, de linhas teóricas diferentes, para a psicologia junguiana e as implicações dessa nova forma de olhar e compreender o paciente. Esse tema aparece no segundo sonho, no qual, através das associações pessoais da sonhadora, percebe-se essa mudança na forma de atendimento. A sonhadora em questão trabalhou por um bom tempo com outra abordagem, e só recentemente retornou a atender baseada na psicologia junguiana.

– O tema de reparos e construções no consultório apareceu com frequência; é como se os sonhadores percebessem uma nova construção interna, fomentada pelo trabalho com sonhos. Na realidade, é como um aprofundamento em sua forma de olhar para seu processo de individuação e do paciente. Os reparos no consultório foram trabalhados detalhadamente no terceiro sonho.

– O lado criativo e a revisão de aspectos vividos na infância são incorporados no trabalho psicoterapêutico. Discutimos no grupo, muitas vezes, sobre aspectos da vida pessoal que são mesclados à prática no consultório, envolvendo formas de trabalho e dificuldades com determinados atendimentos. Há uma orientação para que os conteúdos mobilizados sejam tratados na análise pessoal. No quarto sonho, foram trabalhados esses aspectos com base nas associações da sonhadora.

– Aspectos da transferência e contratransferência na análise, simbolizados pela entrada na "pele" da sonhadora de conteúdos agressivos do paciente, no quinto sonho citado, foram muito explorados pelo grupo.

– No sexto sonho, ficou evidente a preocupação com a persona do psicólogo – tema trabalhado em muitos sonhos, mas, sobretudo nesse relato. A sonhadora sente-se vulnerável, sem roupa, com medo de ser observada. O sonho trata de várias questões que envolvem a postura do psicoterapeuta quando inicia seus atendimentos e começa a envolver-se com sua prática analítica.

– A presença dos psicoterapeutas dos sonhadores foi um tema que surgiu em vários sonhos nos primeiros três meses de grupo. Após esse período, diminuiu a frequência desse símbolo. Esses sonhos revelaram um novo olhar para o trabalho no consultório, já que os membros começaram a incorporar o trabalho com sonhos no atendimento de seus pacientes. Ao mesmo tempo, também fizeram com que os sonhadores refletissem sobre seus próprios processos analíticos, já que também levaram seus sonhos para sua análise pessoal e perceberam mudanças em si mesmos, além de um maior aproveitamento do processo terapêutico. O sétimo sonho ampliou esse tema através das ampliações trazidas pela sonhadora.

– No oitavo sonho aparecem questões sobre o atendimento em si, bem como questões pessoais que se misturam e falam da forma maternal como a sonhadora acolhe os pacientes. Foi identificado um complexo materno e a influência dele no atendimento. Através de suas associações, muitos aspectos pessoais foram trabalhados, e também sua forma de atender os pacientes. Falamos sobre a necessidade de não ser tão maternal, mas apontar também aspectos de sombra, as regras da análise do paciente, tais como horário e pagamento, por exemplo.

– No nono sonho, a sonhadora dorme na sala de espera do consultório, antes de ir para casa. Vários aspectos foram trabalhados, dentre eles a dificuldade de se desprender dos conteúdos de forte carga emocional, trabalhados no consultório, e não levá-los para casa.

– O último sonho, considerado arquetípico pelo grupo, nos mostrou o caráter especial que adquiriu o trabalho de sonhos na visão dessa sonhadora. Ela captou a importância do trabalho no grupo e também, depois do sonho, sentiu-se autorizada para iniciar o trabalho com sonhos em seu consultório. Apesar de já ter recursos para iniciar esse trabalho, ela tinha insegurança de colocar em prática seus conhecimentos já adquiridos, tendo dúvidas quanto à validade de seu trabalho. O sonho foi compensatório e mostrou que já estava na hora dela começar. Ela já havia feito um curso de sonhos havia muitos anos e deixara de lado o que aprendera. Voltara a estudar e participar do grupo, pois fora mobilizada pelos sonhos de uma paciente, o que a fez sentir necessidade de trabalhar com sonhos. O sonho foi como um chamado interno, e seu caráter religioso mostrou a dimensão sagrada do trabalho com a alma humana, que deve ser integrado na análise junguiana e no lidar com as imagens oníricas. Esse sonho mobilizou muito a todos do grupo, porque de alguma forma retratou o trabalho de todos nós.

Os temas trabalhados, suscitados pelo relato dos sonhos, foram levantados com as associações pessoais das sonhadoras em relação aos símbolos apresentados. Foram muitas as reflexões que fizemos com o grupo de sonhos; aprendemos muito com ele, a cada encontro. Cada grupo, não raro, apresenta temas parecidos, cujas sincronicidades observamos e procuramos compreender.

Os sonhadores dos grupos perceberam que lidar com sonhos acelera e aprofunda o trabalho com o paciente, entrando num nível diferente de comunicação, em que o inconsciente é revelado através de imagens. Verificaram também um aumento do número de sonhos nos pacientes. Isso, a princípio, assustou alguns, pois sentiram receio de não dar conta de tantos conteúdos simbólicos e não conseguir explorar adequadamente os sonhos dos pacientes. Mas, com o decorrer do grupo, foram adquirindo uma maior segurança nesse trabalho.

Surgiram várias reflexões sobre o trabalho terapêutico e sua prática no consultório. Os profissionais envolvidos perceberam que o fato de estarem profundamente envolvidos com seu processo no trabalho com sonhos fazia com que acreditassem na eficácia dos resultados com seus pacientes. Perceberam o valor dos sonhos em seu mundo interno, e isso trouxe uma mudança significativa em seus atendimentos e em suas vidas pessoais. Além disso, os conteúdos dos sonhos que trabalhávamos no grupo eram explorados posteriormente em suas análises pessoais, segundo relatos dos participantes.

Eles perceberam na prática o fato de que a personalidade do terapeuta e sua prática não podem estar cindidas. A dissociação não é possível no trabalho junguiano, pois a teoria de Jung foi construída a partir de suas experiências internas. Observamos isso claramente no *Livro vermelho* (2010), no qual podemos observar a semente de toda a teoria em construção dentro da alma dele, através de um trabalho interno registrado sistematicamente.

Jung, em uma de suas conferências para educadores, coloca a seguinte questão sobre quem trabalha com sonhos:

> Como o sonho provém do homem como um todo, aquele que tenta interpretá-lo deve atingi-lo na totalidade de sua pessoa humana. *Ars totum requirit hominem* (a arte reclama o homem inteiro), diz um antigo alquimista. A inteligência e o saber devem ser atuantes, mas não se antepor-se ao coração, o qual por sua vez não deve ser vítima dos sentimentos. Tudo considerado, temos de concluir que a interpretação dos sonhos é uma arte, como de modo geral também o diagnóstico, a cirurgia e a terapia. É uma arte difícil de aprender, mas acessível aos capazes e predestinados (Jung, 1972, p. 112).

O trabalho do terapeuta com ele mesmo é muito importante. A profissão do analista não é algo simples, requer esforço porque ele é seu instrumento de trabalho; é a partir do que ele trabalha dentro de si mesmo que poderá auxiliar o outro.

É uma tarefa gratificante quando vemos resultados em nosso trabalho, mas é também uma tarefa árdua, porque não raro temos que lidar com questões difíceis envolvendo nossa sombra, questões éticas sobre nossa existência e o sentido da vida. Parece que precisamos, enquanto psicoterapeutas, nos importar não apenas com nossa persona de analistas, mas focar nosso *Self*, na busca da nossa individuação, pois de outra forma não conseguiremos reconhecer as experiências que propõem os *Selves* de nossos pacientes.

Concluo refletindo sobre as palavras de Marie-Louise von Franz (1999, p. 306), que faz o seguinte comentário sobre a formação do analista: "E não basta termos sentido uma única vez o chamado da vocação. O direito de praticarmos essa profissão precisa ser repetidamente conquistado dentro de nós".

Penso que essa conquista da qual nos fala a autora é diária e se concretiza na relação ética de respeito com cada paciente que atendemos, com nosso trabalho de aprendizado em grupos, nas leituras reflexivas e no olhar sensível para nossos próprios sonhos e de nossos pacientes, mas, sobretudo, no amor que deve reger cada atitude terapêutica.

Considero que esse trabalho de grupos para formação de psicólogos de fato conseguiu provocar em todos uma experiência mais ampla para trabalhar com os seus sonhos e os de seus pacientes. Além disso, aumentou o número de sonhos que seus pacientes trouxeram para análise, e por conta disso puderam trabalhar com mais frequência e segurança, pois uma forma de começarmos a compreender os sonhos é tendo acesso a esses conteúdos no trabalho instigante e diário no consultório. Portanto, essa metodologia empregada como forma de treinamento para o trabalho com sonhos mostra-se eficaz e pode auxiliar na formação do psicoterapeuta que quer fazer do sonho o foco de seu trabalho no consultório.

Como psicoterapeutas, quando experimentamos o trabalho com sonhos em nossas vidas, percebemos que o aprendizado sobre eles só pode acontecer quando vivemos o seu caráter transformador em nós mesmos. Apenas quando níveis profundos de nossa personalidade são tocados somos capazes de escutar relatos da vida interior de pacientes e começar a compreender um pouco mais sobre os símbolos que expressam a linguagem dos sonhos e os discursos da alma.

Referências bibliográficas

ARCURI, I. G.; CATTA-PRETA, M.; PETICOV, A. *Sonhos e arte – diário de imagens*. São Paulo: Primavera Editorial, 2012.
CATTA-PRETA, M. V. *A noite da alma*. São Paulo: Vetor, 2011.
_____. "Sonhos e insônia: O uso de imagens oníricas como instrumento terapêutico no auxílio ao tratamento de

indivíduos insones". Dissertação de mestrado pela PUC-SP, 2009.

GAMBINI, R. *A voz e o tempo*. São Paulo: Ateliê Editorial, 2009.

FUNKHOUSER, A. T. Seminar: Learning to Work with Everyday Dreams. Curso: Winter Intensive Study Program, 21/02/2013. CG Jung Institute, Zurique.

GALLBACH, M. *Aprendendo com os sonhos*. São Paulo: Paulus, 2000. Doutorado pelo IPUSP-SP, 1997.

HILLMAN, J. *Suicídio e alma*. Petrópolis: Vozes, 1993.

JUNG, C. G. *O homem e seus símbolos*. Rio de Janeiro: Nova Fronteira, 1964.

_____. *A natureza da psique*. Petrópolis: Vozes, 1991.

_____. *Fundamentos da psicologia analítica*. Petrópolis: Vozes, 1991a.

_____. *O livro vermelho*. Petrópolis: Vozes, 2011.

_____. *O desenvolvimento da personalidade*. Petrópolis: Vozes, 1972.

_____. *Seminários sobre sonhos de crianças*. Petrópolis: Vozes, 2011.

_____. *Cartas*, 1906-1945, vol. 1. Petrópolis: Vozes, 2001.

MCGUIRE, W. (org.). Dream analysis – notes of the seminar given in (1928-1930) by C. G. Jung. Princepton University Press, 1997.

MEIER, C. A. *Sonho e ritual de cura*. São Paulo: Paulus, 1999.

REITE, M. *Transtornos do sono*. São Paulo: Artimed, 2004.

RIBEIRO, S. "Sonho, memória e o reencontro de Freud com o cérebro". In: *Rev. Bras. Psiquatria*, v. 25, suplemento 2, dez. 2003.

UllMANN, M. "A note on the social referents of dreams". In: *Dreaming*, v. 11, n. 1, 2001. Disponível em: <htttp://www.asdreams.org/journal/articles/11-1_ullman.htm>. Acesso em: 30 jan. 2008.

VON FRANZ, M.-L. *Sonhos*. São Paulo: Paulus, 2011.

10.

GRUPO DE VIVÊNCIA DE SONHOS – UMA POSSIBILIDADE DE UTILIZAÇÃO PARA O DESENVOLVIMENTO DO TRABALHADOR SOCIAL

Heloisa Helena Alonso Capasso da Silva[1]

A esta hora exactamente, hay un niño en la calle...
Es honra de los hombres proteger lo que crece,
cuidar que no haya infancia dispersa por las calles,
de otro modo es inútil, de otro modo es absurdo

(*Canción para um Niño em la Calle*, Armando Tejada Gómes)

Introdução

É notória a importância dada aos sonhos ao longo da história da humanidade. Em consonância com a valorização desse aspecto da experiência humana, estão os estudos no campo das psicologias, no qual abordagens como a analítica apresentam, em sua ontologia e epistemologia, a postulação de um inconsciente considerado extremamente importante na etiologia e na dinâmica psíquicas.

A abordagem analítica compreende o fenômeno do sonho como principal elemento de expressão e acesso aos conteúdos do insconsciente. Segundo Jung (1991a, vol. 8,

---

[1] Psicóloga, mestre em psicologia clínica pelo Núcleo de Estudos Junguianos da Pontifícia Universidade Católica de São Paulo; especialista em psicologia analítica pela Universidade São Francisco. Atua na clínica desde 1987. Presta serviços psicológicos em equipamento da Política Nacional de Assistência Social, no serviço de proteção de alta complexidade.

par. 152), "o sonho é um produto puro do inconsciente". Mais tarde, em 1931, ele afirma que "é obvio que quem nega o inconsciente ou, pelo menos, o considera inexpressivo do ponto de vista etiológico também declare dispensável a análise dos sonhos" (1988, vol. 16, par. 294).

É certo que, nessa perspectiva, a abordagem analítica e os junguianos demonstram claro interesse na construção de instrumentos de investigação e intervenção que visam análise e interpretação de conteúdos advindos do inconsciente e necessariamente se deparam com os sonhos, as fantasias e os recursos expressivos como, por exemplo, os desenhos.

A possibilidade de se considerar os sonhos como um fenômeno importante para a pesquisa da psique também já havia sido indicada por Jung (1988, vol. 16, par. 295), quando afirmou que os sonhos são entendidos como "método de investigação de elementos originários de processos psicológicos inconscientes, e sua análise e interpretação é um empreendimento tecnicamente justificável, do ponto de vista científico" (1996, vol.18-1, par. 4).

Dessa forma, torna-se relevante que pesquisadores e analistas junguianos dediquem-se ao desenvolvimento e estudo de métodos e técnicas que ofereçam possibilidades de intervenção em seu cotidiano, contribuindo assim com a inserção, acesso e desenvolvimento da psicologia analítica em diversos contextos.

Dentro dos aspectos expostos, a proposta deste capítulo é a apresentação da minha experiência como pesquisadora do núcleo de estudos junguianos da PUC-SP, onde encontrei a posssibilidade de avaliar e ao mesmo tempo intervir num contexto bastante atual e relevante da nossa sociedade: o campo das necessidades sociais.

As perspectivas no campo das necessidades sociais

Um contexto atual intrigante, importante para a sociedade e ao mesmo tempo carente de investimentos em pesquisa é o proposto pela Política Nacional de Assistência Social, PNA, 2004.[2]

O cenário dessa Política Nacional de Estado[3] evidencia mudanças nos seus eixos e orientações, que alteraram, de modo significativo, a história do campo das necessidades sociais no Brasil. Essas mudanças, apesar de graduais, ampliaram, aprofundaram e qualificaram as perspectivas nesse campo.

Para que o leitor acompanhe as minhas concepções sobre as possibilidades de pesquisa e intervenção nesse contexto, apresentarei algumas peculiaridades, começando com uma breve retrospectiva histórica, referente ao campo da Assistência Social, especialmente a institucionalização.

A princípio, a institucionalização no Brasil era marcada pelo gerenciamento da Igreja, e o enfoque, essencialmente assistencialista (Silva, 2004). Por volta de 1922, o Estado iniciou uma aproximação e passou a cooperar nesse campo, juntamente com a Igreja. A partir de 1988, o envolvimento do Estado foi significativamente ampliado, sendo assinalado pela promulgação da Constituição Federal de 1988; em 1990, intensificou-se ainda mais com a edição do Estatuto da Criança e do Adolescente (Berger, Gracino, 2005; Arruda, 2006).

---

[2] Descreve como devem ser realizadas a Assistência Social e proteção social básica e indica tanto princípios, diretrizes, objetivos, serviços, programas e projetos quanto formas de monitoramento e avaliação. Além disso, descreve como seria a Assistência Social e as proteções afiançadas, definindo a proteção social básica e a proteção social especial – na qual estão os serviços destinados a indivíduos em situação de risco pessoal e social.

[3] Resultado do diálogo de um governo instituído por mandato e a sociedade civil organizada (Conselho Federal de Psicologia, 2009).

Em 1993, a Assistência Social foi incluída na Seguridade Social[4] e regulamentada pela Lei Orgânica da Assistência Social, LOAS.[5] Como Política Social Pública, consolidou os eixos da garantia de direitos, do acesso e da responsabilidade do Estado. Em 2004, outro marco importante no campo da Assistência Social foi a criação do Ministério do Desenvolvimento Social e Combate à Fome, além da aprovação da Política Nacional da Assistência Social.

Nota-se, ao longo da história, uma mudança gradual no eixo que vai da concepção assistencialista e correcional inicial para a garantia de direitos (Silva, 2004). Como resultado dessa mudança, a dimensão da garantia de direitos, especialmente nas Políticas voltadas para a criança e o adolescente, direcionou o atendimento. A concepção de que os sujeitos são dotados de direito foi inserida, sendo o respeito à diversidade, individualidade, autonomia, entre outros, prerrogativa fundamental. Essa perspectiva alterou significativamente o eixo e a qualidade da prestação de serviços no campo das necessidades sociais em nosso país. Os recursos humanos reconhecidos como os principais agentes da Política deviam ser o centro das atenções para a efetivação dos princípios e diretrizes descritos em todo o processo de construção da Política, logo, da sociedade que idealizamos. Entretanto, os trabalhadores sociais, contrariamente ao que se poderia prever, tornaram-se, ao mesmo tempo, os detentores da absoluta "contradição implícita" ao seu fazer.

A problematização da "contradição implícita" nos serviços prestados pelos trabalhadores sociais é discutida

---

[4] Conjunto integrado de ações e iniciativas dos poderes públicos e da sociedade destinadas a assegurar o direito à saúde, à previdência e à assistência social, com princípios e diretrizes estabelecidos por Lei (Brasil, 1991)

[5] Lei que dispõe sobre a organização da Assistência Social e dá outras providências.

desde 1988 com os trabalhos de Marin (1999), pesquisadora e psicanalista. A autora ressalta o contraste nas intenções de uma sociedade que acolhe ao mesmo tempo que exclui. Outrossim, o trabalhador social é muitas vezes vítima e tão vulnerável como a criança e o adolescente que estão sob os seus cuidados.

Além disso, no caso específico da cidade de São Paulo, o atendimento é realizado em uma unidade institucional, oferecido em parceria[6] entre entidades filantrópicas, com eixo essencialmente assistencialista, e poder público, com fins e propósitos de garantia de direito.

O contexto apresentado é bastante peculiar e evidencia uma série de especificidades que nos fazem pensar na possibilidade de intervir qualificando o serviço prestado por meio de programas de desenvolvimento para os trabalhadores dos equipamentos públicos.

Preocupações semelhantes são encontradas em pesquisadores como Bazon e Biasoli-Alves (2000), Arpini e Yunes (2003), além de Arruda (2006), fomentando a necessidade de desenvolvimento, qualificação, conscientização, atenção ao ideário e à subjetividade do trabalhador social, pricipalmente dos equipamentos de acolhimento e proteção de alta complexidade.[7]

Em suma, imbuida da tarefa de propor intervenções nesse contexto utilizando os recursos da psicologia analítica e levando em conta a diversidade de vulnerabilidades,[8]

---

[6] Os recursos da Assistência Social são aplicados em parcerias técnico-financeiras firmadas entre município e entidades filantrópicas, geralmente ligadas às igrejas.

[7] Serviços que garantem proteção integral: moradia, alimentação, higienização e trabalho protegido para famílias e indivíduos que se encontram sem referência e/ou em situação de ameaça, necessitando ser retirados de seu núcleo familiar e/ou comunitário (Brasil, 2010, p. 38).

[8] A vulnerabilidade é caracterizada por um processo de violências associadas que impactam negativamente sobre o sujeito, aumentando a probabilidade do aparecimento de dificuldades físicas, sociais e emocionais (Conselho Federal de Psicologia, 2009).

objetivei avaliar a utilização do instrumento Grupo de Vivência de Sonhos como possibilidade de transformação da percepção dos trabalhadores sociais acerca de sua atividade profissional com o propósito de desenvolvimento.

O desenvolvimento do trabalhador social e a abordagem analítica

Certamente, depois do contexto apresentado, pensar sobre o desenvolvimento do trabalhador social envolve uma diversidade de aspectos subjetivos individuais do trabalhador, além de aspectos subjetivos da própria organização e também da sociedade, muitas vezes contraditórios e enraizados nas experiências.

Para iniciar o caminho no sentido de tocar a complexidade descrita, recorri às teorias de desenvolvimento, que, além dos treinamentos, descrevem o processo de autodesenvolvimento com ênfase na vivência, na percepção e na capacidade íntrinseca de cada pessoa, que incluem e valorizam inclusive os estímulos e conhecimentos absorvidos ao longo da trajetória de vida (Pacheco, 2009).

Reis *et al.* (2009) complementa o que diz Pacheco, afirmando que uma importante metodologia no trabalho em desenvolvimento consiste em considerar os aspectos psicológicos e emocionais envolvidos no trabalho.

Dessa maneira, busquei nas bases da psicologia analítica os conhecimentos e instrumentos necessários para acessar os aspectos psicológicos, subjetivos e emocionais dos trabalhadores.

Nessa mesma linha, visando o acesso aos aspectos psicológicos e emocionais, inclusive os inconscientes, recorri às contribuições de Jung (2008) referentes ao processo de ampliação da personalidade. O autor sugere, entre outras coisas, a importância da análise dos sonhos para a ampliação de horizontes e humanização do indivíduo. Nesse ponto, Penna (2009) complementa, salientando que Jung denominou esse processo de "individuação".[9]

Encontrei, então, na análise de sonhos, a possibilidade que buscava, salvo que ela é descrita para o contexto psicoterápico individual. Logo, investiguei o trabalho de pesquisadores como Gallbach (1997, 2003), que avaliou de modo qualitativo a eficácia terapêutica da técnica do Grupo de Vivência de Sonhos com ênfase na vivência do conteúdo onírico pelo sonhador. Estudei e sistematizei o trabalho da autora, confeccionando um caderno apostilado que possibilitou o registro necessário dos dados e a devida adaptação à situação de pesquisa.

Destaco ainda as contribuições dos trabalhos publicados pela pesquisadora junguiana Freitas (2005a, 2005b, 2006 e 2007). Pois a situação de trabalho em grupo contém certas particularidades e considerações específicas dentro da abordagem junguiana, como, por exemplo, o processo de "grupação"[10] descrito pela autora.

Portanto, surgiu a ideia de avaliar a técnica do Grupo de Vivência de Sonhos na sua aplicação em contexto de organizações sociais, com o fim de verificar a possível transformação da percepção dos trabalhadores acerca da sua atividade profissional e consequente desenvolvimento dos recursos humanos.

---

[9] A individuação significa precisamente a realização melhor e mais completa das qualidades coletivas do ser humano; é a consideração adequada, e não o esquecimento das peculiaridades individuais, o fator determinante de um melhor rendimento social (Jung, 2008, vol. 7/II, p. 267).

[10] Ocorre pelo *Self* grupal, que interage com as elaborações que estão sendo processadas individualmente por cada participante do grupo (Freitas, 2006).

A avaliação do grupo de vivência de sonhos como transformador da percepção do trabalhador social

A minha proposta de pesquisa com característica metodológica qualitativa foi avaliar o Grupo de Vivência de Sonhos como possibilidade de transformação da percepção do trabalhador acerca de sua atividade profissional. Para essa avaliação, priorizei instrumentos que pudessem investigar tanto aspectos conscientes como inconscientes dos trabalhadores, dentro das proposições da psicologia analítica de C. G. Jung e os junguianos.

O primeiro instrumento aplicado foi o que chamamos de Discussão Temática, que abordou pelo menos três aspectos da função do trabalhador: a caracterização, o levantamento de dificuldades e a descrição das necessidades para sua realização. A Discussão Temática visou auferir a percepção do trabalhador, antes e depois do grupo, além de incitar e favorecer a manifestação onírica. Esse instrumento foi avaliado a partir da metodologia proposta por Minayo (2003, 2010).

O segundo instrumento aplicado, visando também auferir a percepção do trabalhador, antes e depois do grupo, foi o Desenho Temático, que, segundo Furth (2009), é um recurso expressivo e ferramenta valiosa para revelar aspectos inconscientes. Esse instrumento foi avaliado a partir da metodologia proposta pelo autor citado.

O terceiro instrumento aplicado foi o Grupo de Vivência de Sonhos com o objetivo de ser avaliado como possível promotor de transformação da percepção do trabalhador acerca de sua atividade profissional.

Assim, os resultados encontrados apontam para a transformação da percepção do trabalhador social, principalmente acerca da caracterização da função. Nota-se a ampliação da percepção ao incluírem, após o Grupo de Vivência de Sonhos, na Discussão Temática, no item caracterização da função, ações categorizadas como criativas, singulares e transformadoras.

Além disso, utilizar sonhos dos trabalhadores resultou em tocar aspectos pessoais e do trabalho, que dificilmente conseguiríamos atingir num treinamento formulado, *a priori*, por um profissional tecnicamente preparado.

Do mesmo modo, vivências, sentimentos e emoções difíceis de serem abordados, que permeiam o contexto apresentado inicialmente como o abandono, a passividade perante situações de injustiça, a agressividade latente e intrínseca à situação de abrigamento, apareceram nos sonhos dos trabalhadores e foram compartilhados e discutidos no grupo.

Eventualmente, avaliamos que a ampliação da consciência gerada pelo processamento do sonho proposto pelo Grupo de Vivência de Sonhos possa refletir em uma postura mais segura do trabalhador, no incentivo do uso da criatividade no seu fazer, o que torna sua presença singular e, assim, significativa na construção e preservação do vínculo com a criança e o adolescente atendidos.

Analogamente aos benefícios citados, faço referência ao acolhimento das necessidades subjetivas do trabalhador causadas, muitas vezes, pelo contexto repleto de vulnerabilidades.

Ademais, o Grupo de Vivência de Sonhos também foi avaliado em sua aplicação no âmbito do trabalho e da organização de cunho social; certamente, a situação encontrada foi favorável e demonstrou que pode trazer benefícios ao trabalhador e também às organizações que sofrem de uma certa rigidez.

Enfim, o Grupo de Vivência de Sonhos pode conter, além da perspectiva terapêutica e de pesquisa, a perspectiva transformadora da experiência no âmbito do trabalho social, gerando autoconhecimento, ampliação da personalidade, de horizontes e consequente humanização do indivíduo, incrementando o desenvolvimento humano, colaborando, assim, com a qualificação dos recursos humanos da Política Nacional de Estado.

Considerações finais

Certamente, quando propus relatar minha experiência como pesquisadora do núcleo de estudos junguianos da PUC-SP, demonstrando a possibilidade de inserir os princípios e as bases da psicologia analítica em contextos diversos, como o campo das necessidades sociais, objetivei incentivar outros pesquisadores na realização da aproximação dessa abordagem com a realidade que vivenciamos e trabalhamos, contribuindo, assim, com nossa sociedade e com o campo da ciência.

Na minha busca, encontrei referências em uma psicologia analítica construída principalmente por pesquisadores brasileiros, com muitos dos quais tenho a honra de compartilhar esta publicação.

Enfim, muito me alegra ser prestadora de serviço num equipamento de Proteção de alta complexidade e dispor minha experiência de 26 anos de trabalho no diálogo enriquecedor com sujeitos que, apesar de toda a diversidade de vulnerabilidades, vivem, se desenvolvem e são verdadeiros senhores de suas histórias, ensinando que a vida, acima de tudo e contra tudo, vive e se realiza na individualidade e na individuação de cada um.

Referências bibliográficas

ARPINI, D. M. "Repensando a perspectiva institucional e a intervenção em abrigos para crianças e adolescentes". In: *Psicol. cienc. prof.*, Brasília, v. 23, n. 1, mar. 2003. Disponível em: <http://pepsic.bvsalud.org/scielo.php?script=sci_

arttext&pid=S1414-98932003000100010&lng=pt&nrm=iso>. Acessado em: 10 out. 2010.

ARRUDA, I. C. "O cotidiano de um abrigo para crianças e adolescentes: uma simplicidade complexa". 2006. 201 f. Dissertação de mestrado em Serviço Social. Pontifícia Universidade Católica de São Paulo, 2006.

BAZON, M. R.; BIASOLI-ALVES, Z. M. M. "A transformação de monitores em educadores: uma questão de desenvolvimento". In: *Psicol. Reflex. Crit.*, v. 13, n. 1, 2000, p. 199-204.

BERGER, M. V. B.; GRACINO, E. R. "Aspectos históricos e educacionais dos abrigos de crianças e adolescentes: a formação do educador e o acompanhamento dos abrigados". In: *Revista HISTEDBR On-line*, Campinas, n. 18, p. 170, 18 jun. 2005. Disponível em: <http://www.histedbr.fae.unicamp.br/art17_18.pdf>. Acessado em: 10 out. 2010.

BRASIL. *Lei Federal 8212, de 24 de julho de 1991. Lei orgânica do seguridade social*. Presidência da República. Disponível em: <www.planalto.gov.br/ccivil_03/leis/l8212cons.htm>. Acessado em: 10 out. 2010.

_____. *Lei Federal 8742, de dezembro de 1993. Lei orgânica da assistência social*. Ministério da Assistência e Previdência Social. Disponível em: <http://www.planalto.gov.br/ccivil_03/Leis/L8742.htm>. Acessado em: 10 out. 2010.

_____. *Política Nacional de Assistência Social*. Disponível em: <http://www.mds.gov.br/sobreoministerio>. Acessado em: 10 out. 2010.

CONSELHO FEDERAL DE PSICOLOGIA. *Serviço de Proteção Social a Crianças e Adolescentes Vítimas de Violência, Abuso e Exploração Sexual e suas Famílias: referências para a atuação do psicólogo*. Brasília, DF: Conselho Federal de Psicologia, 2009.

FREITAS, L. V. "Algumas considerações sobre a psicologia analítica no Instituto de Psicologia da Universidade de São Paulo". In: *Bol. psicol.*, v. 57, n. 126, jun. 2007, São Paulo. Disponível em: <http://pepsic.bvsalud.org/scielo.php?script=sci_arttext&pid=S0006-59432007000100007&lng=pt&nrm=iso>. Acessado em: 01 mai. 2011.

_____. "Apresentação Dossiê Jung". In: *Psicol. USP*, v. 16, n. 3, set. 2005b, São Paulo. Disponível em: <http://www.revistasusp.sibi.usp.br/scielo.php?script=sci_arttext&pid=S1678-51772005000300002&lng=es&nrm=iso>. Acessado em:

01 mai. 2011.

_____. "Grupos vivenciais sob uma perspectiva junguiana". In: *Psicol. USP*, v. 16, n. 3, set. 2005a, São Paulo. Disponível em: <http://www.revistasusp.sibi.usp.br/scielo.php?script=sci_arttext&pid=S1678-51772005000300004&lng=pt&nrm=i so>. Acessado em: 16 mar. 2011.

_____. "Processo de 'Grupação'? Reflexões sobre o potencial dos grupos vivenciais". In: IV Congreso Latinoamericano de Psicologia Junguiana, 2006, Punta del Este. *Anales del IV Congreso Latinoamericano de Psicologia Junguiana*. Montevideo: Imprenta Gega, 2006, p. 369-373.

FURTH, G. M. *O mundo secreto dos desenhos: uma abordagem junguiana da cura pela arte*. 3ª ed. São Paulo: Paulus, 2009.

GALLBACH, M. R. *Aprendendo com os sonhos*. 2ª ed. São Paulo: Paulus, 2003.

_____. "Grupo de Vivência de Sonhos: uma investigação sobre formas de trabalho com sonhos". São Paulo: USP, 1997. 212 p. Tese de doutorado. Programa de Pós-graduação em Psicologia, Instituto de Psicologia, Universidade de São Paulo, São Paulo, 1997.

JUNG, C. G. *A dinâmica do inconsciente*, vol. 8. Obras completas. Petrópolis: Vozes, 1991a.

_____. *A prática da psicoterapia: contribuições ao problema da psicoterapia e à psicologia da transferência*, vol. 16. Obras completas. Petrópolis: Vozes, 1988.

_____. *O eu e o inconsciente*, vol. 7-2. Obras completas. Petrópolis: Vozes, 2008.

MARIN, I. S. K. *FEBEM, família e identidade: (o lugar do outro)*. 2ª ed. São Paulo: Editora Escuta, 1999.

MINAYO, M. C. S. (org.). *Pesquisa social: teoria, método e criatividade*. 22ª ed. Petrópolis: Vozes, 2003.

MINAYO, M. C. S. *O desafio do conhecimento: pesquisa qualitativa em saúde*. 12ª ed. São Paulo: Editora Hucitec, 2010.

PACHECO, L.; SCOFANO, A. C.; BECKERT, M. C. P.; SOUZA, V. *Capacitação e desenvolvimento de pessoas*. Rio de Janeiro: Editora FGV, 2009.

PENNA, E. M. D. *Processamento simbólico arquetípico: uma proposta de método de pesquisa em psicologia analítica*. 2009. 208 f. Tese de doutorado em psicologia clínica. Pontifícia Universidade Católica de São Paulo, São Paulo, 2009.

REIS, A. M. V. et al. *Desenvolvimento de equipes*. Rio de Janeiro: FGV, 2008.

SILVA, E. R. A. (org.). *O direito à convivência familiar e comunitária: os abrigos para crianças e adolescentes no Brasil*. Brasília: IPEA/CONANDA, 2004. 416p.

YUNES, M A. M. "II Seminário Internacional: Educação Intercultural, Gênero e Movimentos Sociais – Identidade, Diferença, Mediações. Reflexões sobre a Necessidade de Programas de Educação de Trabalhadores Sociais que atuam junto às Famílias de Baixa Renda". Abril/2003. Disponível em: <http://www.rizoma.ufsc.br/pdfs/757-of7b-st2.pdf>. Acessado em: 10 mar. 2011.

11.
A VIDA NA RUA E NO TRÁFICO DE DROGAS – COM O QUE SONHAM ESSES JOVENS?

Felícia Rodrigues Rebelo da Silva Araujo[1]

Os jovens que se envolvem com o tráfico de drogas ou que deixam suas casas e passam a viver nas ruas atravessam a fase da adolescência de maneira bem particular. Isso acontece porque vivem experiências marcantes nesses contextos caracterizados pela violência, pelo risco, pela agitação e pelo medo.

A adolescência possui suas qualidades características e deve ser entendida como um período da vida com aspectos psíquicos próprios, que não seguem as regras de funcionamento da infância nem da idade adulta. É, ainda, um momento de grande acesso de energia que impulsiona o jovem a grandes transformações físicas, psicológicas e sociais. De acordo com Jung (1991), enquanto a infância trava uma luta pela existência do ego, a juventude inaugura uma nova luta para afirmar-se diante do mundo e de si mesmo. As novas configurações psíquicas que são formadas nesse período devem ser capazes de sustentar decisões e responsabilidades mais permanentes, próprias

---

[1] É psicóloga; psicoterapeuta junguiana; mestre em psicologia clínica pelo Núcleo de Estudos Junguianos da PUC-SP; professora e supervisora clínica do curso de psicologia da FMU; *trainee* do curso de formação de Analistas Junguianos da SBPA.

do mundo adulto. Devido à intensidade desse período e a sua condição de passagem para uma nova etapa da vida, Erikson (1976) diz que na adolescência ocorre uma crise normal. Todas essas questões recebem uma tonalidade especial quando vividas na rua ou no tráfico de drogas, e a adolescência ganha, então, nova dimensão nesses contextos, segundo Bedoian (2007).

Uma leitura simbólica dos sonhos desses jovens permite refletir sobre a repercussão dessas experiências em sua psique. Este capítulo pretende abordar a dinâmica psíquica dos jovens submetidos às condições da rua e do tráfico de drogas, por meio da compreensão simbólica do material de entrevistas e dos relatos de sonhos. Essas reflexões baseiam-se nos estudos realizados numa pesquisa[2] com vinte adolescentes frequentadores da instituição Projeto Quixote.[3] Nas entrevistas realizadas, os jovens contaram como funcionam esses ambientes, como as relações são estabelecidas ali e como essas experiências ressoam neles. Ao final das entrevistas, foi pedido que relatassem um sonho; embora inicialmente estranhassem falar sobre o que sonhavam, logo se lembravam de algum sonho para contar, e muitas vezes mais de um. Mostravam fortes emoções em relação aos sonhos, o que denuncia o caráter numinoso deste e sua relevância para o jovem. Enquanto contavam suas experiências na rua ou no tráfico, alguns conteúdos eram constelados no inconsciente e revelados através do relato do sonho escolhido, por isso a compreensão simbólica dos conteúdos oníricos permitiu

---

[2] F. R. R. S. ARAUJO, "Passagem perigosa: a construção da identidade de jovens em situação de vulnerabilidade social". Dissertação de mestrado em psicologia clinica, Pontifícia Universidade Católica de São Paulo, PUC-SP, São Paulo, 2010.

[3] O Projeto Quixote é "uma OSCIP sem fins lucrativos que atua na missão de transformar a história de crianças, jovens e famílias em complexas situações de risco através do atendimento clínico, pedagógico e social integrados, gerando e disceminando conhecimento" (www.projetoquixote.org.br).

o entendimento de considerações da totalidade psíquica a respeito do que viviam cotidianamente. Através dessa leitura simbólica, foi possível observar a profundidade dos reflexos que as experiências vividas produziam na psique. Segundo Jung (1991), os sonhos expressam conteúdos inconscientes que foram reunidos e selecionados em função do estado atual da consciência, expressam um sentido e informam sobre a situação psíquica da pessoa. Jacobi (1957) concorda, dizendo que os sonhos são depoimentos da psique sobre ela mesma.

Um dos aspectos mais marcantes nos sonhos desses jovens é a alta frequência do tema da violência. Relatam imagens oníricas de mortes, tiros, facadas, brigas, agressões, e o medo é um elemento frequente nos relatos. Esse dado está de acordo com o conteúdo das entrevistas, que trazem diversas histórias de experiências agressivas na vida na rua ou no crime, e muitos episódios de violência familiar ou na comunidade onde viviam. A violência mostrou-se uma realidade cotidiana e chega a ser esperada como um fator comum, aparecendo com frequência também nos sonhos. Essa realidade violenta parecia presente na vida desses jovens antes mesmo de se envolverem com o tráfico de drogas ou saírem para as ruas, e o padrão violento que era vivido em casa ou na comunidade, conforme suas histórias, se repete.

A rua e o tráfico de drogas são ambientes perigosos, ameaçadores e hostis, mas guardam diferenças importantes entre si. Os jovens que vivem nas ruas estão ali de diferentes formas. Apesar de todas as histórias indicarem grande abandono e fragilidade dos vínculos familiares, todos possuíam algum contato com a família. Alguns estão na rua há tempo, outros, há dias, mas a maioria transita entre a casa, a rua e os abrigos da prefeitura. Ocorrem uso de drogas, brigas, furtos; no entanto, tudo que eles vivem ali deve ser compreendido na perspectiva da vida na rua.

De acordo com Bedoian (2007) e Rigatto (2007), estar na rua significa viver os vínculos e experiências típicos da rua. O tráfico de drogas oferece aos jovens diferentes formas de participação e diferentes graus de envolvimento com a organização criminosa. Quanto maior for o cargo assumido, maior será o comprometimento com a organização e com as pessoas de lá; maiores serão as responsabilidades, e mais rígidas, as regras. Um dos cargos mais baixos está vinculado à venda de pouca quantidade de drogas, condição à qual estava submetida a maioria dos jovens participantes da pesquisa. O mundo do crime é arriscado, e a ameaça de morte é um perigo iminente.

Esses ambientes são regidos por regras claras e definidas, e o descumprimento pode acarretar punição cruel, com pouca possibilidade de negociação. Os jovens conhecem as regras com clareza e estão sempre atentos para não errar, como uma necessidade de adequação e sobrevivência. O cotidiano na rua é marcado pela agressividade, pelo abandono, pela vulnerabilidade, e no tráfico de drogas soma-se tudo isso à valorização da maldade e o sentimento de medo e desamparo. As caraterísticas que são valorizadas na rua e, principalmente, no tráfico de drogas afastam o outro, "a pessoa tem um lado bom e um ruim. Nesses lugares, tem que mostrar o lado ruim", diz um dos participantes da pesquisa, envolvido com o tráfico. Essas condições violentas somadas à condição de ameaça constante de morte, que não garante a segurança básica para a vida, sobre a qual pode se desenrolar o desenvolvimento da personalidade, não favorece o desenvolvimento da autonomia, da independência, mantendo os jovens num estado de indiferenciação, e numa configuração psíquica com pouca capacidade de discriminação e avaliação. Isso dificulta, inclusive, a consideração que eles fazem daquilo que vivem nesses ambientes.

Além disso, a droga, o medo, o sexo indiscriminado, a falta de sono, a adrenalina do risco e a agitação da rua e do crime também contribuem para esse estado pouco consciente, entorpecido. Os jovens dizem que, à medida que se envolvem com essas realidades, torna-se mais difícil sair dali ou buscar novas alternativas de vida. Eles são fisgados, têm menos discernimento para avaliar o que vivem e experimentam algo parecido com um vício.

A escolha pela vida no tráfico de drogas e pela vida na rua também foi tomada de forma pouco consciente. Os jovens buscam a rua devido a uma difícil situação familiar, com histórias frequentes de violência doméstica, seja ela física ou psicológica, ou de abandono. Saem em busca de novos vínculos, novos relacionamentos e da liberdade que encontram na rua. Os jovens do tráfico de drogas saem em busca de poder e da valorização que tem um criminoso em muitas comunidades, iludidos com promessas de dinheiro, respeito e *status*. Ambos decidem-se por essas experiências ainda muito novos, em momentos de muita tristeza, raiva e desespero, o que dificulta a avaliação das consequências que essas experiências proporcionariam.

Os sonhos mostram que a escolha por esses caminhos foi realizada, de início, de forma pouco consciente, e que os jovens continuam submetidos a essas condições sem considerá-las de maneira mais cuidadosa, refletindo pouco sobre isso e avaliando mal os riscos daquilo que vivem. Surgem imagens nos sonhos em que o ego onírico está desligado ou adormecido; momentos em que a realidade da rua ou do crime incidem sobre eles independente das suas decisões, retratos de situações em que o jovem não percebe o caminho percorrido por ele e não controla as condições que o levam para esses ambientes.

Uma menina com vivência de rua conta o seguinte sonho: "Sonhei que eu estava na rua e amanhecia cheia de tiros. Eu estava dormindo e tomava um tiro na cabeça de um cara que um outro cara estava devendo (sic)". Esse sonho mostra que a garota está inserida nesse ambiente e tem pouca consciência dessa realidade, está desacordada. Sofre uma ameaça num momento em que está sem defesas, adormecida e padece sob as circunstâncias de uma situação com a qual não tem ligação nenhuma. É acometida por uma situação. O tiro atinge a cabeça, o local da consciência, do pensamento, da decisão.

Outro jovem que teve envolvimento com o tráfico de drogas conta o seguinte sonho: "Eu fui visitar (na prisão) o cara que foi preso comigo e fiquei trocando ideia com ele. Assisti o jornal com ele e começou um tiroteio. Tomei um susto porque eu achei que eu estava lá no meio (sic)". O ambiente do sonho é a prisão, o que indica que o sonho trata da parcela da vida de F. que tem relação com o tráfico de drogas. No sonho, ele é colocado dentro do tiroteio, pego de surpresa, envolvido na situação sem que tenha controle. É atraído para o tiroteio sem saber como nem por que, e não sabe se sairá ou não. Ao mesmo tempo que parece envolvido no tiroteio de forma surpreendente (o que pode representar o envolvimento pouco consciente na vida do crime), é ele quem vai de encontro ao amigo. Há uma atitude do sonhador que o leva ao tiroteio de alguma maneira. Esse sonho indicaria que algumas atitudes de F. o levam à vida do crime, e talvez ele tenha pouca consciência de como isso acontece.

Evidencia-se, também, tanto no discurso dos jovens quanto nos sonhos, estados de inflação egoica. Relatam avaliações ingênuas das situações perigosas vividas, das consequências das escolhas, das suas reais possibilidades e limites, além da sensação de imunidade diante do risco e da busca de saídas fantásticas para os problemas. O estado de inflação é comum na adolescência e impulsiona o jovem na sua busca por identidade e novas referências, revestindo-o de poder transformador. No caso de uma vida permeada por riscos reais contra ela, a inflação pode se tornar extremamente perigosa. Imagens oníricas corroboram o que eles contam nas entrevistas, e retratam estados de inflação egoica.

N., uma menina com vivência de rua, conta o seguinte sonho: "Sonhei que eu estava na favela e que eu ia morrer, tinha tomado vários tiros de dois ou três caras, e chegou a polícia. Caí no chão. Aí eu levantei do nada e eu estava com um colete a prova de balas, e pensei 'ôxe, eu não estava com isso aqui'. Aí eu fui atrás dos meninos e eles acharam que eu era um espírito. Depois os caras me mataram de verdade (sic)". Esse sonho retrata as experiências perigosas às quais N. estava exposta e a maneira como a sonhadora se relaciona com os riscos. A presença do colete a prova de balas e a decisão do ego onírico de continuar atrás dos homens armados alude a uma crença de N. de que é imune a esse mundo perigoso. Ela se relaciona com as ameaças de forma inconsequente e irresponsável, apostando em superpoderes que não possui.

M. M., um garoto envolvido com o tráfico, relata um sonho que também oferece reflexões a respeito do estado de inflação egoica. "Eu estava descendo uma rua e descia e pulava bem alto, meio voando. Era a rua de casa, normal. Acordei assustado porque na hora que eu estava caindo eu achei que eu fosse me machucar" (sic). Esse sonho traz a imagem de pular bem alto, com pouco contato com a realidade. Retrata um contato pouco consciente com aquilo que vive. Ele mesmo pula, deflagrando uma atitude perigosa que provoca medo, mas parece ter pouco controle sobre o que acontece.

A possibilidade de viver um momento de pausa nesses ambientes acelerados e refletir fica muito difícil, mas seria uma oportunidade de reavaliar e refazer escolhas de vida. Daria a possibilidade de retomar uma postura mais consciente diante do que vivem e a capacidade de discernimento. É importante que retomem a consciência de seu tamanho real, dos riscos que enfrentam, dos seus alcances e limites. Às vezes essa pausa é experimentada pela vivência de um susto, na ocasião de um grande perigo enfrentado, pela iminência da morte, pela dor de uma grande perda ou até em situações em que vão presos. Alguns jovens relatam a experiência de ser preso como um momento de consciência; um deles disse que, ao ser preso, pensou: "Este é o meu limite". Entretanto, muitos jovens não vivem essa experiência dessa forma e seguem em frente.

Às vezes esse susto é vivido num sonho. São sonhos que chocam o sonhador, assustam e sacodem o ego, tirando o jovem de certa sonolência. Seriam como choques aplicados no ego quando ele precisa despertar, segundo Von Franz (1988) e Whitmont e Pereira (1995). Esses sonhos retratam a realidade vivida pelos jovens com toda a frieza que lhe é própria. Ressaltam a violência que vivem cotidianamente. O mundo interno explana a qualidade do que vivem, denunciando a possibilidade de um desfecho trágico para essa história de vida. São sonhos com mortes e sofrimento, experiências abusivas, trajetos que não têm saída, perda de pessoas queridas, escolhas caras. Por causarem muito medo, chamam atenção para os perigos que são pouco considerados.

Mesmo que sutilmente, muitas vezes esses momentos promovem alguma reflexão sobre aquilo que vivem. Os jovens ao menos se assustam com a realidade da qual fazem parte. O sonho provoca e de alguma forma abala um pouco essa inconsciência. Mesmo que isso não seja suficiente para mobilizar uma mudança de escolha de vida, cria um registro emocional nesses jovens que indica a qualidade daquilo que vivem. Um trabalho que possa ser desenvolvido no sentido de acompanhar esses jovens pode lançar mão da possibilidade de acessar esses registros.

Além de violentas, as experiências vividas na rua e no tráfico de drogas são muito transformadoras. Os jovens se dizem diferentes após essas vivências. Quanto mais se envolvem, mais marcados ficam por esses ambientes. Tornam-se cada vez mais profundamente meninos de rua, garotos do tráfico.

Os jovens, na sua condição de adolescentes, sonham com questões típicas dessa fase da vida. Trazem imagens referentes aos conflitos da sexualidade, a convivência com os amigos, com os novos namorados, os embates com a família. Os jovens de rua sonham mais com esses motivos adolescentes do que os jovens do tráfico de drogas; talvez isso indique um distanciamento dessas motivações em função do endurecimento necessário à dedicação ao crime. Isso mostra o profundo grau de sensibilização ao qual estão expostos e as importantes marcas que podem causar no desenvolvimento.

A adolescência é uma fase que clama por transformações, pois é o momento de passagem para a vida adulta. Portanto, a disposição adolescente para mudanças se soma à força transformadora das vivências da rua e do crime. Segundo Frankel (2005), os jovens são atraídos por imagens de morte, renascimento e transformação. Algo no jovem precisa morrer pela necessidade de uma nova vida. Por isso o tema da morte é tão presente na adolescência.

A morte também ganhou destaque nos sonhos desses jovens, e existem várias maneiras de compreender esse símbolo. Uma das formas seria observar o símbolo da morte como uma condição de transformação. Esses jovens vivem num estado de transitoriedade, de tornar-se, o que indica a passagem por uma fase importante que está formando estruturas que ainda não se definiram.

No caso dos jovens participantes da pesquisa, que enfrentam situações extremamente perigosas em que há ameaça real de morte, há o risco de viverem concretamente a disposição do *Self* por transformações, e torná-la um fato literal de perder a vida. Por isso, outra maneira de compreender o símbolo da morte que aparece frequentemente nos sonhos é observá-lo como um alerta para os perigos vividos e para a possibilidade de morte real do sonhador. Chamam atenção para a possibilidade de um desfecho trágico dessa história que vivem. Alertam, também, para a morte de aspectos valiosos dos jovens que estão sucumbindo diante das condições vividas e a necessidade de uma decisão e mudança de atitude por parte do ego em direção a uma nova postura de vida.

Os sonhos apresentam também a configuração de um importante conflito interno. Há aspectos que impulsionam os jovens em direção às experiências perigosas e outros aspectos que tentam retirá-los de lá. Alguns personagens nos sonhos os empurram para essa vida, mostrando uma dinâmica que paralisa alguns recursos internos e os mantêm na dinâmica da violência. Outros personagens oníricos tentam afastá-los desses contextos. Há uma briga interna.

Um dos garotos com vivência do tráfico de drogas conta o seguinte sonho: "Sonhei hoje, eu e meus dois irmãos. Nós três brigando, um deu uma facada no outro. Eu chamei o que estava sangrando, vem aqui, e abracei ele" (sic). O sonho apresenta um intenso conflito interno, no qual um aspecto se sobrepõe ao outro e quase mata, agride, exclui. No entanto, esse sonho mostra também que ele precisa de cuidados e aponta a possibilidade dele acolher seus aspectos feridos. O sonhador abraça e cuida do menino desamparado, humilhado, machucado, o que indicaria a possibilidade de transformação e integração de alguns aspectos importantes para o seu desenvolvimento.

Nas imagens que apontam para a presença desses conflitos internos, fica evidente a presença de elementos violentos dentro deles, dos quais muitas vezes o indivíduo foge. Uma forma de compreensão seria que os sonhos apontam a necessidade de lutar contra esses aspectos violentos; uma luta contra o mal interno e externo, que configura a possibilidade de constituição de uma consciência ética, capaz de manter a tensão entre os opostos bem e mal, que habitam dentro e fora de todos nós. Esses sonhos indicam ainda a necessidade de fugir desses elementos até que seja possível integrar recursos internos que os auxiliem a conhecer melhor esses elementos e lidar com eles de novas maneiras sem que sejam levados por eles ou que precisem fugir deles.

Um exemplo desses sonhos é apresentado por S., uma menina com vivência de rua. Sonhou que um diabo muito forte a perseguia, e ela foge em direção a uma igreja que havia atrás de sua casa; uma mulher a alertou de que o diabo era muito forte e que S. não conseguiria detê-lo. Esse sonho trata da luta contra o mal, e talvez da dificuldade de controlar o mal que há no interior. Indica a força de aspectos diabólicos internos que a perseguem e, por mais que ela busque alternativas nessa luta, elas não são firmes o suficiente para deter o diabo, que é muito forte. Esse sonho parece alertar também para a fuga do mal e para a necessidade de buscar novas alternativas na luta, mostrando que ela não conhece as suas armas e precisa encontrar aspectos internos positivos que a auxiliem.

Os sonhos também apresentam potencialidades das quais os jovens precisam se apropriar, aspectos mais protetores e genuínos de sua personalidade que precisam ser reconhecidos e integrados. São aspectos relacionados a ordem, proteção, reflexão, consciência, que poderiam auxiliar nas mudanças de rumo da vida a que estão submetidos. E também aspectos relacionados ao zelo pela vida, ao cuidado consigo mesmos, a autoproteção, que contrastam com a dureza vivida. Um garoto envolvido com o tráfico de drogas, M. M., relata o seguinte sonho: "Tive um sonho que eu estava tomando banho e começou a sair sangue da minha orelha; saí correndo para o quarto da minha mãe" (sic). Sobre esse sonho, o garoto diz: "Acordei e fiquei pensando que parecia um aviso de que vai acontecer uma tragédia. Acho que sangue na orelha parece um aviso para eu parar de usar drogas porque danifica o meu cérebro" (sic). O sonho é entendido como um aviso de que suas experiências podem trazer graves consequências para sua vida. A imagem de sair sangue da orelha indica que M. M. tem ouvido coisas que ferem os seus ouvidos, a sua orelha sangra, está machucada. Entretanto, ele não parece atento a isso, não escuta o perigo, não escuta a realidade do que vive. Essa imagem o alerta para que preste atenção ao que está escutando e vivendo no mundo. Além disso, a orelha normalmente recebe as informações do mundo externo, mas nesse caso a orelha recebe informações do mundo interno, que também precisa ser ouvido. Trata-se de um aviso visceral para que o sonhador se escute. Ao atentarmos para as associações fornecidas pelo garoto, nota-se que há indícios de que o cérebro esteja afetado, e o logos, lesado. Esse sonho indica a necessidade de reconectar-se com a capacidade de reflexão e conscientização daquilo que ele vive. E ainda a busca pela mãe, para que ela o ajude e o socorra, sugere a possibilidade de integração de aspectos internos relacionados aos cuidados consigo e à sua proteção.

Outro sonho também apresenta essa possibilidade. Uma menina com vivência de rua relata: "Sonhei que eu podia ajudar a minha mãe. Eu tinha crescido, estava trabalhando e ajudava a minha mãe" (sic). O sonho trata do desejo de ajudar a mãe e estabelecer um relacionamento saudável com ela; no entanto, indica também a possibilidade de desenvolver-se e de ajudar a si própria. O sonho aponta para a oportunidade de transformação da situação vivida a partir do resgate de aspectos internos relacionados ao cuidado e à proteção de si mesma. Sugere a possibilidade de um relacionamento mais cooperativo e íntimo consigo mesma.

Muitos sonhos indicam uma comunicação precária com esses recursos internos e a necessidade de estabelecer um diálogo efetivo com partes de si mesmos. Uma garota com vivência de rua sonha que estava a caminho do Projeto Quixote e encontra dois amigos cantando, tenta chamá-los e não consegue – eles não escutam. Esse sonho mostra a dificuldade de comunicação e a fragilidade do relacionamento com alguns conteúdos internos, que parecem amigáveis, e que começam a se aproximar da consciência e precisam ser integrados. Outro sonho trata da mesma questão: "Eu estava andando em uma paisagem linda com a minha mãe (já falecida) e eu tentei falar com ela mas não consegui". O sonho traz a imagem da mãe, da qual T. sente muitas saudades e sempre se recorda como uma figura de acolhimento e proteção. O sonho trata de aspectos com os quais T. ainda não consegue se comunicar. Há recursos positivos com os quais ela precisa estabelecer contato.

Muitas figuras femininas auxiliadoras surgem nos sonhos desses jovens. São mães, avós, madrinhas que surgem como as fadas madrinhas dos contos de fadas, que vêm em auxílio nos momentos de desespero. Essas figuras apontam para a necessidade de acessar esses aspectos que existem dentro deles. Também aparecem para resgatar uma criança sofrida que há dentro deles por trás da sujeira da rua e da dureza do tráfico de drogas. Quando essa criança aparece, é possível cuidar delas e auxiliá-las a cuidar melhor de si mesmas também. Um dos sonhadores diz: "Sonho com a minha madrinha (já falecida) direto. Que ela vem conversar comigo, que não é para eu chorar, que ela está comigo".

Outro aspecto importante que aparece nos sonhos é a necessidade de uma atitude egoica a favor de novos caminhos na vida. Há um conflito interno, uma discussão entre partes deles mesmos – é preciso um posicionamento diante desse dilema. É preciso que sejam feitas algumas escolhas e que sejam assumidas algumas posições. É significativo, no trabalho com esses jovens, que os profissionais reflitam sobre essa questão, pois é uma visão que lhes devolve as suas potencialidades. Retira-os da posição vitimizada e fragilizada e observa ali a possibilidade e a força de transformar suas histórias de vida. Devolve a chance de construir novos rumos na vida e se responsabilizar por ela.

Um dos jovens envolvidos com o tráfico de drogas sonha isto: "Sonhei que a minha avó foi atropelada. Eu estava traficando, ela foi lá onde eu estava, eu não fui embora com ela, ela foi sozinha e foi atropelada". Esse sonho indica que alguns aspectos internos podem auxiliá-los na mudança de vida, entretanto essa ajuda pode ser desperdiçada, sem possibilidade de integração dos conteúdos. O sonho indica que a transformação da história ocorrerá a partir desses aspectos internos representados pela avó, mas exigirá uma decisão e a disposição egoica também, pois caso contrário tais possibilidades serão perdidas.

Nessa perspectiva, é interessante notar que os sonhos indicam novos caminhos a seguir. Apesar dos adolescentes frequentemente relatarem que se sentem presos a essa vida e têm dificuldade de se imaginar em outros contextos, os sonhos indicam possíveis saídas. Quando parece que não há alternativa para sua história de vida, eles sonham com outro ponto de vista. Diante dessa situação limite, em que se sentem cerceados nas suas possibilidades de construção da própria história, descrentes das suas potencialidades e das possibilidades do futuro, os sonhos enviam símbolos muito numinosos.

É impressionante, segundo Gambini (2008), como conteúdos tão transformadores originam-se em sonhos de pessoas que estão sofrendo tanto, submetidas a condições tão cruéis e desestruturantes. Os símbolos profundos da psique indicam possibilidades internas, novas maneiras de pensar e sentir, novas saídas e alternativas para a situação cotidiana.

Os jovens com vivência de rua relataram sonhos com o símbolo do voltar para casa. "Sonhei uma vez que eu tinha saído do abrigo e tive um sonho que eu acordei em casa. Aí eu achei que esse sonho era realidade. Eu acordei e conversei com o meu pai no sonho e ele ficou feliz que eu tinha voltado para casa. Aí eu acordei e comecei a chorar porque eu também tava feliz de ter voltado para casa. Esse é o sonho que eu mais lembro" (sic).

Saíram de casa para as ruas, lançaram-se nessa jornada perigosa; o sonho indica a possibilidade de voltar para casa como um novo caminho que pode levá-los ao centro de si mesmos. Apontam para a possibilidade de sair dessa condição de desapropriação de si mesmos para uma condição de estar em casa, em si mesmo. De acordo com Penna (1994), os sonhos do sono tem o poder de incentivar os sonhos de vigília.

Os jovens com experiência no tráfico de drogas não relataram sonhos com o símbolo do voltar para casa, pois isso não tem relação com a sua vivência no mundo, mas apresentaram sonhos com o símbolo da liberdade. Ao falar sobre esses sonhos, associam-nos com a liberdade concreta – a possibilidade de viver fora da prisão, no "mundão". Entretanto, esse símbolo indicaria também a liberdade psíquica, a presença de novas possibilidades internas diante da vida cerceada pelo crime. Apesar de pensarem que o caminho do tráfico é um caminho sem volta, o sonho traz a referência da sensação de liberdade, da noção de novos arranjos. Em um dos sonhos, um vento forte abre as portas da prisão, libertando o sonhador. Esse símbolo importante de espírito busca destruir a vida carcerária que está edificada dentro dele, indicando a possibilidade de novas escolhas e novos caminhos internos e externos, que resgatem o jovem de sua vida aprisionada.

Os sonhos desses jovens não afirmam a mudança de vida de nenhum deles, apenas apontam alternativas. Eles mostram movimentos internos, possibilidades, oportunidades. A transformação das histórias de vida dependerá de muitos outros fatores que possam favorecer a realização de algumas potencialidades que surgiram nas imagens oníricas.

A consideração do material onírico é de grande valia no trabalho com esses jovens, pois os símbolos apontam direções possíveis de desenvolvimento, que podem ser observadas na investigação da finalidade do símbolo em sua dinâmica psíquica. Nas palavras de Jung (2007), "o sonho é um produto natural e altamente objetivo da psique, do qual podemos esperar indicações ou pelo menos pistas de certas tendências básicas do processo psíquico [...] Podemos esperar que os sonhos nos forneçam certos indícios sobre a causalidade objetiva e sobre as tendências objetivas, pois são verdadeiros autorretratos do processo psíquico em curso" (Jung, 2007, par. 210). Além disso, o símbolo também é capaz de mobilizar uma soma de energia psíquica que pode favorecer transformações. No entanto, vale destacar que apesar das possibilidades de mudança se apresentarem ao ego através dos símbolos, sua efetivação exige uma atitude do ego a favor dessas transformações. Por isso, é interessante que o trabalho com os jovens conte com o recurso da compreensão simbólica dos sonhos, dando-lhes importância e auxiliando os jovens a considerá-los também.

Os relatos dos sonhos e a tentativa de compreendê-los deram nova profundidade ao material de pesquisa. Trouxeram a oportunidade de observar a experiência desses adolescentes de maneira muito mais ampla e complexa. Trazem discursos que vão além daquilo que é dito por eles, apresentando novos pontos de vista a respeito daquilo que vivem, completando o que eles relatam nas entrevistas. Os sonhos dão a oportunidade de refletirmos simbolicamente sobre as questões vividas por esses jovens, que facilmente nos tomam pelo discurso da concretude cruel do que é vivido. Pelos sonhos podemos estabelecer outro tipo de relação com suas condições de vida. Os símbolos possibilitam não apenas outros entendimentos, mas provocam empatia, nos sensibilizam. Os sonhos nos aproximam desses jovens. Isso acontece porque as imagens nos tocam também, assim como tocaram os jovens. Chacoalham-nos também. Podem, portanto, mobilizar novas considerações a respeito daquilo que observamos no nosso próprio dia a dia. Talvez sejam condições muito distantes dessas realidades, mas quem sabe estejam próximas em algum sentido.

Referências bibliográficas

ARAUJO, F. R. R. S. "Passagem perigosa: a construção da identidade de jovens em situação de vulnerabilidade social". Dissertação de mestrado em psicologia clínica. Pontifícia Universidade Católica de São Paulo, São Paulo, 2010.

BEDOIAN, G. "Quixotinhos urbanos: a rua, droga e a rede". In: *Conceitos e estratégias para o atendimento de crianças e jovens em situação de risco*. São Paulo: SMADS, Projeto Quixote, UNIFESP, 2007.

ERIKSON, E. *Identidade, juventude e crise*. Rio de Janeiro: Jorge Zahar, 1976.

FRANKEL, R. *The adolescent psyche*. Essex: Routledge, 2005.

GAMBINI, R. *A voz e o tempo: reflexões para jovens terapeutas*. São Paulo: Ateliê Editorial, 2008.

JACOBI, J. *Complexo, arquétipo, símbolo na psicologia de C. G. Jung*. São Paulo: Cultrix, 1957.

JUNG, C. G. *A natureza da psique*, vol. 8-2. Obras completas. Petrópolis: Vozes, 1991.

_____. *O eu e o inconsciente*, vol. 7/II. Obras completas. Petrópolis: Vozes, 2007.

PENNA, E. M. D. "Quem somos e para onde vamos". Monografia do curso de formação de analista junguiano. Sociedade Brasileira de Psicologia Analítica, São Paulo, 1994.

RIGATTO, F. "Drogas: conceitos e preconceitos". In: *Conceitos e estratégias para o atendimento de crianças e jovens em situação de risco*. São Paulo: SMADS, Projeto Quixote, UNIFESP, 2007.

VON FRANZ, M.-L. *O caminho dos sonhos*. São Paulo: Cultrix, 1988.

WHITMONT, E; PEREIRA, S. *Sonhos, um portal para a fonte*. São Paulo: Summus, 1995.

12.

COMEÇANDO A SONHAR: TRABALHANDO OS SONHOS EM GRUPO NO HOSPITAL DIA DE SAÚDE MENTAL

Denis Canal Mendes[1]

Apresentação

Ao longo da história da humanidade, os sonhos sempre exerceram grande fascínio nas pessoas, em vista de tudo que esse fenômeno "desconhecido" produz em nós. Os povos indígenas encaravam os sonhos como tendo um caráter misterioso, sendo muitas vezes vistos como uma "mensagem" a ser decifrada, traduzida ou recuperada pelo sonhador ou por aqueles que estavam ao redor. Os Xamãs imaginavam que os sonhos continham uma "mensagem divina", eram a voz dos deuses e que por conta desse "valor" e "grande importância" deveriam ser relatados verbalmente para a tribo.

Por muito tempo os sonhos ficaram condicionados à vertente do misticismo, do mistério, assombrando a vida das pessoas dentro de uma perspectiva incompreensível. Em 1899, a partir da publicação do livro *Interpretação*

---

[1] Psicólogo, psicoterapeuta, analista-trainee do Instituto Junguiano de São Paulo, AJB, especialista em saúde mental e acompanhante terapêutico. É membro fundador da Associação de Acompanhamento Terapêutico, AAT, e Equipe Novo Tempo Clínica Ampliada: Projetos e Pesquisas em Saúde Mental. Consultório: Rua Harmonia, 1014, Vila Madalena, São Paulo.

dos sonhos por Sigmund Freud, deu-se um salto crucial no entendimento das funções dos sonhos. Ele trouxe à tona o conceito de inconsciente, já referenciado pela filosofia, mas pouco estudado e não nomeado como instância psíquica. Para Freud, os sonhos eram considerados a via régia para o inconsciente.

Assim, vários estudiosos e, em especial, o Dr. Carl Gustav Jung, reconhecido psiquiatra suíço e fundador da psicologia analítica, começaram a estudar os sonhos na tentativa de entendê-los e se aprofundar nas questões psíquicas. Utilizando-os como um método de trabalho e investigação das camadas mais profundas do inconsciente, Jung, dentro da sua proposta, via nos sonhos mais que uma realização de desejo inconsciente; acreditava que eles revelariam os segredos e a história da humanidade. Para ele, os sonhos não eram a via régia para o inconsciente, mas sim os complexos autônomos de fundo afetivo[2] que expressavam a multiplicidade do material inconsciente através dos sonhos. Além disso, Jung afirmava que o sonho falaria dos aspectos mais profundos do ser humano, conectaria o indivíduo ao seu ser mais rico e verdadeiro, ao seu processo de busca pessoal, direcionando em busca do caminho de individuação.

Com um repertório empírico significativo, Jung analisou mais de 60.000 sonhos ao longo de sua carreira como analista, reavivando aquilo que há de mais profundo em nós, e conseguiu ir além da perspectiva pessoal que o sonho trazia. Ele dizia: "Os sonhos fornecem informações extremamente interessantes a quem se empenhar em compreender o seu simbolismo. O resultado, é verdade,

---

[2] Os complexos "são um conjunto de ideias que se mantêm unidas através de uma carga emocional comum a todas". Foi em seu estudo com o teste de associação que Jung desenvolveu o conceito de complexo. Ver em Jung, Obras completas, vol. 2, Petrópolis, Vozes.

pouco tem a ver com preocupações mundanas",[3] mas nos conecta ao nosso verdadeiro sentido da vida, ao nosso verdadeiro ser.

Enfim, foi com esse olhar, que valoriza algo que interfere em nossas vidas e que desconhecemos, que em 2006 iniciei uma intervenção terapêutica para pessoas com alto grau de sofrimento psíquico, em que a perda e a falta de sentido se apresentaram fazendo feridas profundas na alma de maneira significativa.

Minha intenção é demonstrar, sob essa perspectiva de trabalho com os sonhos, que é possível mergulhar e tocar no sentido mais profundo, promovendo mudanças importantes na vida das pessoas.

O contexto

A ideia de trabalhar com os sonhos surgiu de um desejo pessoal de desenvolver uma atividade terapêutica dentro da grade de tratamento do hospital dia na área de saúde mental e atenção psicossocial núcleo[4] (HD-N) que partisse da experiência pessoal e profissional do terapeuta e fosse ao encontro da proposta de tratamento em saúde mental da instituição, para além da perspectiva da psiquiatria clínica organicista tradicional.

Entendo que a perspectiva de tratamento no HD-N transita entre a psiquiatria clínica e a psiquiatria psicodinâmica: uma intersecção entre intervenção medicamentosa, hipótese diagnóstica ampliada e seu tratamento,

---

[3] Jung, Obras completas, vol. 16, Petrópolis, Vozes.
[4] Núcleo: Sistema Núcleo de Saúde Mental e Atenção Psicossocial. Foi fundado em 1995 por cinco psiquiatras. O projeto presta assistência privada ao atendimento de pacientes com transtornos mentais, contando com três níveis de atendimento: acompanhamento ambulatorial, pronto-atendimento e o hospital-dia. São duas unidades de atendimento: o ambulatório e hospital-dia, estes localizados no mesmo quadrilátero na região da zonal sul de São Paulo.

considerando os três eixos fundamentais da saúde mental: biológico, psicológico e social.

O HD-N é uma unidade intensiva de saúde mental de semi-internação (como um CAPs)[5] que muitas vezes está na intersecção entre as instituições psiquiátricas de internação fechada (hospitais e clínicas psiquiátricas, enfermarias psiquiátricas do Hospital Geral) e espaços abertos para o seguimento do tratamento de saúde mental (ambulatórios, clínicas de atendimento, consultórios, acompanhamento terapêutico etc.).

Importante contextualizar que o HD-N possui uma equipe multiprofissional[6] que atua das oito às dezessete horas, de segunda a sexta-feira, realizando atendimentos individuais, orientação familiar, grupos e oficinas terapêuticas, além do acompanhamento de cada paciente no contexto da equipe. Os pacientes chegam a partir das nove horas e são incentivados a cumprir um programa que corresponde a diversos tipos de intervenções terapêuticas[7] e atendimentos. Segue o programa diário:

9h00 às 9h30: entrada, orientações e atendimentos;
9h30 às 10h00: preparação para as atividades
  e atendimentos;
10h00 às 12h00: grupos terapêuticos (externos)
  e verbais focais;
12h15 às 13h00: almoço e acolhimento;

---

[5] CAPs ou CAPsi: Centros de Atenção Psicossocial. Unidades de atendimento intensivo de saúde mental, com equipes multiprofissionais, que funcionam com livre acesso, "assistindo" o paciente com transtorno mental grave em crise com toda sua estrutura de tratamento.

[6] Equipe multiprofissional do HD-N: cinco psiquiatras (dois diretores clínicos), seis psicólogos, três terapeutas ocupacionais, um enfermeiro, quatro auxiliares de enfermagem e um professor de educação física.

[7] Oficinas terapêuticas em grupo (comunicação, foto e vídeo); atividade física (três vezes por semana no Parque do Ibirapuera); terapia ocupacional individual/grupal: marcenaria (duas vezes por semana) e grupo expressivo; acompanhamento e orientação familiar individual e grupal; grupos terapêuticos verbais (focais); oficina de corpo, Grupo dos Sonhos e Grupo de Música.

13h00 às 14h15: convivência terapêutica e atendimentos;
14h15 às 16h15: grupos terapêuticos (tarde);
16h15 às 16h30: café, orientações e saída.

O programa de tratamento se baseia em atividades terapêuticas que possam, em conjunto, promover nos pacientes mudanças, questionamentos, elaborações e percepções sobre o seu estado emocional e a sua realidade vivida, melhorando o seu prognóstico e os conduzindo à retomada de sua vida de maneira mais significativa numa perspectiva de crescimento.

Grupo dos Sonhos

O Grupo dos Sonhos é uma atividade terapêutica da grade de tratamento do HD-N que começou em outubro de 2006. Inicialmente, o paciente era inserido no grupo por adesão voluntária, pelo simples desejo de participar. Posteriormente, passou a haver indicação clínica (o encaminhamento correspondia ao momento do tratamento em que o paciente encontrava-se), tendo em vista alguns critérios mínimos de inclusão[8] e também a diversidade de pessoas com transtornos psiquiátricos em tratamento na instituição.

Esse grupo era considerado um lugar de acolhimento, receptividade, afetividade e de aproximação no contato pessoal, funcionando com regularidade e constância, dando respaldo ao funcionamento e dinamismo dentro do modelo clínico adotado pela instituição.

---

[8] Os profissionais do HD-N consideravam a hipótese diagnóstica ampliada (espectro psicótico, depressão aguda, momento de vida etc.), não estar na crise aguda, com capacidade cognitiva e de percepção da realidade.

Objetivo

Essa intervenção terapêutica tinha como proposta atender e acolher os pacientes em tratamento no HD-N que já não estavam na fase aguda. Eles chegavam ao grupo com as seguintes hipóteses diagnósticas: transtornos depressivos graves e recorrentes; transtornos de ansiedade; transtornos bipolares e do humor, e quadros de neurose grave (com tentativa de suicídio e muitas vezes em comorbidade com abuso de álcool e outras drogas).

Interessante que os pacientes, ao chegar ao grupo, diziam que não sonhavam ou que não prestavam atenção nos sonhos e que até aquele momento não haviam conseguido perceber que sonhavam.

Nessa perspectiva, o Grupo dos Sonhos tinha a expectativa de que todos "começassem" a sonhar, como também incentivava o paciente grave a entrar em contato com esse novo olhar, proporcionando um aspecto reflexivo e prospectivo da sua história de vida. A ideia era construir uma ponte criativa entre o olhar atento aos sonhos e seu novo projeto de vida no pós-crise. A partir de um novo olhar para os seus sonhos, eles poderiam estabelecer uma nova conexão com a fonte criativa interior, e isso impulsionaria os pacientes a estabelecer novas possibilidades para sua jornada pessoal.

O enquadre do grupo

A constituição do grupo ocorreu devido à demanda e dinamismo do HD-N, tendo em vista que o paciente era internado, conforme situação administrativa[9] (socioeco-

---

[9] Nessa situação, o convênio, por exemplo, estipulava um prazo de no máximo três meses de internação em hospital-dia; ou quando a família não tinha mais recursos financeiros para pagamento, estipulava-se um período de no máximo seis meses de internação.

nômica e convênio) ou clínica[10] (alta, abandono, transferência, internação em regime fechado).

O tempo de participação do paciente no grupo poderia ser de um ano, um semestre, meses, de três a quatro semanas ou até alguns dias internado – o que correspondia à participação em apenas um grupo. Sendo assim, adaptamos o grupo a essa dinâmica, pensando num processo terapêutico que desse um suporte contínuo e ao mesmo tempo visasse um "aqui e agora", tendo como enfoque principal e fundamental ter uma função terapêutica para o paciente.

O grupo era caracterizado como verbal, com duração máxima de duas horas, uma vez por semana, tendo em média de sete a treze participantes adultos, de ambos os sexos, com enquadre aberto, respeitando o tempo de internação e/ou demanda do paciente no grupo.

Seguia-se, como critério de encaminhamento, o paciente não estar em crise aguda (sintomatologia delirante, agitação psicomotora), possuir qualidade mínima de elaboração e percepção da realidade, ter frequentado anteriormente a "Oficina do Corpo"[11] ou ter o desejo de se aproximar dos sonhos. Era iatrogênico (contraproducente, sem efeito e inadequado) o encaminhamento de pacientes com hipótese diagnóstica dentro do espectro da psicose ou na crise aguda.

---

[10] O paciente, por exemplo, já estava sem sintomas graves, mais adaptado e com respostas bastante positivas com relação ao seu projeto de vida.
[11] Oficina do Corpo é um grupo terapêutico sob os cuidados do terapeuta ocupacional que tinha como critério trabalhar terapeuticamente a noção corpórea, dados concretos e o contorno do corpo com cada paciente, demandando uma percepção sobre a sua condição clínica, física e da realidade como uma etapa prévia da percepção de si mesmo. Acontecia no mesmo horário que o Grupo dos Sonhos, e julgávamos importante passar primeiro por esse grupo.

O método

A metodologia foi fundamentada no modelo junguiano de entender e trabalhar com as imagens oníricas e na experiência do trabalho psicodinâmico com grupos.

O trabalho iniciava-se com o acolhimento dos novos pacientes. Nessa acolhida, todos os integrantes se apresentavam, dizendo o nome, idade e há quanto tempo estavam no grupo. O terapeuta verbalizava rapidamente a proposta e enquadre do grupo.

A participação no grupo se dava aleatoriamente, com um pedido individual do terapeuta para que aqueles que sonharam relatassem o sonho para os demais. Nesse primeiro momento, o relato dava-se por escrito, individualmente. Após alguns instantes, fazia-se uma seleção e uma escolha grupal, elegendo-se um dos sonhos para ser relatado verbalmente. Pedia-se que o relato fosse feito duas vezes e que as pessoas ficassem atentas.

No contrato com o grupo, deixava-se claro que não era permitido julgar, apontar e interpretar o sonho do colega em grupo, e que cada participante devia se colocar na condição de sonhador do mesmo sonho, objetivando-se na pergunta disparadora inicial: "se o sonho fosse meu...".

Nesse clima do grupo, pedia-se que a pessoa que relatou o sonho verbalmente ficasse em silêncio e que todos os outros membros falassem sobre a imagem onírica. A ideia era que cada participante pudesse expressar livremente as suas emoções, percepções, conteúdos e experiências sobre aquele conteúdo onírico.

O importante, a partir desse momento, era o convite individual para que todos imaginassem a partir do sonho. Pedia-se que todos verbalizassem e que, no final, o sonhador/relator também tecesse as suas considerações. Nessa perspectiva, cada indivíduo do grupo poderia se expor, verbalizando seus sentimentos e impressões, com liberdade para fazer associações, paralelos, ampliações pessoais e coletivas, abrindo-se, assim, um campo novo através dos sonhos que até aquele momento havia sido esquecido.

Ao término do grupo, o terapeuta tecia algumas considerações finais, realizando e alinhando os temas que surgiram para que todos pudessem sair dali dando maior sentido às percepções pessoais e grupais. Após finalizar o grupo, o terapeuta realizava uma versão de sentido,[12] tecendo algumas observações sobre o grupo numa ficha de registro,[13] que servia tanto para o acompanhamento e reflexão sobre o trabalho como também para anotações em prontuário do paciente e seu acompanhamento junto a equipe multiprofissional.

Expectativas e resultados

O Grupo dos Sonhos era uma atividade terapêutica realizada uma vez por semana com um enquadre peculiar: demanda irrestrita com tempo indeterminado de permanência em grupo,[14] duração máxima de duas horas, independentemente de sexo, idade, classe social e com no máximo treze participantes. É importante destacar que ao longo desses cinco anos de trabalho com os sonhos, perceberam-se avanços tanto do ponto de vista individual quanto grupal do paciente em grupo.

[12] Anotações, observações, percepções, sentimentos, *insights* das emoções surgidas no grupo.
[13] Essa ficha de acompanhamento do grupo continha data; pacientes presentes; pacientes que se lembraram dos seus sonhos; relato do sonho em grupo; temas; acompanhamento do paciente individualmente no grupo; observações sobre o grupo; assinatura e carimbo do coordenador do grupo, além de um anexo com todos os sonhos escritos e entregues pelos pacientes no dia do grupo.
[14] Muitas vezes o paciente abandonava o grupo por transferência por conta de uma crise psíquica, internação fechada em hospital psiquiátrico. Em outras vezes, foi o limite de cobertura do convênio que acabou ou os familiares dos pacientes pediram que eles tivessem alta.

Nos pacientes, individualmente, notou-se:

- Saída do isolamento pessoal;
- Melhora na inserção no trabalho em grupo;
- Valorização do material inconsciente;
- Melhora com relação à perspectiva da vida;
- Inspiração para a retomada de um novo projeto de vida pós-crise;
- Ampliação e aproximação do material onírico com a realidade do sonhador;
- Diminuição dos sonhos com grande intensidade emocional (pesadelos).

Na relação dos pacientes com o grupo, notou-se:

- Quanto as questões individuais podem ter ressonância com questões coletivas;
- Que o sonho do outro pode ser meu e que este tem um sentido de acordo com a história pessoal;
- Existem sonhos coletivos: falam da crise independente do sonhador, mas também do momento em que cada paciente se encontra;
- Percepção da existência do outro; do sonho que é meu e também do outro; elaborações na relação eu-outro.[15]

Outros aspectos relevantes apontaram para uma aproximação do paciente com a instituição, o tratamento e para a valorização das atividades propostas na grade de tratamento. Uma maior preocupação com a saúde psíquica entre os próprios pacientes e atenção maior a suas histórias de vida.

---

[15] O grupo propunha a aproximação da relação e convivência entre os pacientes, ajudando assim a saírem do isolamento narcisista que a doença psíquica proporcionava.

Houve uma tentativa de entendimento do processo de crise, visando a sua superação. Adequação ao uso de medicamentos e percepção dessa necessidade – os pacientes passaram a saber seus limites e exageros na administração. Ocorre uma melhor relação entre o estado do sono/vigília/sono[16] e a importância da higiene do sono[17] ao longo do processo de tratamento. Ocorre, assim, um olhar sobre a vida através dos sonhos – antes da crise emocional o paciente não tinha tal atenção.

Em geral, os participantes que permaneceram mais tempo em grupo ficaram de três a seis meses,[18] começaram a valorizar mais os aspectos inconscientes e a realizar associações entre essas percepções e suas atitudes na vida cotidiana. É perceptível que começaram a sonhar, dando maior atenção para seu material onírico, olhando o porquê e o para que dos seus sonhos e para a questão do momento de crise, tentando entendê-lo, realizando a aproximação do material onírico como a inspiração para a retomada da vida de uma maneira criativa e não repetitiva.

Reflexões finais

É muito difícil chegar a conclusões definitivas sobre o tema deste trabalho, haja vista as peculiaridades da população atendida, demanda, enquadre do trabalho em grupo, o tipo de instituição e seus interesses.

Percebi, ao longo desses anos, que a maioria dos pacientes em tratamento nunca havia feito psicoterapia

---

[16] Os estados do sono se diferenciam por si só. Por exemplo: estado de vigília é quando o paciente está acordado. Essa relação entre estar dormindo e em alerta (estado vígil) é importante que aconteça. O sono fala também das condições psíquicas do paciente (não vou entrar nos tipos e estágios do sono, não é a pretensão deste texto).

[17] Lista de procedimentos comportamentais que os médicos psiquiatras passavam para os pacientes, orientando-os sobre essa conduta.

[18] Que são no mínimo trinta participações em grupo.

e/ou análise e dava pouca atenção para as suas questões emocionais, especialmente para os sonhos, o que facilitou os processos de crise.

Acredito que, por conta disso, por estarem muito distantes da sua alma é que foram acometidos pela experiência da crise emocional. Penso que, por conta desse abandono de si mesmos, acabaram perdidos, desconsiderando a relação eixo-ego-*Self*. Devido a uma atitude extremamente distanciada do seu *Self* e uma supervalorização egoica, ocorreu uma compensação inconsciente, e o resultado disso foi a crise emocional, tendo como consequência a internação.[19]

Percebo ainda que, com relação aos sonhos, poucos pacientes tinham algum tipo de conhecimento prévio além da perspectiva do senso comum. Os sonhos eram considerados premonições, mensagens espirituais; muitos afirmaram que não sonhavam ou que achavam bobagem se preocupar com isso. Além disso, muitos estavam em tratamento pela primeira vez, condicionando a crise emocional a um "desvio de adaptação ou de percurso", e não a um afastamento da alma.

Contextualizando tudo isso, o foco do trabalho é a possibilidade de entender e acolher o movimento energético que os sonhos possuem, dando-lhes sentido e realizando, a partir da integração do entendimento da dinâmica grupal, a possibilidade de nos aprofundarmos nas imagens oníricas. Assim, saindo do campo individual para o grupal, passeando pela perspectiva dos grandes sonhos, sonhos coletivos, é que pudemos mergulhar nos símbolos que se constelavam no *setting* do trabalho em grupo.

Dessa maneira, fui ao encontro do sonhador, propondo, na imagética dos sonhos, através das amplificações,

---

[19] Aqui nos seus diversos níveis: internação fechada (hospitais e clínicas psiquiátricas) e semiaberta (hospitais-dia e CAPs de saúde mental).

aproximando-me da sua realidade, dos seus medos, fantasias, desejos e perspectivas, a construção de um sentido novo para essa etapa de sofrimento e dificuldade. Reconectando o paciente com o seu caminho, sua alma, com seu processo de individuação.

É importante destacar a construção, com os pacientes, de uma nova maneira de olhar, na qual os sonhos têm "algo a dizer sobre cada um de nós [...] que o sonho do outro pode ser nosso também [...] o sonho não é mais daquele indivíduo que sonhou, mas sim do grupo",[20] integrando assim os aspectos dinâmicos do inconsciente na consciência. Essa realidade também promove uma nova percepção na relação eu-outro, porque isso é de grande importância para a vivência do trabalho de grupo, pois traz a validação e construção de sentido maior, de integração no social.

Outro aspecto importante, dentro desse enfoque de trabalho, é que podemos atingir aqueles que "não sonhavam ou que pararam de sonhar",[21] reanimando-os, produzindo um efeito imagético; quer dizer, propondo um grande exercício de imaginar-se na fotografia onírica, na capacidade intrínseca de imaginar, convidando o paciente a se conectar com essa nova perspectiva.

Nesse tipo de intervenção terapêutica, a metáfora do "sonho de Jacó"[22] se fez muito presente; à ideia do chamado, da fé, do acreditar em melhorar para seguir em

---

[20] Jung, Obras completas, vol. 9/I.

[21] Alguns pacientes diziam que nunca haviam sonhado; ou que percebiam que no adoecimento haviam parado de sonhar.

[22] Sonho bíblico de Jacó: no deserto, deitado em uma rocha quando anjos descem do céu por uma escada, portando trombetas, e o acordam. A imagem foi reproduzida e faz parte do célebre livro: *O livro mudo* [*Mutus liber*] (O livro mudo da alquimia) publicado originalmente em 1677, por um autor anônimo em La Rochelle, França. Editado originalmente por Eugene Canseliet (1958), o *Mutus liber* é um livro composto por quinze gravuras reportando para o método da Grande Obra alquímica. Existem logo na primeira página referências codificadas à Bíblia e, na folha catorze, existe uma expressão latina conhecida dos alquimistas: *"Ora, lege, lege, lege, relege, labora et invenies"* ("Reza, lê, lê, lê, relê, trabalha e encontrarás").

frente, o levantar-se do sono profundo para acordar para a vida, funcionou como princípio fundamental e elemento de referência do grupo.[23] O aspecto de acordar para o chamado do inconsciente foi considerado o grande divisor de águas para a questão da crise emocional e tornou-se uma imagem pertinente ao longo dos encontros, pois promovia inquietações e movimento.

Imaginar-se na cena, ir a fundo no contexto e perceber o enredo do sonho, sua disposição, dimensão do impacto emocional, tudo isso trouxe a aproximação entre os indivíduos no grupo, gerou tensão emocional, movimento e perspectiva.

Objetivar, dar forma à imagem,[24] trouxe um efeito constitutivo de grupo, sintonizando os pacientes uns com os outros, ideia de eu-grupo, tanto consciente quanto inconscientemente. Isso reverberou algo maior e bastante interessante, pois ao conectar-se com a imagem proposta por um paciente, os outros inconscientemente ativaram o *Self* terapêutico grupal,[25] que estaria constelado na imagem do curador do grupo, que não era necessariamente o terapeuta, mas sim outro paciente em melhores condições emocionais, tendo em vista que todos ali estavam em busca de curar-se, de tratar-se, de melhorar e se encontrar.

Uma hipótese sugerida é que a partir daí dá-se um movimento interior de conectar-se ao inconsciente, em

---

[23] A ideia trabalhada nos encontros em grupo era fazer paralelos entre o momento de acordar de Jacó, contextualizando com o momento de acordar da crise psíquica e o chamado inconsciente que estava acontecendo no pós-crise.

[24] Dar forma neste contexto era utilizar as técnicas expressivas; objetivar era desenhar ou pintar o sonho relatado ou verbalizado no grupo. Pintando os sonhos; "desenhar e pintar os sonhos", como diria Nise. Objetivando o material do inconsciente; para Hillmam: fazer imagem; ficar com a imagem, para nós do grupo, reavivar a imagem pintada, torná-la viva.

[25] Sandra Greger Tavares. Em seu trabalho/dissertação (1998) na Unidades Básica de Saúde (UBS) com grupos, cita a importância do surgimento de um *Self* terapêutico grupal dentro da psicoterapia de grupo.

direção à assimilação das imagens e seus efeitos na consciência, trazendo um sentido mais amplo para a experiência individual e grupal.

Os sonhos compartilhados trazem perspectiva, pulsam e vibram dentro do ser, movimentando-se também para fora, ocorrendo um movimento de descoberta, especialmente em direção à vida.

Essas são reflexões iniciais para um trabalho complexo e de extrema riqueza. Propor a pessoas que inicialmente pouco prestavam atenção aos sonhos que olhassem para eles foi algo inovador. O olhar ético, respeitoso, afetuoso e acolhedor com os integrantes do grupo, por período curto ou longo, foi importante para o desenvolvimento dessas ideias e reflexões.

Criar uma interlocução com a equipe de trabalho para que pudessem valorizar esse tipo de intervenção terapêutica também foi um desafio, pois, dentro de uma equipe tão heterogênea, criar uma linguagem de entendimento e aproximação foi desbravador.

Enfim, estar com pessoas que sofreram a dor da alma não é algo simples, requer do terapeuta o ímpeto da busca de sentido, disponibilidade interna e escuta acolhedora. Acredito que esta é a principal função do trabalho com os sonhos no tratamento no hospital dia em saúde mental e atenção psicossocial-núcleo, este visto como um meio e não um fim: propor mudanças e transformações, assim como mostra o mito da fênix[26] – é um ressurgir, um retomar, um renascer. É a possibilidade real e valiosa de uma nova perspectiva de um projeto para a vida. Como diria Jung, "Só aquilo que somos tem o poder de curar-nos".

---

[26] Na mitologia grega, a fênix é um pássaro que, quando morre, entra em combustão e, passado algum tempo, renasce das próprias cinzas. A principal característica da fênix é sua força de renascimento. Tem o poder também de se transformar em uma ave de fogo.

Referências bibliográficas

BAIR, D. *Jung: uma biografia*. Vol. 1 e 2. São Paulo: Globo, 2006.

BOSNAK, R. *Breve curso sobre sonhos: técnica junguiana para trabalhar com os sonhos*. São Paulo: Paulus, 1994.

ESTÉS, C. P. *O jardineiro que tinha fé: uma fábula sobre o que não pode morrer nunca*. Rio de Janeiro: Rocco, 1996.

FIERZ, K. H. *Psiquiatria junguiana*. São Paulo: Paulus, 1997.

FISHER, R. *O cavaleiro preso na armadura: uma fábula para quem busca a trilha da verdade*. Rio de Janeiro: Record, 2006.

FREUD, S. *A interpretação dos sonhos*. Vol. 1 e 2. São Paulo: Círculo do Livro, 1990.

HALL, J. A. *Jung e a interpretação dos sonhos*. São Paulo: Cultrix, 1995.

HILLMAN, J. *Paranoia*. Petrópolis: Vozes, 1993.

_____. *Suicídio e alma*. Petrópolis: Vozes, 1994.

HOPCKE, R. H. *Sincronicidade ou por que nada é por acaso*. Rio de Janeiro: Nova Era, 2001.

JACOBY, M. *O encontro analítico*. São Paulo: Cultrix, 1995.

JUNG, C. G. *Análise de sonhos: notas sobre o seminário ministrado de 1928 a 1930 por C. G. Jung*. Tradução de Armando de Oliveira e Silva e Daniel R. A. Wood do texto do curso sobre análise de sonhos. Curitiba: Impr. Part., 1995.

_____. *A energia psíquica*, vol. 8-1. Obras completas. Petrópolis: Vozes, 1997.

_____. *Estudos experimentais*, vol. 2. Obras completas. Petrópolis: Vozes, 1997.

_____. *Sincronicidade*, vol. 8-3. Obras completas. Petrópolis: Vozes, 1997.

_____. *A prática da psicoterapia*, vol. 16-1. Obras completas. Petrópolis: Vozes, 1991.

_____. *Os arquétipos e o inconsciente coletivo*, vol. 9-1. Obras completas. Petrópolis: Vozes, 2002.

_____. *Memórias, sonhos, reflexões*. Rio de Janeiro: Nova Fronteira, 1984.

JUNG, C. G.; VON FRANZ, M.-L. *O homem e seus símbolos*. Rio de Janeiro: Nova Fronteira, 1988.

PICHÓN-RIVIERE, E. *O processo grupal*. São Paulo: Martins Fontes, 1988.

ROBB, A. *O museu hermético: alquimia e misticismo*. Taschen, 1997.

SILVEIRA, N. *O mundo das imagens*. São Paulo: Editora Ática, 1992.
YALON, I. D.; VINOGRADOV, S. *Manual de psicoterapia de grupo*. Porto Alegre: Artes Médicas, 1992.
TAVARES, S. M. G. "O atendimento psicoterápico em grupo aos usuários de uma unidade básica de saúde pelo método corporal de Pethô Sandor: uma interpretação na perspectiva da psicologia analítica de C. G. Jung". Dissertação. Universidade de São Paulo, São Paulo, 1997.
_____. "Uma perspectiva de atendimento psicoterapêutico junguiano em grupo, privilegiando a dimensão corporal, no contexto da saúde publica brasileira". In: *O Mundo da Saúde*, v. 34, n. 4, 2010, São Paulo, p. 535-543.
TELLES, I. *O outro lado da alma: lendo as imagens do inconsciente*. São Paulo: Axis Mundi, 1998.
VON FRANZ, M.-L. *O caminho dos sonhos*. São Paulo: Cultrix, 1997.
ZIMMERMANN, D. *Estudos sobre psicoterapia analítica de grupo*. São Paulo: Mestre Jou, 1972.

13.

SONHO E REALIDADE: A VIVÊNCIA ONÍRICA DOS PAJÉS

Luciano Diniz de Oliveira[1]

Quando fiz a Jung a observação de que suas percepções psicológicas e sua atitude para com o inconsciente me pareciam, em muitos aspectos, idênticas às das religiões mais arcaicas – por exemplo o xamanismo ou a religião dos índios Naskapi, que não têm sacerdotes nem rituais, mas apenas seguem seus próprios sonhos, que acreditam serem enviados pelo "grande homem imortal do coração" – Jung respondeu, com um sorriso: "Bem, não há nada do que se envergonhar. É uma honra!" (Von Franz, 1997, p. 17).

O homem sonha e provavelmente sempre sonhou desde tempos imemoriais. Independentemente da cultura ou do tempo histórico em que tenha vivido, o mundo dos sonhos sempre exerceu atração e fascínio; consequentemente, muitos usos, atribuições e interpretações foram feitos aos sonhos pelo homem. A humanidade, em sua jornada de vida, sempre teve como companheiro de viagem o sonho. E é por isso que Von Franz (2002) era enfática ao dizer que "Os sonhos determinam o destino de vidas individuais e de culturas como um todo" (p. 77).

[1] Psicólogo clínico, bacharel em Psicologia pela PUC-SP. Especialização em psicologia clínica (PUC-SP), em cinesiologia psicológica pelo Instituto Sedes Sapientiae. Mestre em psicologia clínica pela PUC-SP, com dissertação de mestrado "*Ypotramaé*: uma compreensão junguiana da iniciação do pajé".

Mesmo em nossa cultura ocidental, mais extrovertida e racionalmente orientada para o mundo exterior, o sonho tem impingido sua marca em nosso destino, e, como diz Von Franz (2002), "Foram fundamentais para o desenvolvimento da civilização ocidental" (p. 77). É interessante notar que mesmo não havendo uma tradição ou instituição contínua em nossa civilização que corrobore ou incentive a prática do uso dos sonhos em nosso cotidiano, esse uso sempre tem sido feito pelo indivíduo, dando a entender que se voltar para os sonhos e tentar compreendê-los é quase tão natural quanto a nossa existência.

"Voltar-se ao sonho" é, talvez, uma das características essenciais que diferenciam o homem dos animais. Nossas psicologias exploraram bastante essa peculiaridade humana. Porém, podemos encontrar outros usos e manifestações dos sonhos além desse ponto de vista.

Assim como a América não foi descoberta por Cristóvão Colombo, o conhecimento e o uso do mundo onírico não foram inaugurados por Freud em *A interpretações dos sonhos*, de 1900.

> Na virada do século, os pioneiros da psicologia profunda não descobriram a importância dos sonhos. Eles a redescobriram. Muitas civilizações antigas levavam extremamente a sério seus sonhos. Por ironia, muita gente que hoje rejeita os sonhos como algo sem sentido, sem saber aceita e segue valores espirituais, crenças e tradições que se originaram diretamente dos sonhos de indivíduos que viveram há milhares de anos. Durante toda a história religiosa de nossa cultura judeu-cristã os sonhos tiveram um papel central de determinação do destino da humanidade. Eles eram tidos como a voz de Deus (Boa; Von Franz, 2002, p. 68).

Jung e seus primeiros discípulos pareciam ter como premissa que o conhecimento sobre a psique e, consequentemente, sobre o mundo onírico já vinha sendo, havia muito tempo, vivenciado e, por que não, construído pela humanidade. É por isso que as referências à maneira como outras culturas encaravam a vida, seus sonhos, mitologias e rituais são tão abundantes nas obras junguianas: elas revelam dimensões profundas do humano. Jung, particularmente, viajou pelo mundo para observar e recolher *in loco* esses conhecimentos.

É interessante notar que quando Von Franz é indagada por Frazer Boas sobre a importância para a psicologia moderna do estudo do modo como os povos nativos lidavam com seus sonhos, ela deixa subentender que eles têm um ponto privilegiado para vivenciar o mundo onírico:

> O que a psicologia moderna poderia aprender estudando o modo pelo qual os primitivos lidam com seus sonhos? Que os primitivos em geral são menos orientados no sentido tecnológico e racional, tendo portanto uma visão mais natural da vida, da morte e da vida interior. Eles têm um relacionamento melhor com sua vida instintiva.
> Nós nos tornamos assimetricamente intelectuais e, portanto, não nos relacionamos com nossos sonhos, ou então pensamos ao despertar, quão bobos ou absurdos eles são. É a nossa primeira impressão. O homem primitivo, que pensa mais simbolicamente e possui, via tradições tribais, um maior conhecimento mitológico e simbólico, tem uma relação melhor com seus sonhos, o que significa uma melhor relação com sua vida interior, sua vida instintiva (Boa; Von Franz, 2002, p. 83).

Von Franz (2002) ainda comenta que, embora haja poucos trabalhos sobre os sonhos e as sociedades nativas, pode-se dizer que o sonho é sempre tratado com grande reverência por essas culturas e que "parece certo que a maioria das culturas primitivas confiava e confia nos sonhos" (Boa; Von Franz, 2002, p. 82):

> Muitas tribos tidas como primitivas – não gosto dessa palavra, digamos povos que ainda vivem num ambiente natural e preservam a sua cultura intacta, sem influência dos brancos – confiam nos sonhos. Os *senoi*, por exemplo,

ensinam as crianças, desde pequenas, a contar seus sonhos. Eles são discutidos e interpretados tanto na família quanto na tribo. A vida social e o comportamento do grupo baseiam-se nos sonhos (Boa; Von Franz, 2002, p. 82).

Infelizmente, em suas viagens pelo mundo, Jung jamais aportou aqui no Brasil, mas se tivesse aportado, com toda certeza estenderia sua estadia para melhor conhecer as manifestações e os usos que nossos indígenas fazem dos sonhos, principalmente na região do Alto Xingu,[2] que faz parte da porção sul do Parque Indígena do Xingu, onde as tradições são mantidas razoavelmente intactas de nossa influência. Penso que Jung iria gostar particularmente da maneira como os dias começam nas aldeias, segundo Junqueira (2009), com conversas acerca dos sonhos.

"De modo geral, o sonho é alvo de muita conversa e decifração. De manhã, em lugar do nosso tradicional bom dia, é comum se indagar: você sonhou?" (Junqueira, 2009, p. 227).

Os sonhos para esses povos tem um papel central em suas culturas e são geralmente utilizados para nortear suas vidas, assim como servem de guia para as ações do grupo como um todo. Um exemplo disso é mostrado por Munduruku (2009) em um sonho de um índio xavante chamado Sibupá Xavante:

> Eu tive um sonho. O Criador do mundo apareceu e me disse que os animais estão desaparecendo, morrendo ou fugindo. Nós precisamos arrumar um jeito de aumentar o número de animais; proteger o local onde vivem. Porque se o povo indígena deixar de comer carne de caça, vai deixar de sonhar. E são os sonhos de poder que mostram o caminho que devemos seguir (Munduruku, 2009, p. 46).

---

[2] Essa região é habitada por uma grande diversidade de povos indígenas como Kamaiurá, Yawalapiti, Naruvotu, Kuikuro, Wauja, Kalapalo, Aweti, Matipu, Trumai, Mehinako e Nahukuá. Embora esses povos componham um grupo linguisticamente heterogêneo, eles participam de uma relativa uniformidade cultural, compartilhando assim de uma visão de mundo semelhante.

Mas embora o sonho seja um aspecto da vida relevante para todos os membros das comunidades indígenas, há entre eles indivíduos que se destacam pelo seu conhecimento e por suas vivências no mundo onírico, os pajés.

O pajé, segundo a antropóloga Carmen Junqueira (2008), é "o indivíduo que, entre os povos indígenas, estabelece comunicação com forças ou seres sobrenaturais, por meio de sonhos, visões ou práticas especializadas. Seus poderes são geralmente usados para cura de doenças e outros males" (p. 92).

Na literatura mundial, o pajé é mais conhecido como xamã. Seu *status* de especialista no mundo onírico não decorre somente de um conhecimento intelectual ou didático do assunto, mas, sobretudo, de uma vivência visceral no mundo dos sonhos, e é a partir deste conhecimento empírico que o pajé sustenta suas práticas de cura.

O início dessa vivência visceral no mundo dos sonhos é conhecido como iniciação xamânica. Campbell (1990) aponta que esse conhecimento empírico do mundo dos sonhos começa geralmente no final da infância e no início da vida adulta e destaca o caráter universal dessa manifestação.

> O xamã é uma pessoa, homem ou mulher, que, no final da infância ou no início da juventude, passa por uma experiência psicológica transfiguradora, que a leva a se voltar inteiramente para dentro de si mesma. É uma espécie de ruptura esquizofrênica. O inconsciente inteiro se abre, e o xamã mergulha nele. Encontram-se descrições dessa experiência xamânica ao longo de todo o caminho que vai da Sibéria às Américas, até a Terra do Fogo (Campbell, 1990, p. 90).

Entre os Kamaiurá, segundo Junqueira (2009), há duas categorias de pajés: os que foram iniciados e aprenderam a arte da pajelança com algum pajé e os que receberam a sua iniciação diretamente dos espíritos denominados *mama'e*. Na hierarquia dos pajés, aquele que recebeu sua iniciação diretamente do *mama'e* é considerado mais poderoso, pois possui uma proximidade maior com o sobrenatural, sendo, portanto, considerado um grande pajé.

As iniciações dos grandes pajés, em sua maioria, ocorrem por meio de sonhos e transes involuntários fantásticos que culminam numa doença iniciatória no futuro pajé. Geralmente quando alguém é acometido por alguma doença grave, os pajés são chamados, e a pajelança é feita na tentativa de restabelecer a saúde do doente. Entretanto, no caso de doença iniciatória, eles têm pouco poder de ação, pois a doença só será curada à medida que o indivíduo se submeter à iniciação do *mama'e* para se tornar pajé.

Essa fase de iniciação é descrita pelos pajés como extremamente difícil, pois várias são as exigências requeridas pelo *mama'e* ao futuro pajé, e este, se falhar, pode colocar sua vida em risco. Um exemplo disso pode ser visto em Junqueira (2009), sobre um jovem que tentou burlar as regras em seu período de iniciação:

> Desse momento em diante e por muitos meses, não pode ter relações sexuais. Fala-se de um homem que transgrediu a regra e sentiu nascer um caroço em sua garganta. Com a ajuda do pajé ele vomitou um caroço duro, que na palma da mão virou água. Em pouco tempo morreu (Junqueira, 2009, p. 229).

Durante o período de iniciação, que pode chegar a vários meses, o neófito é isolado dos demais membros da aldeia e passa por severas restrições sexuais e alimentares. Não podem "namorar" (manter relações sexuais) de maneira nenhuma, pois o *mama'e* não gosta do cheiro de sexo. Não podem comer comida feita por mulher em período menstrual, pois *mama'e* não gosta do cheiro, e se o pajé comer, pode passar mal e morrer.

Nesse período de convalescença iniciatória, ele é instruído via sonhos e transes pelo *mama'e* sobre as práticas de cura: como fumar, como localizar e tirar doença, sobre as canções e rezas exclusivas que curam, sobre os agentes patogênicos do mundo espiritual, sobre ervas, banhos e suas aplicações, sobre como deve agir para que o *mama'e* cure através dele. Enfim, uma infinidade de conhecimentos para ele agir em prol dos seus. A iniciação ocorre em meio ao alvoroço dos familiares e amigos, que pensam que o sujeito endoidou, pois esses sonhos são entrecortados por períodos de desmaios e agitação, mas tudo se acalma se um pajé experiente diagnostica tratar-se de uma iniciação e não de doença.

O fim do período de iniciação é determinado pelo espírito, que sente que é chegada a hora do pajé começar a atuar, o que coincide com sua primeira sessão de cura sob o olhar dos demais pajés. Mesmo após o período iniciatório, os sonhos continuam sendo uma grande ferramenta de trabalho.

> Segundo os pajés, há dois tipos de sonho: um que envolve a presença de espíritos, mas que o leigo não sabe interpretar e pensa ter sonhado com animais e pessoas; e aqueles que refletem acontecimentos que nos preocupam, eventos marcantes, como viagem, encontro com amigos, trabalho etc. O pajé consegue decifrar ambos (Junqueira, 2009, p. 227).

Embora os pajés sejam, entre outras atribuições, os especialistas em sonhos em suas culturas, não é a atividade interpretativa como mostrada no exemplo acima que lhes outorga esse título.

Diferentemente de nosso mundo ocidental, em que o especialista em sonhos, como o psicólogo ou analista, é mais um interprete ou um tradutor do mundo onírico das pessoas, o pajé utiliza seu mundo onírico como fonte de conhecimento e cura. O que lhe garante o *status* de especialista em sonhos é o uso que ele próprio fez e faz de seus sonhos. "Para o pajé, o sonho é fundamental e pode ajudá-lo a antever acontecimentos, descobrir autores de furto e muitas outras adivinhações" (Junqueira, 2009, p. 227). Os sonhos dos pajés possuem inúmeras funções em sua arte de cura. Numa dimensão diagnóstica, o sonho mostra qual é o problema do paciente. Já em uma dimensão prognóstica, o sonho pode revelar ao pajé se a pajelança feita anteriormente surtirá efeito ou não. Em uma dimensão preventiva, os sonhos podem informar sobre dietas para fins específicos. E em uma dimensão curativa, o pajé, em sonho, pode buscar a alma de um doente, capturada por algum espírito que a levou para outro mundo.

Para os pajés, a vivência com os sonhos é mais importante que sua interpretação, assim eles utilizam muitas estratégias para os sonhos virem até eles, como nos exemplifica Junqueira (2009): "Como nos sonhos ocorrem revelações e ensinamentos, os pajés pingam nos olhos o sumo de uma raiz chamada *akykanami*, que estimula sonhos" (p. 227).

Assim, ao lermos as descrições de sonhos e feitos de pajés, temos a impressão de que eles entram realmente em contato com uma realidade espiritual que subjaz a nossa realidade, e da qual a nossa vida é intrinsicamente dependente. Sonho e realidade se misturam. Outro fator que nos incita a pensar dessa maneira é o fato de que os sonhos dos pajés são mais vivos e dotados, segundo Moraes (2004), de "uma concretude peculiar" (p. 225). Barcelos Neto (2008), ao escrever sobre os xamãs *Wauja*, nota que os sonhos dos pajés não são da mesma qualidade sensorial que os sonhos dos demais indivíduos.

Teoricamente, a interdependência dinâmica de um mundo aparente com um mundo subjacente é harmônica com o postulado do inconsciente coletivo, embora Jung, como demonstra Von Franz (1992), jamais tenha afirmado a substancialidade deste.

O conceito de inconsciente coletivo, ao contrário, reelabora esse "reino intermediário de corpos sutis", sem querer afirmar, contudo, nada de definitivo sobre sua substância. Isso é uma pura hipótese. Jung não faz nenhuma afirmação a respeito da substância do inconsciente coletivo, pois isso deveria permanecer somente no âmbito da experiência (Von Franz, 1992, p. 85).

As vivências oníricas dos pajés tocam um grande mistério. De um ponto de vista psicológico, os sonhos dos pajés se manifestam ao nível do objeto, caracterizando peculiarmente o universo xamânico.

Segundo Jung, há basicamente duas maneiras distintas de interpretar um sonho:

> A interpretação em que as expressões oníricas podem ser identificadas com objetos reais é por mim denominada *interpretação ao nível do objeto*. A essa interpretação contrapõe-se a que se refere ao próprio sonhador e cada um dos componentes do sonho; por exemplo, todas as pessoas que nele aparecem. A esse procedimento dei o nome de *interpretação ao nível do sujeito* (Jung, 2002, par. 130).

De maneira geral, em nossa cultura, os sonhos são em sua grande maioria vivenciados no âmbito do sujeito, o que evoca ao sonhador algo a respeito de si mesmo, e, de um ponto de vista teórico, podem ser compreendidos como tendo uma gênese endopsíquica.

Os sonhos, no âmbito do objeto, vivenciados em abundância pelos pajés, evocam, por sua simples manifestação, uma origem além do sujeito, uma vez que há algo no sonho que sabe algo além do sonhador. Esse tipo de manifestação onírica põe o indivíduo em contato com outra dimensão da existência.

Assim, as vivências com os sonhos no âmbito do sujeito evocam a existência do sujeito, já as vivências com os sonhos no âmbito do objeto evocam algo além da existência do indivíduo. Poderíamos entender esses dois tipos de sonhos como opostos polares, que evocam perspectivas diferentes. Dessa maneira, os pajés têm sim muito a nos ensinar. Como diz Lévi-Strauss (2007):

> [...] a psicanálise pode recolher uma confirmação de sua validade, ao mesmo tempo que a esperança de aprofundar suas bases teóricas e de melhor compreender o mecanismo de sua eficácia, por uma confrontação de seus métodos e de suas finalidades com os de seus grandes predecessores: os xamãs e os feiticeiros (Lévi-Strauss, 2007, p. 236).

Referências bibliográficas

CAMPBELL, J. *O poder do* mito. São Paulo: Palas Athenas, 1990.
JUNG, C. G. *Psicologia do inconsciente*, vol. 7-1. Obras Completas. Petrópolis: Vozes, 2002.
JUNQUEIRA, C. *Antropologia indígena: uma (nova) introdução*. São Paulo: EDUC, 2008.
_____. "Disputa política na sociedade Kamaiurá". In: *Revista Brasileira de Linguística Antropológica*, v. 1, n. 2, set/dez 2009, Salvador, p. 215-233.
BARCELOS NETO, A. *Apapaatai: rituais de máscaras no Alto Xingu*. São Paulo: EDUSP, 2008.
BOA, F.; VON FRANZ, M.-L. *O caminho dos sonhos*. São Paulo: Cultrix, 2002.
LÉVI-STRAUSS, C. *Antropologia estrutural*. Rio de janeiro: Tempo Brasileiro, 2007.
MORAES, W. "Xamãs na metrópole: o pajé e a nova era". Tese de Doutorado em Antropologia Social. Orientadora: Profa. Dra. Aparecida Villaça. UFRJ, Rio de Janeiro, 2004.
MUNDURUKU, D. *O banquete dos deuses: conversa sobre a origem e cultura brasileira*. São Paulo: Global, 2009.
VON FRANZ, M.-L. *Reflexos da alma: projeção e recolhimento interior na psicologia de C. G. Jung*. São Paulo: Cultrix/Pensamento, 1992.
_____. *C. J. Jung: seu mito em nossa época*. São Paulo: Cultrix, 1997.

14.

SONHOS INFORMATIZADOS: A TECNOLOGIA PRESENTE NO IMAGINÁRIO DA ATUALIDADE

Rosa Maria Farah[1]

Os motivos básicos dos mitos são os mesmos e têm sido sempre os mesmos. A chave para encontrar a sua própria mitologia é saber a que sociedade você se filia (Campbell, 1990, p. 23).

Em 2009, época em que iniciamos esta observação, havia no Brasil cerca de 64 milhões de usuários de internet. Atualmente (meados de 2013), esse número já se aproxima dos 100 milhões, e as inúmeras vivências humanas experimentadas no espaço virtual geraram novos desafios e questões ainda não abordadas ou respondidas pela psicologia.

O explosivo avanço da utilização das novas tecnologias de comunicação é um fato que se impõe em nossa época nas mais variadas áreas das atividades, dos relacionamentos e do existir humano. De modo especial, a difusão da internet bem como o crescimento exponencial da sua utilização para inúmeras finalidades vêm acarretando

---

[1] Psicóloga, mestre em psicologia clínica pelo Núcleo de Estudos Junguianos da PUC-SP; professora da Faculdade de Ciências Humanas e da Saúde da mesma universidade; coordenadora do núcleo "O Corpo na Psicologia", do curso de psicologia da FaCHS/PUC-SP e do "NPPI: Núcleo de Pesquisas da Psicologia em Informática", o Serviço de Informática da Clínica Psicológica da PUC-SP. *E-mail*: rosafarah@pucsp.br.

mudanças expressivas na vida cotidiana e no comportamento das pessoas, a ponto de nos referirmos a este tempo como sendo a era da informação e das comunicações.

Concomitante à difusão dos usos originais da *web*[2] (registro e comunicação de dados), já ocorreu também o acelerado desdobramento das aplicações originais das tecnologias digitais em diferentes campos, que vão além das comunicações propriamente ditas, de tal maneira que a informatização é hoje utilizada para inúmeras outras funções: desde o simples controle de estoque dos estabelecimentos comerciais até a realização de sofisticados procedimentos cirúrgicos; do registro e controle das operações financeiras às previsões meteorológicas; dos registros realizados nos arquivos governamentais ao controle da navegação dos artefatos espaciais.

Constatamos também que esses conjuntos de dados funcionam de modo interconectado, mediados pelos supercomputadores – os servidores conectados em rede –, de tal forma que, já há algum tempo, estamos imersos na estrutura da "sociedade em rede" prevista e descrita por Castells em 1996, ano da edição original de seu clássico livro *A sociedade em rede*:

> Em razão da convergência da evolução histórica e da transformação tecnológica, entramos em um modelo genuinamente cultural de interação e organização social. Por isso é que a informação representa o principal ingrediente de nossa organização social, e os fluxos de mensagens e imagens entre as redes constituem o encadeamento básico da nossa estrutura social (Castells, 2005, p. 573).

Em paralelo, rapidamente surgiram os artefatos e equipamentos de uso individual para acesso à *web*, ini-

---

[2] A *World Wide Web* (termo da língua inglesa que em português se traduz literalmente por "teia mundial"), também conhecida como *web* e *www*, é um sistema de documentos em hipermídia que são interligados e executados na internet.

cialmente viabilizado pelos primeiros PCs, computadores pessoais, conectados à internet – disponíveis desde 1995 no Brasil. Porém, atualmente, esse acesso já se tornou mais difundido e facilitado em função do surgimento das versões ainda mais miniaturizadas e acessíveis dos microcomputadores, os atuais *smarthphones*: aparelhos celulares que, entre outras funções, permitem o acesso do seu usuário à grande rede. Claro que, simultaneamente a essas criações, diversos equipamentos informatizados, derivados desses primeiros, também vêm surgindo e se tornando populares: televisores e outros eletrodomésticos conectados, casas "inteligentes", sistemas de segurança e vigilância monitorados por câmeras acopladas à *web* etc. Como decorrência, a informatização passou a mediar também a maior parte das interações humanas: tanto aquelas realizadas pessoa a pessoa quanto de forma coletiva, também pelas vias virtuais, através das redes sociais.

Este artigo tem como objetivo ilustrar uma das implicações subjetivas desse processo, por meio da ilustração da presença dos equipamentos derivados das novas tecnologias de comunicação no imaginário da atualidade, de modo especial pela forma com que se mostram presentes como representações simbólicas nos sonhos que nos são relatados nos consultórios: desde os computadores propriamente ditos, seus componentes e modos de operação – monitor e sua tela, mouse e seus comandos –, até outros aparelhos informatizados, como telefones celulares, *walkmans*, radares eletrônicos, câmeras de vigilância etc.

Certamente caberá às novas gerações de terapeutas a tarefa de desvendar os significados das analogias presentes no imaginário do homem do século XXI. No entanto, ainda que possamos contar com a ajuda dos nossos clientes – em geral mais versados no manejo desses equipamentos –, alguma familiaridade com os aparatos tecnológicos já está sendo exigida dos psicólogos, conforme demonstrarão os relatos selecionados, nos quais suas imagens já se fazem presentes.

Segundo Jung, os sonhos, com sua função compensatória, nos alertam sobre a necessidade de corrigir os possíveis desvios do trajeto que nos cabe trilhar rumo a um desenvolvimento natural (Jung, 1989, par. 247). Von Franz, exímia porta-voz do pensamento junguiano, esclarece essa função dos sonhos:

> Os sonhos não nos protegem das vicissitudes, doenças e eventos dolorosos da existência. Mas eles nos fornecem uma linha mestra de como lidar com esses aspectos, como encontrar um sentido em nossa vida, como cumprir nosso próprio destino, como seguir nossa própria estrela, por assim dizer, a fim de realizar o potencial de vida que há em nós (Von Franz, 1988, p. 25).

A comunicação consciente ←→ inconsciente acontece através da linguagem dos símbolos, uma vez que o inconsciente não se expressa nos sonhos por meio da linguagem racional: "Pelo contrário, um sonho revela o inconsciente sob a forma de imagem, metáfora e símbolo, numa linguagem intimamente associada à arte" (Von Franz, 1988, p. 36). Desse modo, para que possamos compreender tais mensagens do inconsciente, faz-se necessário decifrar o significado das imagens dos sonhos por meio da observação das analogias presentes em suas representações.

Ao longo da história humana, gradativamente os sonhos incorporaram as imagens dos artefatos criados pela cultura, incluindo aqueles surgidos durante o século XX, já familiares tanto para sonhadores quanto para seus intérpretes: automóveis, aeronaves, telefones, naves espaciais, entre tantos outros. Desse modo, a compreensão das funções objetivas desses artefatos bem como seus respectivos significados simbólicos – tanto em termos pessoais quanto coletivos – já não representa um desafio aos terapeutas. No entanto, num período relativamente breve (a partir de 1995, no caso do Brasil), o imaginário humano passou a incorporar as representações dos objetos e aparatos referentes ao universo da informática e da virtualidade, provavelmente em ritmo mais acelerado do que aquele alcançado pela nossa capacidade de identificar, assimilar e compreender seus respectivos usos e funções.

Surge, então, a necessidade de buscarmos a compreensão desse universo, ao menos em grau suficiente para acompanhar nossos clientes na tarefa de decifrar as analogias e respectivas mensagens expressas nos seus sonhos. Sem dúvida, as associações do próprio sonhador se constituem como pistas régias para a sua compreensão. Mas, ainda assim, será necessário conhecermos ao menos suas funções, utilidades ou ainda o funcionamento básico desses artefatos utilizados pelo inconsciente para compor essas novas imagens. Dizendo de outro modo, talvez deva ocorrer em breve uma espécie de "inclusão digital" dos psicólogos, ao menos sobre o significado dos termos presentes nas imagens dos sonhos desta era da informação.

A atividade onírica não é o único campo de expressão dessas analogias, presentes também nas artes, nas atividades lúdicas e de lazer, nas comunicações e na própria psicoterapia, quando esta se utiliza de outros recursos expressivos além do verbal. Mas o universo dos sonhos talvez seja a área de expressão do imaginário onde essas manifestações se mostram mais fartamente acessíveis à nossa observação.

Sobre a coleta dos sonhos

Antes de apresentarmos os relatos dos sonhos propriamente ditos, cabem alguns esclarecimentos sobre como ocorreu a coleta do material que serviu de base para a elaboração deste artigo.[3] A motivação inicial deste estudo surgiu durante nossa participação num *newsgroup* – um grupo de discussão via internet dedicado às trocas e comunicações sobre temas de psicologia. Como é costume nessa forma de comunicação virtual, os assuntos das trocas grupais são variados, e em certo momento o centro das discussões foi justamente o surgimento dos aparatos tecnológicos nos sonhos da atualidade. A partir dessas discussões, esse assunto nos pareceu oportuno como tema de seminário e foi apresentado numa das disciplinas do Curso de Pós-Graduação em Psicologia Clínica da PUC-SP.[4]

Para iniciar o levantamento do material que compõe esta ilustração, enviamos ao mesmo grupo citado uma mensagem (por *e-mail*) informando nosso propósito e convidando os demais componentes a nos enviar – também por *e-mail* – relatos de sonhos seus, ou de pessoas que autorizassem o envio, que pudessem corresponder a essas características.

As respostas rapidamente começaram a chegar, contendo relatos dos participantes do grupo. A partir daí, tomando conhecimento do nosso interesse pelo tema, outros psicólogos, além de amigos e colegas do curso citado, também nos enviaram relatos semelhantes. Em boa parte dos casos, o remetente informava que os relatos lhes foram feitos por amigos, familiares ou mesmo clientes, que os autorizaram a fazer tal comunicação. Consideramos relevante explicitar esses detalhes, pois esta é uma das características marcantes dos *newsgroup* presentes na

---

[3] Agradecemos aos sonhadores e aos colegas, que gentilmente nos remeteram seus relatos, embora por razões compreensíveis não possamos identificá-los.

[4] O seminário sobre "Sonhos informatizados" foi apresentado em aula da disciplina Os sonhos e a imaginação na clínica junguiana, ministrada pelo prof. Dr. Durval Luiz de Faria, no segundo semestre de 2007. Posteriormente, esse mesmo estudo passou a se constituir como um dos capítulos da dissertação de mestrado "Ciberespaço e seus navegantes – novas vias de expressão de antigos conflitos humanos" (Farah, 2009).

web: de modo geral, seus participantes se comportam de forma bastante colaborativa, especialmente quando o tema em pauta atende a algum objetivo de interesse comum dos componentes.

Mais recentemente, visando a elaboração deste capítulo, utilizamos o mesmo procedimento para coletar mais alguns relatos de sonhos e vivências semelhantes, com o objetivo de atualizar o acervo dessas imagens.

Como nossa intenção é apenas ilustrar a presença dos artefatos informatizados no imaginário da atualidade, não nos deteremos em análises ou interpretações dos sonhos e demais vivências registradas. Os relatos serão apresentados de forma sintética, constituindo-se basicamente na seleção dos trechos dos sonhos em que aparecem as referências aos artefatos que nos interessa observar. Cada sonho será situado brevemente por meio do destaque das palavras-chave correspondentes aos aparatos tecnológicos presentes no seu contexto, acrescido de um breve perfil do sonhador.

O agrupamento dos sonhos seguirá a ordenação que nos parece ser a mais elucidativa para o leitor: em um primeiro bloco serão apresentados os sonhos que contém referências diretas aos computadores, seus componentes e comandos; no segundo bloco serão apresentados sonhos contendo referências a outros equipamentos informatizados. Finalmente, além dos sonhos, serão incluídos dois relatos de vivências análogas, respectivamente: uma cena criada em uma sessão de *sand play* e uma imagem hipnagógica experimentada de forma espontânea por seu remetente. Na reprodução dos relatos será mantida a redação original dos seus autores, pois em muitos deles as características dessa redação ilustram o tipo de linguagem própria dos internautas, como, por exemplo, certas abreviações, ou ainda os jargões comumente utilizados nos espaços da virtualidade.

Sonhos nos quais aparecem computadores e/ou seus componentes

Sonhadora: mulher, 35 anos, pós-graduanda em psicologia
N. 1: computador, teclado

Achei muito interessante sua pesquisa, e vou relatar a você um sonho que tenho tido com frequência, nesta época estressante de escrever minha dissertação. Estou tendo muita dificuldade de escrever, isso está ligado a vários fatores que venho trabalhando em minha análise. Bom, vamos ao relato: meu sonho começa com a imagem de um teclado branco, em seguida minhas mãos logo aparecem teclando rapidamente a minha dissertação como se em alguns minutos eu conseguisse escrever tudo o que não consegui até o momento... É meio louco, mas é isso. O mais interessante é que o teclado do meu computador é preto (rsrsrsrs). Segundo minha analista, o branco pode estar relacionado à clareza das ideias... Mas sei que minha dificuldade tem a ver com questões muito profundas e neste sonho está simbolizada na cor do teclado. Espero que eu tenha ajudado.

Sonhadora: mulher, 29 anos, psicóloga
N. 2: antivírus

Se este sonho ajudar, aí vai: pela primeira vez sonhei, esta noite, q havia um vírus no meu pc. A tela em preto, computador desligado, alertava para um vírus: luz branca com brilho, escrita AVAST. Ao acordar lembrei que AVAST é um antivírus...

Sonhadora: mulher, 32 anos, psicóloga
N. 3: página pessoal no Orkut

Sonhei que entrava na página do *orkut* da atual namorada do meu ex-marido. Entrava no álbum dela e descobria que ela era uma mulher muito pobre e de muito baixo nível. Uma mulher sem educação. Podia ver a casa onde ela morava no fundo das fotografias. Me sentia inconformada por saber que ele escolhia ela e não eu.

Sonhador: homem, 42 anos, publicitário
N. 4: computador, seus componentes e comandos

Trabalho numa sala de paredes texturizadas de azul celeste e branco, iluminada apenas pela tela de um computador *desktop*. A CPU, o monitor e o teclado são silhuetas, e mal é possível percebê-los. Sem olhar para o monitor, digito uma palavra (que não sei qual é) e teclo o comando de busca. Viro para o monitor e percebo que digitei errado, escrevi alguma coisa como "D/eos": como se tivesse enroscado os dedos, mas não era essa a palavra. Redigito, e o computador congela. Pressiono o comando de *restart*,[5] mas a máquina não responde. Tiro o computador da tomada e a CPU desliga, mas o monitor continua ligado.

N. 5: comandos do computador

Dou um comando de busca no meu computador, mas erro, por algum motivo, e o computador começa a abrir todos os arquivos na tela, onde as pastas são muito pequenas visualmente. Tenho que fechar essas pastas imediatamente, uma vez que o computador não suporta todas elas abertas. Consigo fechar todas as pastas e, ao acordar, me vem à mente a imagem de D., uma menina de 11 anos.

N. 6: comando do computador é estendido a uma situação convencional

Estou numa aula de astronomia no ginásio. O professor pede que eu explique alguma coisa a respeito da matéria. Encho o quadro até o ponto que não consigo discernir o que está escrito. Dou um comando de *zoom* na lousa, como se faz no computador. Então a informação é distorcida e não consigo recuperá-la. Começa uma prova a respeito

---

[5] *Restart*: comando de "reinicialização" do computador que consiste em encerrar e, em seguida, reiniciar seu funcionamento.

da matéria e vejo meus colegas resolvendo as equações que não conheço. Falta meia hora para acabar e penso em colar.

N. 7: internet, criação de uma rede

Numa empresa, M. S. (um publicitário de renome) recebe a tarefa de construir uma rede de conexões, uma espécie de internet. Ele aceita a tarefa sem questionar, e se sai bem. Será que ele foi remunerado? Vejo um Fusca, preparado para *rally*, passar sem problema por cima de um monte de terra na calçada.

N. 8: computador e *skate* motorizado

Estava em uma casa com escadarias e saí apressadamente para ir a uma festa. Mas esqueci o local e voltei andando num *skate* motorizado. Tentei abrir meu microcomputador moderno, mas esqueci a frase que era a senha.

N. 9: *notebook* e seus componentes

Estou trabalhando no meu *notebook*, quando percebo que o *hard-disk* está diferente. De repente a tela escurece e ele desliga. Perco a conexão com a internet.

N. 10: falha no sistema operacional do equipamento

Estou trabalhando no *Powerbook*, quando ele dá um pau de sistema. Os nomes das pastas se tornam desconexos e os ícones regrediram do sistema operacional 8.6, o atual sistema, ao sistema 6.0, o primeiro sistema. O nome do HD modificou para alguma coisa como Ro_hdl.

Sonhadora: mulher, 38 anos, empresária
N. 11: mensagem de *e-mail* presente na tela do computador

Vejo a tela do computador do M. (companheiro da sonhadora). A página do *e-mail* está aberta e nela consta uma mensagem vinda de uma mulher de nome R., mais seu sobrenome abreviado. No assunto, vejo: "Sobre nosso encontro" ou algo semelhante, que diz respeito a algum assunto entre eles. No próprio sonho me dou conta de que isso explica o comportamento distante que ele tem apresentado nos últimos tempos: ele está se relacionando com outra mulher. Sinto-me invadindo o espaço dele só de olhar a tela do computador e, ao mesmo tempo, tentada a abrir a mensagem e ler o conteúdo. Mas acabo não fazendo. Em seguida, vejo um parafuso e uma porca que se desenroscam e caem no chão, seu tilintar no solo me faz acordar assustada e com o coração disparado.

Sonhadora: mulher, 27 anos, estudante
N. 12: mensagem de *e-mail* presente na tela do computador

Eu estava vendo *e-mails* no meu computador, em casa. Aí me deparei com um *e-mail* que tinha certeza que era um vírus, enviado pelo meu ex-namorado. Mas não me contive, quis desafiar e abri a mensagem. Eu imaginava que era vírus, mas não consegui me segurar, me deixei seduzir e abri o *e-mail*. Então, imediatamente, ao abrir, a tela ficou toda preta e uma mensagem apareceu no meio da tela, com algo dizendo que eu havia me "ferrado". E ao mesmo tempo parecia que tinha pessoas ao redor debochando de mim, rindo, dizendo como eu podia abrir o *e-mail*, sabendo que era vírus.

Sonhadora: mulher, 35 anos, psicóloga
N. 13: mensagem de *e-mail* presente na tela do computador

Sonho que ao abrir minha caixa de *e-mail* há um, de uma professora e analista, a quem conheço apenas formalmente. Ao abri-lo, vejo uma mensagem superbonitinha, bem colorida e com alguns desenhos com motivos de céu, estrelinhas e nuvenzinhas. Está escrito "minimize" (com letras redondinhas). Penso, então, no momento de sofrimento intenso que estou passando na minha vida.

Sonhadora: mulher, 21 anos, estudante
N. 14: *notebook* parece ter vida própria

Estava no meu quarto mexendo no *notebook*. Minha psicóloga estava no sofá-cama, deitada. Minha mãe entrou no quarto e fui apresentá-las. Quando minha mãe saiu do quarto, voltei para o computador. O *notebook* dava algum problema: vi várias peças quebradas e fora do lugar. Ele tinha aberto e começava a tocar uma música que eu tentei fazer parar de todas as formas e não consegui. Desliguei o computador, tirei a bateria, mas a música continuava tocando. Sai do quarto com a peça do *notebook* onde fica o CD, e nada de parar. Minha psicóloga acordou, foi ao banheiro e depois limpou o chão da cozinha, que estava molhado.

N. 15: *notebook* parece ter vida própria

Estava no meu quarto, mexendo no meu *notebook*, que está com vírus, em cima da minha cama. Não esperava que ele fosse ligar e quando ligou vi vários arquivos que não eram meus na área de trabalho. Meu tio chegou para arrumar, e, quando ele saiu, as peças do *notebook* estavam todas espalhadas em cima da cama.

Sonhador: menino, 11 anos, estudante
N. 16: *notebook* parece ter vida própria

Eu tive um sonho que eu ganhei um *notebook* e ele falava. Tinha tudo dentro. Tinha câmera, tinha MP3, tudo. Aí o *notebook* materializou umas pernas e começou a fazer o mal. Daí virou um monstro, e, contra a minha vontade, tive que destruir ele.

Sonhador: homem, 39 anos, militar
N. 17: mouse aparece no sonho com outra função

Nunca sonhei, mas meu marido sonha de vez em quando, pois ele trabalha com informática. Uma vez ele sonhou que deslizava sobre um mouse, ele até disse que era uma espécie de *"mouseboard"*, como se estivesse fazendo um esporte radical sobre o mouse... Foi como ele me contou! Detalhe: é ele quem faz a manutenção dos computadores no quartel onde trabalha!

Sonhadora: mulher, 26 anos, nutricionista
N. 18: tela do monitor

Sonha que está presa dentro da tela do computador; ela só se recorda disso. (Detalhe: a sonhadora é uma moça extremamente preocupada com dietas, lipo e emagrecimento.)

Sonhadora: mulher, 28 anos, psicóloga
N. 19: homem-sombra apresenta imagem à sonhadora na tela do computador

Que interessante a sua pesquisa. Lembrei na hora de um sonho meu que achei até meio arquetípico, para saber desse termo arquetípico, é claro que sou psicóloga. Vou então passar a te relatar, curto, até originou um desenho meu, que posso te enviar se quiseres.
Vi um homem-sombra, um homem-sombra é um homem escuro, cor de sombra mesmo, sem definição nenhuma, mas que dá para ver pela silhueta que era um homem bonito, que tinha minha idade, cerca de 28 anos, jovem, portanto, e ele estava sentado em frente a um computador trabalhando na frente do computador muitas horas seguidas, e dava para perceber que ele era um profissional da área, ou alguém que no seu trabalho e na sua vida usa muito o computador. Bem, esse homem-sombra olhou para mim e depois olhou para a tela, como se me indicasse que era para eu ver o que tinha na tela; eu vi, vi algo lindo, vi o universo na tela, e uma rosa vermelha em botão começou a se abrir lentamente naquele universo, era uma rosa grande, portanto, e eu vi o processo dela, se abrindo, bem bonita e depois murchando e morrendo. Isso, dentro da tela, que era o universo; o fundo do universo era escuro como o homem. No meu desenho, eu só desenhei o universo e a rosa, num quadrado, mas não dá para ver pelo desenho que é a tela do computador.

Esta mesma sonhadora complementa seu relato, acrescentando:

> Espero que o sonho lhe seja proveitoso. Antes desse sonho, eu sonhei que um homem-sombra me telefonava, e ele ligava de um escritório, em um mundo paralelo, dava para ver sua silhueta. É, eu sonhei com telefone, que também é uma tecnologia, de comunicação, e esse mesmo homem. Fora isso, eu lembro que, quando era pequena, entrava num joguinho dentro do computador, e jogava lá de dentro, que sonho divertido.
> Qualquer dúvida é só perguntar!

Sonhador: homem, 45 anos, psicólogo, familiarizado com o uso de computadores

N. 20: problemas com o funcionamento do equipamento

> Estou no meu iMac, quando ele congela. Uso o recurso de apertar e segurar o botão de liga-desliga, mas ao apertar o botão ele salta de dentro da sua posição e expõe a haste que o segura com uma mola, curiosamente a haste é maior que a profundidade do computador. Viro a máquina e vejo um diagrama em alto relevo no corpo de alumínio, indicando que um vírus está indo em direção ao disco rígido. Saio correndo pelo prédio, procurando outro computador com acesso ao Google, onde pretendo buscar quem já passou pela experiência e como solucionou o problema.

N. 21: um "agradecimento" da *anima*

> Estou num corredor de hospital, e sentado junto comigo está um publicitário de meia-idade, parecido com o G. R. Nas extremidades do corredor estão máquinas grandes com telas de computador. Ele olha para mim e pede uma conexão com a Fnac. Eu começo a estabelecer a conexão, e a tela do computador se apaga. Enquanto estou sentado mexendo na máquina aparece uma moça da limpeza que me abraça por trás. Ela me diz: "Obrigado, meu amor, pelo bolo de aniversário". Eu, sem graça, brinco com ela, mas

digo que realmente não me lembro de nenhum bolo, e não me lembrava mesmo, e ela sai, e quando me volto vejo ela virando o corredor usando um jaleco de médica. Ando pelo corredor do hospital, que é também uma sala de estar com jovens deitados nos sofás.

Tive esse sonho logo que acabei, com muito custo, o projeto da minha casa, mas imagino que é a *anima* agradecendo a decisão de fazer o curso de psicologia.

Sonhos nos quais surgem telefones celulares ou outros equipamentos informatizados

Sonhadora: mulher, 37 anos, pedagoga
N. 22: telefone celular

Estava numa loja e podia escolher o celular que quisesse, só que eu não entendia nada e não sabia qual era o melhor. Escolhi um que eu mais gostava, sem saber se era o melhor. Depois encontrava umas pessoas e via que o celular que elas tinham eram sempre melhores do que o meu. Eu ficava com raiva, mas pensava que era besteira porque tinha escolhido o que eu mais gostava, e que não precisava ser o melhor.

Sonhador: homem, 42 anos, publicitário
N. 23: *walkman*

Chego perto de um sujeito que bebe cerveja numa mesa e troco algumas palavras. Aparece X (pessoa conhecida) e conversamos. Pergunto qual o seu trabalho; ele trabalha numa empresa de estandes no Anhembi. Ele me diz: "Eu vendo sentimentos". Tenho na mão um *walkman* com uma fita, que toco sempre do mesmo jeito. Mostro o aparelho para Y (outro personagem), que me ensina outro modo de tocar: dez segundos de música de um lado e dez do outro. Lembro-me da música *Jazz musician*, da Grace Jones, e me emociono. Acordo do devaneio e não consigo mais acionar o *walkman*.

N. 24: telefone celular, *walkman*

Estou na XX (uma empresa de publicidade), e as instalações me lembram os tempos da YY (outra empresa da área). Sinto-me à vontade no ambiente de trabalho. Logo o prédio se mistura com minha antiga casa. Recebo um telefonema no meu celular com fones de ouvido de *walkman*, e a voz é de M. (figura feminina conhecida do sonhador). Fico contente dela ter me ligado depois de tanto tempo sem nos falarmos. Logo percebo que é um trote de P. (figura masculina) e ouço risadas dele com seu filhinho, no outro lado da linha. Fico bravo e atento para desmascará-lo, mas o telefone fica mudo, apenas com ruído ambiente.

N. 25: telefone celular

Estou na calçada, conversando com C. (amigo do sonhador), que está dentro do seu carro branco. Ele recebe ou está fazendo uma ligação do seu celular. O meu celular toca e vejo meu sobrenome no visor. Quando aperto a tecla *talk*, a bateria se esgota.

N. 26: telefone celular

É dia, e F. (figura feminina) está me visitando na minha antiga casa. Marcamos outro local para nos vermos, e depois, enquanto eu a aguardava, recebo no visor do celular uma mensagem dela, dizendo que gostava muito de mim, mas sentia muito e não viria. Fico desapontado.

N. 27: telefone celular

Reflexão do sonhador: o fato de não gostar de guerrear não impede a existência da guerra. O meu celular cai dentro do vaso sanitário, mas consigo recuperá-lo a tempo. Uma turba ensandecida estoura pelas ruas, e vejo pessoas vindo dos dois lados. Tenho dois celulares, um em cada mão, mas não sei o que fazer com eles. Eu e C. (personagem masculino) nos cumprimentamos timidamente.

N. 28: telefone celular

Cortei caminho circundando um jardim com muros altos de uma bela casa no bairro do Ibirapuera. Meu celular começa a receber mensagens. Parece que mensagens antigas que eu não conhecia estavam sendo apagadas, mas na verdade a companhia telefônica estava reprogramando e mandando códigos de acesso rápido, 2x32, 4x16, que permitiam a utilização mais fácil e rápida do aparelho.

N. 29: radar eletrônico

Entro num túnel estreito e iluminado e vejo um radar de velocidade na minha frente. Vou caminhando normalmente, e ao me aproximar o *flash* me ilumina. Acabo de ser fotografado.

Sonhadora: mulher, 55 anos, psicóloga
N. 30: conexão *bluetooth*

Outro dia sonhei com uma tecnologia que ainda não existe... rsrsrs. Tipo ficção científica. Sabe aquela geringonça que tem no celular (conexão *bluetooth*) que permite repassar um conteúdo sem ser arquivo ou discado? Então... Eu nem sabia disso, mas um amigo que também é fã do *Star Wars* (como eu) passou pra mim, dessa forma, a música de abertura do filme para o toque do meu celular. Fiquei pasma... pois sou uma anta nessas coisas. Ele me explicou que "abre uma porta" e o que estiver por perto capta... Isso faz alguns meses.
Bom, na semana retrasada sonhei que "materializava" no bebedouro do meu consultório antigo uma garrafa (de vidro, antiga e pequena) de Coca-cola. Um paciente meu, que estava esperando ser atendido, me explicou que se tratava de uma tecnologia nova, tipo *bluetooth*, que permitia materializar coisas... E acrescentou que tinha sido enviada por um "admirador" meu (um grande amigo, na verdade). Junto com esse presente que ele havia enviado pro meu bebedouro, vieram inúmeras folhas de computador (antigo, daqueles enormes da IBM), daquelas listradinhas, com uma mensagem escrita, que eu deveria ler...

Sonhadora: menina, 5 anos (relato feito pela mãe)
N. 31: celular

Esta noite minha filha de cinco anos teve um sonho que ela chamou de muito ruim e fez ela acordar chorando.

O sonho foi o seguinte: ela estava com o celular na mão, brincando com a "luzinha" (a lanterna do celular) quando a Pretinha (a gata dela) pulou nela para brincar com a luz e agarrou nas suas pernas; ela empurrou a gata porque se assustou, quebrando a perna dela. Foi nessa hora que ela acordou aos prantos, chamando a irmã e contando o que fez no sonho.

Sonhador: homem, 45 anos, psicólogo
N. 32: celular

Estou numa escola com meu uniforme escolar, porém minha calça é cinza em vez de azul. Meu celular Sony Ericsson k750i começa a espirrar o líquido da bateria e a derreter. Fico assustado, pois vou perder o *chip*. O celular derrete e gruda nos meus dedos, e fico desesperado. Mas no interior não tem *chip*, e digo para mim que, se não tem *chip*, não perdi a informação, mas onde estará o *chip*? Vejo uma inscrição num placa feita de azulejos: "Engenheiro Roversi" e um caminhão pipa enferrujado e cheio de água. O *Self* é representado pelo *chip* do celular. O sonhador deve abandonar seus aspectos mais infantis, pois está somente mudando de calça, somente assim poderá conseguir usar a água do caminhão pipa que está aguardando (*logos espermatikos*).

Sonhadora: mulher, 62 anos, psicóloga
N. 33: dois sonhos com aparelhos celulares

a. Sabia que havia tirado uma foto importante pelo celular e devia mostrar a alguém, a impressão foi que passei horas procurando sem encontrar.
b. Não sabia o número do telefone de meu namorado pois sempre localizava pelo nome na bina do celular. Havia sobre uma mesa vários aparelhos e tentava localizar o meu. Na maioria estavam danificados e pensei que devia ter uma agenda de papel escrita com a velha e confiável caneta BIC. É isto, espero que ajude, estou com 62 anos e parece que não confio no celular.

Relatos de outra natureza contendo imagens semelhantes

N. 34: cena em *sand play*: um psicólogo enviou o seguinte relato sobre a forma escolhida por seu jovem cliente para finalizar seu atendimento em psicoterapia infantil

> Não sei se ajuda no seu trabalho sobre sonhos com computadores. Não é sonho e não chega a ser bem com computador, mas aconteceu a seguinte cena com um pacientezinho meu de seis anos na sessão de alta da psicoterapia com a utilização da caixa de areia: ele pegou dois computadores de brinquedo na estante, montou duas "salas", disse que ali era a empresa dele e que ele era meu chefe. Uma das salas, com computador, era a dele; a outra era minha. Pegou um bolo de dinheiro de mentira da estante, dividiu ao meio, pegou metade e me deu a outra metade. Pegou dois telefonezinhos celulares de brinquedo, um para si, e me deu o outro, dizendo: "Esse é pra você, pra eu te achar quando eu quiser".
> Isso me marcou tanto, porque foi tão leve! O celular simbolizando nossa ligação, mesmo depois da alta, uma ligação "sem fio". Não sei se interessa, mas achei legal lhe passar assim mesmo.

N. 35: imagem/vivência: relato enviado por um homem de 53 anos, técnico em informática

> Acho que não estava dormindo, mas talvez em estado hipnagógico. De repente, abriu-se uma "janela" que mostrava a entrada de uma caverna. Tudo era prateado. Fui entrando na caverna e cheguei a uma sala que era como um pequeno escritório de informática. Mas os *scanners* – lembro-me especialmente deles – eram bem grandes. Foi tudo muito rápido. Voltei logo ao normal. Quando tive essa experiência, tinha saído de um emprego onde dava assistência a usuários de microcomputadores da empresa, e já estava desempregado havia alguns meses.

Algumas considerações finais

Conforme já foi assinalado, optamos por não entrar nos detalhes da análise individualizada do simbolismo contido nos sonhos relatados, uma vez que, para tanto, cada caso deveria ser contextualizado, tarefa essa que escaparia ao alcance deste trabalho. Assim, na sequência, apresentaremos alguns comentários gerais sobre o conjunto das imagens expressas nesses sonhos e vivências.

A julgar pela forma com que os jargões designativos da tecnologia são empregados nos relatos, nossa primeira impressão é de que esses recursos já fazem parte da vida dos sonhadores, bem como os termos que os designam. Tanto os protagonistas mais jovens – mesmo as crianças – quanto os adultos, em geral, mencionam o computador, seu manejo, seus componentes e os demais equipamentos citados com familiaridade, como instrumentos de uso comum em suas respectivas rotinas. Assim, de modo geral, esses instrumentos são utilizados pelo sonhador – no contexto do sonho – com a mesma aparente destreza e desenvoltura com que o fazem em sua vida de vigília, especialmente no que diz respeito às suas funções como instrumentos de comunicação.

Porém, algumas vezes essa função original (de comunicação) aparece nos sonhos de formas expandidas, ou mesmo dotadas de modos de funcionamento aparentemente mágicos ou premonitórios, como no caso do sonho n. 11, no qual a sonhadora "vê" na tela do seu sonho o nome da possível amante do marido.[6] Com certa frequência, alguns desses artefatos parecem ainda adquirir uma espécie de vida própria, passando a funcionar ou a "agir" no sonho, à revelia do ego onírico do sonhador. A ideia da

---

[6] Nesse caso em particular, a sonhadora nos enviou um relato complementar, no qual adicionou a informação segundo a qual, nessa ocasião, seu parceiro estaria realmente envolvido em uma relação extraconjugal.

criação que passa a agir à revelia do seu criador não é inédita e povoa a ficção científica há algum tempo. Esse tema foi magistralmente explorado por S. Kubrick no clássico filme *2001, uma odisseia no espaço*, no final da década de 1960. Nesse filme, baseado na obra de Artur Clark, o computador Hall 9000 – a princípio, um mero equipamento da nave espacial – ganha autonomia e passa a "agir" de forma independente da vontade dos seus operadores, determinando o desfecho do enredo e o destino dos tripulantes da nave.

O cinema vem ilustrando há várias décadas as formas adotadas pelo imaginário coletivo para expressar as fantasias sobre as relações estabelecidas entre o homem e as máquinas informatizadas. Segundo Fortim (2004), desde meados do século passado a filmografia referente à ficção científica vem acompanhando a evolução dessa tecnologia. De início, as máquinas informatizadas eram apresentadas no cinema como grandes calculadoras, ainda que envolvidas em certo mistério. Posteriormente, como instrumentos dotados de inteligência artificial, seguida da fase em que os PCs se popularizaram, fase essa na qual os filmes passaram a destacar as relações homem ←→ computador e seus usos para comunicação via internet. Mais recentemente, surgiu a figura do *ciborgue*, fruto do efetivo acoplamento do humano com os componentes tecnológicos (Fortim, 2004, p. 109).

De forma análoga, podemos identificar, em alguns dos relatos apresentados, sonhadores que expressam fantasias semelhantes. Por exemplo, quando forças estranhas ao ego onírico parecem assumir o comando da ação na cena, à revelia do sonhador, sugerindo que nesse momento os complexos – presentes em sua psique – encontraram uma via para sua manifestação por meio das imagens dos artefatos informatizados. Como no sonho do menino ganhador de um "superequipado *notebook*" (sonho n. 16) que, adquirindo vida própria, passa a "fazer o mal", levando o ego onírico a destruí-lo, ainda que contrariando sua vontade.

Na série de entrevistas realizadas por Bill Moyers com J. Campbell – o reconhecido estudioso dos mitos – foi abordado o tema dos computadores e da possibilidade de estarmos assistindo ao surgimento de novas mitologias relativas a essa tecnologia. Campbell foi cauteloso em suas respostas às questões propostas por Moyers sobre esse tema, por exemplo ao dizer: "Vejo a possibilidade de novas metáforas, mas não creio que já tenham se tornado mitológicas" (Campbell; Moyers, 1990, p. 19). O diálogo entre Campbell e Moyers prossegue, com a proposição de outras questões pelo entrevistador: "Na sua opinião, quais são os mitos que vão incorporar a máquina ao novo mundo? Você divisa, emergindo dos modernos meios de comunicação, alguma nova metáfora para as velhas verdades universais?". Em resposta, Campbell aponta vários aspectos através dos quais essas questões podem ser abordadas. Destacaremos aqui suas considerações finais por nos parecerem de especial interesse para ampliar nossa reflexão sobre o tema (Campbell, 1990, p. 33-34):

> Você não pode prever que mito está para surgir, assim como não pode prever o que irá sonhar esta noite. Mitos e sonhos vêm do mesmo lugar. Vêm de tomadas de consciência de uma espécie tal que precisam encontrar expressão numa forma simbólica. E o único mito de que valerá a pena cogitar, no futuro imediato, é o que fala do planeta e de todas as pessoas que estão nele. Esta é a minha ideia fundamental do mito que está por vir. [...] Quando a Terra é avistada da Lua, não são visíveis, nela, as divisões em nações ou Estados. Isso pode ser, de fato, o símbolo da mitologia futura. Essa é a nação que iremos celebrar, essas são as pessoas às quais nos uniremos.

Campbell nasceu em 1904 e faleceu em 1987, quando a internet, tal como a conhecemos hoje, estava apenas sendo esboçada. Portanto, ele não chegou a conhecer a *web* nem os usos mais recentes do computador como instrumento de comunicação global; nem chegou a acessar o ciberespaço – o espaço virtual planetário no qual já ocorrem as inumeráveis interações humanas de forma amplamente independente das fronteiras geográficas nacionais. A experiência da nossa imersão coletiva na *web* talvez seja ainda muito recente para nos permitir uma avaliação segura. Porém, parece-nos plausível admitir que as novas vivências humanas – possibilitadas pela virtualidade – venham a expressar, num futuro não muito distante, a mitologia global planetária antecipada por Campbell nas considerações acima citadas.

Discorrendo sobre o surgimento do fenômeno que denominou "inteligência coletiva", propiciado pela criação do ciberespaço e da internet, o filósofo P. Levy afirma:

> O ciberespaço é uma espécie de objetivação ou de simulação da consciência humana global que afeta realmente essa consciência, exatamente como fizeram o fogo, linguagem, a técnica, a religião, a arte e a escrita, cada etapa integrando as precedentes e levando-as mais longe ao longo de uma progressão de dimensão exponencial (LEVY, 2001, p. 151).

No entanto, até onde podemos observar, as considerações psicológicas a respeito da grande rede – e dos efeitos que vem gerando para a subjetividade humana – ainda estão embasadas nas constatações pontuais dos pesquisadores da nossa área, ou seja, apoiadas em análises relativamente limitadas, com base em registros de dados apenas pontuais sobre sua utilização. Embora esse fato não ocorra por uma omissão intencional dos pesquisadores, mas principalmente em função da origem recente do próprio fenômeno em pauta, corremos o risco de agir como os personagens da antiga parábola sobre os cegos que apalpavam o elefante:[7] diante de um fenômeno cuja real dimensão vai muito além do limitado alcance da nossa percepção individual, cada um de nós poderá atribuir significados e valorações parciais aos fragmentos acessíveis ao nosso olhar e crivo de valores individuais.

Cabe, então, nos voltarmos com real interesse e objetividade aos inúmeros fatos e eventos humanos já em curso no ciberespaço, bem como à própria estrutura da grande rede, para melhor compreendermos seu funcionamento e as suas repercussões psicológicas. Sem essa percepção mais objetiva, continuaremos a nos referir à internet e aos seus efeitos para a vida humana de forma apenas genérica, tornando-se praticamente impossível, ao psicólogo, avaliar o significado essencial da *web* como fenômeno expressivo da alma humana do nosso tempo.

Em *Solidão e desamparo na prática clínica*, Leitão (2006) apresenta resultados da pesquisa que realizou entrevistando psicoterapeutas sobre como se sentiam estes profissionais diante das vivências virtuais relatadas por seus clientes. O resultado de sua investigação indica um tipo inusitado de impacto e sofrimento relatado tanto pelos profissionais da psicologia que atuam na clínica quanto por aqueles dedicados à pesquisa:

> Aqueles que têm como objetivo o estudo das transformações subjetivas introduzidas pela internet estão, sem dúvida,

---

[7] Antiga parábola oriental na qual a ideia central é a seguinte: seis cegos, sem saber do que se tratava, começam a apalpar um elefante. Um cego tocou o lado do corpo do elefante e disse que era um muro. Outro tocou a orelha do animal e disse que era um grande abano. Outro segurou uma das suas pernas e pensou que fosse o tronco de uma árvore. Outro, ainda, segurou a tromba e disse que era uma cobra. Outro cego tocou uma das presas de marfim e pensou que se tratava de uma lança. Finalmente, outro cego tomou a cauda do elefante nas mãos e julgou estar segurando uma corda. Desse modo, cada um atribuiu ao animal, até então desconhecido, uma interpretação parcial, de acordo com o alcance de sua percepção.

mais próximos da turbulência gerada por esses impactos. No entanto, aqueles que se pensavam bem distantes dos efeitos da difusão da rede também foram atingidos por eles. Cabe a todos nós, portanto, a reflexão crítica sobre os efeitos desse período de turbulência sobre nós mesmos e sobre o nosso campo de conhecimento (Leitão, 2006, p. 159).

Ao lidarmos com questões da atualidade – e de modo especial com o surgimento da internet e suas implicações psicológicas – poderá ser de extrema valia termos em conta a advertência expressa por Jung em *Civilização em transição*, sobre a busca de respostas perante questões que recentemente se colocaram à nossa observação (Jung, 1993, par. 148):

> Moderno é o homem que surgiu há pouco, e um problema moderno é uma questão que surgiu, mas cuja resposta ainda está no futuro. [...] Além disso, trata-se de algo tão geral – para não dizer vago – que supera em muito a força de compreensão de um único pensador, de maneira que temos todas as razões do mundo para abordar este problema com toda modéstia e o maior cuidado.

Talvez nos falte ainda o distanciamento histórico e temporal necessário para observarmos e compreendermos a *web* de maneira ampla e objetiva. No entanto, sua rápida expansão e a correspondente difusão de seus usos e efeitos sobre a subjetividade humana exigem atenção da nossa parte, ao menos em grau suficiente para que possamos compreender seus efeitos mais imediatos sobre a vida das pessoas que nos procuram em busca de acolhimento psicológico. Nesse sentido, este artigo pretende contribuir para estimular a realização de novas observações e estudos sobre a grande rede, reconhecendo-a como novo espaço de expressão da alma humana, ainda que estejamos conscientes das nossas próprias limitações ao abordá-la.

Referências bibliográficas

CAMPBELL, J.; MOYERS, B. *O poder do mito*. São Paulo: Palas Atena, 1990.

CASTELLS, M. *A sociedade em rede*. São Paulo: Paz e terra, 2005.

FARAH, R. M. "Ciberespaço e seus navegantes: novas vias de expressão de antigos conflitos humanos". Dissertação de mestrado. Programa de Pós-Graduação em Psicologia Clínica, Núcleo de Estudos Junguianos. Pontifícia Universidade Católica, São Paulo, 2009.

FORTIM, I. "Informática, imaginário coletivo e cinema". In: FARAH, R. M. (org.). *NPPI: psicologia e informática – O ser humano diante das novas tecnologias*. São Paulo: Editora Oficina do Livro, 2004.

JUNG, C. G. *Civilização em transição*, vol. 10-3. Obras completas. Petrópolis: Vozes, 1993.

LEITÃO, C. F. "Solidão e desorientação na prática clínica". In: NICOLACI-DA-COSTA, A. M. (org.) *Cabeças digitais – o cotidiano na era da informação*. Rio de Janeiro: PUC-Rio/Loyola, 2006.

LEVY, P. *A conexão planetária*. São Paulo: Ed. 34, 2001.

VON FRANZ, M.-L. *O caminho dos sonhos*. São Paulo: Cultrix, 1988.

SUMÁRIO

7 Introdução

19 1. "Caos" invertido – A perspectiva de tempo no sonho. Sobre a lógica do pensamento onírico na dinâmica pessoal e social
Therezinha Moreira Leite

35 2. Sonhos marcantes nas memórias de Jung
Durval Luiz de Faria

49 3. O potencial de cura dos sonhos e a eficácia terapêutica dos Grupos de Vivência de Sonhos
Marion Rauscher Gallbach

79 4. O sonho na psicoterapia, nos grupos vivenciais e na formação do psicólogo: iniciação e linguagem facilitadora
Laura Villares de Freitas

106 5. As mensagens dos sonhos: traduzir e compreender – Processamento simbólico arquetípico
Eloisa M. D. Penna

132 6. Os sonhos no equilíbrio psicossomático e nos processos de cura
Denise Gimenez Ramos

147   7. Facetas do desenvolvimento psicológico
      de uma mulher: exercício de raciocínio clínico
      Alberto Pereira Lima Filho

165   8. O casal ferido: o trabalho com os sonhos
      compartilhados na clínica de casal como
      viade elaboração da traição
      Maria Silvia Costa Pessoa

192   9. Semeando sonhos – O desafio na formação
      do psicoterapeuta para a aprendizagem
      do trabalho com sonhos na prática clínica
      Marisa V. Catta-Preta

220   10. Grupo de Vivência de Sonhos –
      Uma possibilidade de utilização
      para o desenvolvimento do trabalhador social
      Heloisa Helena Alonso Capasso da Silva

233   11. A vida na rua e no tráfico de drogas – Com o
      que sonham esses jovens?
      Felícia Rodrigues Rebelo da Silva Araujo

250   12. Começando a sonhar: trabalhando os sonhos
      em grupo no hospital dia de saúde mental
      Denis Canal Mendes

267   13. Sonho e realidade: a vivência onírica
      dos pajés
      Luciano Diniz de Oliveira

277   14. Sonhos informatizados: a tecnologia presente
      no imaginário da atualidade
      Rosa Maria Farah